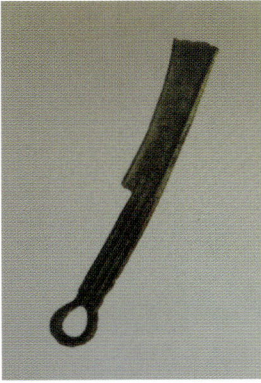

春秋莒国刀币

春秋莒国故城遗址

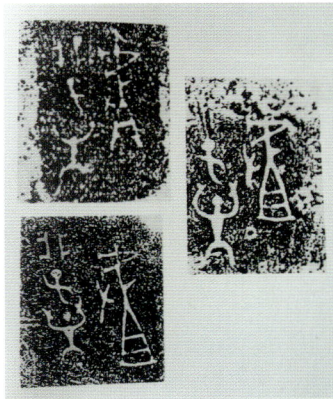

莒地出土青铜器上的
铭文"莒"字

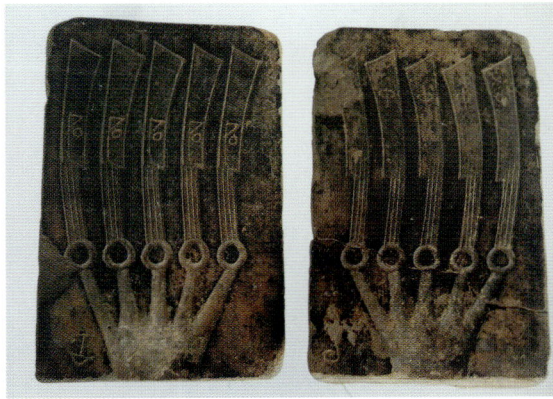

莒国刀币陶范

莒侯簋铭文

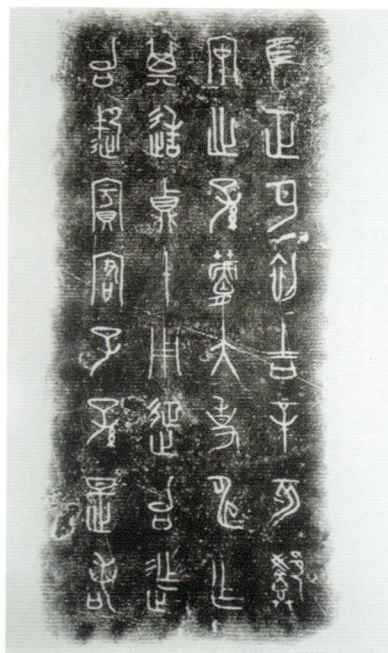

莒太史申鼎铭文

莒县杭头出土大汶口时期扁玉琮

莒县老营出土春秋铜罍

莒子墓

刻有"日月山"字符的灰陶尊

双鋬白陶鬶

西周莒国多兽盘

西周铜壶

西周铜匜

莒 国 史

程文亮　著

天津出版传媒集团

天津人民出版社

图书在版编目（CIP）数据

莒国史 / 程文亮著 . -- 天津 : 天津人民出版社，
2020.6（2022.3重印）
ISBN 978-7-201-16069-6

Ⅰ . ①莒… Ⅱ . ①程… Ⅲ . ①中国历史—春秋时代—
通俗读物 Ⅳ . ① K225.09

中国版本图书馆 CIP 数据核字 (2020) 第 108781 号

莒国史
JUGUOSHI

出　　版	天津人民出版社	
出 版 人	刘庆	
地　　址	天津市和平区西康路 35 号康岳大厦	
邮　　编	300051	
邮购电话	（022）23332469	
网　　址	http://www.tjrmcbs.com	
电子信箱	reader@tjrmcbs.com	

责任编辑　刘子伯
策划编辑　莫义君
特约编辑　张帆
封面设计　西子

印　　刷	天津兴湘印务有限公司	
经　　销	新华书店	
开　　本	710×1000 毫米 1/16	
印　　张	19	
字　　数	250 千字	
版次印次	2020 年 6 月第 1 版　　2022 年 3 月第 2 次印刷	
定　　价	68.00 元	

序

国史新徵　莒史渊薮

陈长峰

　　岁在己亥，时维金秋，程君文亮著成《莒国史》稿，嘱予作序，乃张筋弩脉、寸莛击钟。所谓无古不成今、观今宜鉴古，揽古知今，其行乃远。莒国历史厚重深沉，是中华文明史上浓墨重彩的一笔。莒国历史，或闻于上古传说，或散见于典籍，然囿于文献阙如，莒国历史见于史书者遗篇断简，阙佚有间，方策蚀于蟫蠹，存者缦不可理。夏商之史断烂朝报，春秋之季扑朔迷离，编修莒国历史，实为浩繁庞杂之系统工程。文亮循循然儒雅君子也，少有逸群之才，经史子集、诗词歌赋，无不涉猎兼擅，钩沉史海、搜罗剔决，经年费时，几载寒暑，辨刮缺，正讹谬，莒国历史得以缀玉联珠，诚为盛世之盛事也。

　　莒之立国六百余年，固非偶然，其地处海岱之间，自古擅交通地利之便。鸿蒙之初，刀耕火种、稼穑渔猎，繁衍生息，创造了人类早期的不朽文明。四大文明古国中的古埃及、古代两河流域（苏美尔地区）、古印度文明都产生在大河流域的中下游冲积平原地区，中国古代文明发祥地也是在黄河中下游一带的冲积平原地区。远古时期中国北方气候温暖湿润，《周官》所著有貕养、弘蒲、杨纡、涞、易、蓲、时、沂、沭、渭、洛、汾、潞、卢、维、波、溠，皆所谓浸也；《尔雅》所称有杨陓、隅、昭祁、圃田、焦护，所谓薮也；《禹贡》有大陆、大野、菏泽、雷夏、孟渚、渚

1

野，所谓泽也。孟子所谓汙池沛泽多而禽兽至，草木畅茂，禽兽繁殖，驱龙蛇而放之菹，驱虎豹犀象而远之。先民逐气候之变化以遵海而南，栖迟海勃之间，正气候温暖和畅之会，亦正智力发育适当之时。莒地位居鲁东南沿海，沂、沭、潍流域与江淮流域文明相融合，诞生了自身的古文化、古城、古国史，有着完整的发展过程。新石器时代，是莒文明历史发展上的第一个高峰，它的规模、内涵特点等所体现出的文明高度，在当时的海岱地区独一无二，正所谓因天时地利，而文化之兴，固非偶然之故也。

考之古代山东地域历史文化，无论时间空间，皆首推莒文化。从时间上说，莒之文明在太昊、少昊时代即已高度发达，此屡见于莒地后李文化、北辛文化、大汶口文化、龙山文化、岳石文化。《世本》载莒之国君出自帝颛顼后裔陆终之第五子安，春秋邾公钟铭自称"陆终之孙邾公"；太史申鼎铭曰"安之孙莒太史申"，出土文物印证古籍记载属实。《世本》又记莒自纪公以后为己姓，同《左传·文公七年》称莒女为戴己、声己一致，由此可见莒国历史传承有序。从空间上来说，莒地域远阔，东至海、西至沂、南至赣榆、北至胶州，历史悠久，是东夷古国的典型和代表，文化特质内涵丰富、特色鲜明，有些方面凌驾于齐、鲁文化之上，在中华文明乃至世界人类文明史上举足轻重。上古时期，三皇五帝事迹多与莒地有关，农业、文字、历法、天文、音乐、医药、酿酒、冶炼、铸造等多起源于莒地，周朝建国时期，八神主中的四时主（季节之神）祠就立在琅琊，可证莒地历法肇始发展，亦可见莒文明影响和传播之一斑。

齐文化溯其渊源是根植于东夷文化。齐国于西周初年受周王室分封，其第一代齐侯太公望姜子牙，司马迁在《史记》中称他为"东海上人"，《集解》引《吕氏春秋》说是指"东夷之土"。可知姜子牙长期活动于东夷。齐文化根基出自黄河流域东西两大系的西系，姜太公就封齐国，对待世居民族所采取的是"因其俗，简其礼"的政策，可见姜太公对东夷文化是熟悉并接受的。其所采取的政策促进了黄河流域东西两大系文化与东夷文化的融合。齐国立国之前，在齐地先后有爽鸠氏、季蒧氏、逄伯陵、蒲姑氏等氏族部落。这些部落，是众多东夷古族之一部。根植于东夷文化的齐文化，采取了文化礼俗兼容政策，"夫政不简不易，民不有近；平易近民，民必归之"。使齐很快成为大国。这种兼容并蓄的政策在齐之故地从春秋战国一直延续到西汉时期。

鲁国始于西周初年周公受封，与齐文化不同的是，鲁公伯禽治鲁推崇周礼，对其地世居民族实行"变其俗，革其礼"，历时三年始见成效。孔子曾曰："周监乎二代，郁郁乎文哉，吾从周。"鲁国统治阶级推行其自身的外来文化，废除当地传统东夷文化，实际是一种割裂的、难以融合的文化，到春秋时，在鲁国附近还有太昊的后裔任、宿、须句、颛臾等风姓国家，以及少昊后裔莒、郯、谭、费等国；在淮河中下游，有少昊集团的后裔赢姓与偃姓诸国，如徐、江、葛、黄、淮夷、钟离、英六、舒鸠等，春秋时期他们主要倾向于"即事诸夏"，与诸夏通婚，参与会盟，因为他们与诸夏合而未化，当时仍被认为是东夷。鲁文化之外的东夷文化圈仍然是东方文化的大宗。到春秋晚期，鲁国推行的周礼已经衰落："仲尼有言，礼失而求诸野"，以及"天子失官，学在四夷"，这反映了以莒地文明为代表的东夷文化广泛而深远的影响。

莒国历史，同时反映了东夷部族历史，是东夷文明与华夏文明碰撞融合的历史，莒国青铜器莒叔仲子平编钟铭文曰"端端雍雍，闻于夏东"。莒在甲骨文中屡有发现，当时莒地是商王的田猎区，莒和商王朝在上古同属少昊族，均以鸟为图腾。西周时莒君兹舆期被封为子爵，都计斤。有周一降，自封建之始，莒国崛起迅速，开疆拓土："莒有五阳之地"，从计斤迁都于今莒县。春秋时期的莒国，创造了两个天下第一："自入春秋，未有人人之国者，而莒入向，未有取人之地者，而莒取杞牟娄，放恣无忌"。

《春秋谷梁传注疏》也说："春，王二月，莒人伐杞，取牟娄。《传》曰：言伐言取，所恶也。诸侯相伐、取地于是始，故谨而志之也。"类似之事还见于周灵王五年秋，莒人灭鄙。莒国多次讨伐鲁国，联同其他国家，讨伐过齐国、秦国、郑国，救援过陈国。鲁襄公十八年冬十月，"（鲁）公会晋侯、宋公、卫侯、郑伯、曹伯、莒子、邾子、滕子、薛伯、杞伯、小邾子，同围齐……鲁人、莒人皆请以车千乘，自其乡入。"由此可见，当时莒国是拥有兵车千乘的军事强国。《春秋》记载，鲁国的国君鲁隐公主动来到莒地会盟，但莒国的国君没有亲自出面，只派一位大夫参与，鲁因畏莒，只好"以望国之君盟他国之臣"。不仅如此，鲁庄公二十七年，鲁庄公之女下嫁莒之大夫莒庆，以致被《公羊》讥之。莒受周封为子国，但莒君多数自称为莒公、莒侯，有的甚至称王。这些在青铜器的铭文中都能找到佐证。据《经》《传》所载，春秋时期，列国每于混乱之时，君臣多选择避难莒国，莒国亦大义收留庇护，如小白奔莒、鲁庆父奔莒、谭子奔莒。特别是莒犁比公继位后，和晋、抗齐，跻身大国之间，此后三十余年，诸侯间会盟二十四次，莒均与焉，莒国实力在当时政治舞台上活跃程度达到巅峰，史称"犁比公之治"。

春秋末年到战国之初，社会形势发生大变革，"尊尊亲亲"的局面被打破，楚国北伐、吴越争霸、三家分晋、田氏代齐，进入战国后，在列国争雄中，诸侯国兼并不断，加之后任莒国君主昏庸无为，莒国国力日趋衰退，秦统一六国后，"莒子之国，秦始皇县之"。

"国有史，郡有志，家有谱。"史志编修历史悠久，明清时期，即出现了"天下郡县莫不有志"的盛况，近年来，山东地域先秦历史和东夷文化的研究受到重视，且取得可喜成果，《鲁国史》《齐国史》《黄国史》已先后出版，唯有齐鲁文化源头的莒国历史尚付之阙如，现在《莒国史》成书付梓，填补了山东地区先秦时期古国历史的空白。文亮以严谨的治学态度，探本溯源，穷幽极微，如考证《左传》"杞梁、华还载甲，夜入且于之隧，宿于莒郊"的"隧"与"郊"之本意，将西周"国野乡遂"制度阐述明晰，晦涩难明的古文变得豁然开朗，为读者解疑释惑，像这样的事例不一而足，从而使这部著作达到"信史"的高度，为研究古代历史文化的学人提供了一部系统性、工具性的扛鼎之作，功莫大焉、善莫大焉，是为序。

陈长峰，文史学者，莒文化专家，中国钱币学会会员，山东省钱币学会理事，系大型文献《勿忘在莒》顾问，著有《莒疆货币史略》《莒地经贸纪略》等专著。

目　录

第一章　绪论

　　莒国是东夷古国，考古发现佐证，莒地先民长期以来一直生活在鲁东南这一片土地上，他们创造了灿烂的莒地文化。莒文化是东夷文化最主要的一支，是先秦时期在山东莒地范围内形成的一种地域文化，在东夷文化中处于领先地位。莒地的史前文化从北辛文化时期起就绵延不断，20世纪中期以来，莒地大汶口文化、龙山文化以及岳石文化遗址的陆续发现，证实了莒文化是东夷文化的代表，它传承有序、脉络清晰，从而证明莒地是人类文明的重要发祥地之一。其后夏商周三代，古莒先民们在不断的同大自然以及其他部族地斗争中脱颖而出，发展壮大。其族群从莒部落到莒方国，然后再到周朝封建国家，正式确立了莒国的诸侯国地位。特别是到春秋时代，莒国发展成为一个疆域辽阔、国力雄厚，有充足的经济和军事实力的国家，其立国长达六百余年，雄居东夷，并肩齐鲁，创造了灿烂辉煌的莒文化。

1. 莒地是人类文明的重要发祥地

　　早在新生代第四纪中期，莒地就是植被茂盛、动物蕃生、古人类繁衍的地方。20世纪在鲁山之阳发现了距今40万年左右的"沂源猿人"化石和古人类生存遗址，使人们认识到东夷地区是人类的发祥地之一。在原始社会中，莒地沂、沭河流域一带气候适宜、水源充足、土地平整，适合人类居住，良好的自然环境孕育了先莒文明的产生。考古人员在这一区域内发现了众多的文化遗址，这些遗址从旧石器时代过渡到新石器时代，脉络清晰。到新石器时代，莒地已形成了以陵阳河大汶口文化为中心的古代文化亚区。

大汶口文化时期，农耕和饲养业是主要经济来源，渔业也已进入海内捕捞，狩猎退为次等的地位。莒县陵阳河遗址中出土的陶器，证实当时已发明了轮制技术，表明制陶技术已渐向专业化发展。制作精美酷似鸟形的双錾白陶鬶及白陶杯、盂、瓠、高柄杯、镂孔豆等均为陶中精品，又是代表之作。大汶口文化最让世人瞩目的焦点，是出土的刻画有字符的陶尊，目前已在莒县陵阳河、大朱家村、杭头、仕阳，诸城前寨，日照尧王城等遗址出土，仅莒县就发现了8种类型，20余个单字。专家们普遍认为，这些字符已具备象形文字的祖型，并有汉字的形、义的因素，应是中国最早的文字。从发掘的墓葬和随葬品看，墓葬大小不一，随葬品数量悬殊，可以看出在当时所有制形态已由氏族公有制转向家庭私有，社会正处于大变革时期。陵阳河和大朱家村遗址出土大型储粮罐和成套的酿饮酒器具，都表明了当时的粮食有了一定的剩余，农业生产得到很大的进步。陵阳河遗址发现有大量的猪头骨殉葬，说明了当时饲养业的发达。这一切成果的发现，都显露出中华文明的曙光，说明莒地先民率先进入了部落方国时期。

1973年到1975年，从发掘的东海峪遗址和三里河遗址证实，莒地大汶口文化的接续是龙山文化，莒地龙山文化遗址众多，在山东地区发现的1500余处龙山文化遗址中，莒地就有499处，代表性的有莒县马庄、孟家洼，日照东海峪、尧王城、两城，诸城呈子、临沂大范庄、五莲丹土等。莒地的龙山文化是山东龙山文化的典型代表，龙山文化时期的日照尧王城遗址制陶业更是达到了较高的水平，出土的陶器通体磨光，黑中透亮，制作精细，亦是制陶技艺中的上乘佳品，尤以素有"薄如纸、硬如瓷、明如镜、黑如漆"之美誉的蛋壳陶杯为最，堪称原始制陶中的精品之作。

1958 年在美国芝加哥召开的"文明起源学术研讨会"上，克拉克洪教授提出了关于古文明的三条标准"城市、文字和复杂的礼仪建筑"，按照三条文明标准，莒县陵阳河遗址和日照两城遗址已进入了文明社会的初期阶段。日照两城镇遗址面积达 200 余万平方米，发现了大型宗教礼仪中心和城池的"三道环壕"，并且出土了精美的玉器和陶器，遗址所在区域完全是经过了人工高度的整合。牛津大学《世界史便览》记载："公元前 3500 年—公元前 2000 年的日照两城镇为亚洲最早的城市。"按照文明的标准，山东日照尧王城遗址也是当之无愧的文明之都，尧王城遗址是大汶口晚期遗址，总面积超过 300 万平方米，发现"四个等级聚落"和"三个等级行政聚落"的"金字塔"形的社会结构，已出现国家组织。出土的大口尊陶片上刻画有释为"皇"字的羽冠类图像文字，出土了铜器炼渣和台基式房、土坯房屋以及"精美的蛋壳陶和水稻作物"等。

龙山文化距今 4600 年—4000 年。其下限已进入夏代纪年，这个时期应该处于传说中的三皇五帝时代，当时在黄河、长江流域活动着众多的部落集团，其最大的两个集团一个是地处中原的华夏集团，另一个就是沿海地区以莒文化为代表的东夷集团。这两大集团的对抗形成了中华大地历史上的文化大融合。这个时候出现了许多城址，这些城址大部分都是所在区域的中心聚落，城墙的修建表现了当时社会已进入了有序的大型部落或国家统治的时代。遗址中发现的铜器炼渣、台基式房、土坯房屋以及丰富的制陶、制玉及酿酒、医疗和乐器等，都是东夷古莒文化对中华文明发展的重大贡献，也证实了莒地是中华文明发祥地之一。

2. 莒为东夷之雄

古代文献中记载的"夷"，是一个泛称，指黄河下游中原地区以外的区域和民族，夏商周三代之前，关于东夷地区的神话和人物传说众多，但大多无从可考。从考古上说，东夷是指自后李文化至岳石文化的承载者。夷的族称，今所见为当时确证的，以甲骨卜辞关于"尸（夷）方"的记录为最早；从古籍记载中来看，则夏代的东方已有众多夷人的方国部落。开始，夷人对夏人并不是臣服的，所以夏王朝初期统治极不稳定，即使一些顺服的部族也经常叛乱，如《竹书纪年》载"帝相二年征风夷和黄夷"，可知此时风夷、黄夷不服夏制。特别是有穷氏后羿，在太康不理国政时，羿便趁机而起，自鉏迁于穷石，到了山东的有夏诸夷的聚居地，因夏民而代夏政，后入居于太康之都斟寻；后来寒国的首领寒浞杀死了羿夺取了夏政，并且传给了儿子过浇，夏少康就是杀了过浇之后重新夺回了夏族的政权。自羿至过浇，夏人共失国40余年。这实际就是夏人内部的斗争，所以《离骚》称之为"家閧"也。由此，似乎可考有穷和寒本来就是夏的同姓国。

据史书记载来看，东夷与夏的关系也最为密切，在目前能看到的古本《竹书纪年》的文字里，与夏争战最多的部族就是诸夷，而其他不称夷的部族少之又少，即使有也大多数都是在东夷的地域范围内，其中可能包括四方之夷，从《竹书纪年》所列前后联系看，当主要是东方之夷。[①]《后汉书·东夷传》也记载："自少康以后，世服王化，遂宾于王门，献其乐舞。"这些都说明了少康以后夷夏融合的局面。自从东夷部族与华夏关系融合以来，东夷融入了越来越多的原始夏人的因子，夏也渗入了更多了东夷风俗。原始莒地的东夷部族创造了先进的海岱文化，比如他们发明了带羽毛的弓箭，创造了东夷文字、制作青铜器、制造舟车、发展农业与治水。为紧邻的中原民族、华夏文化的发展起到了关键性的作用。

---

① 王宁：《夷夏关系新论》，载《东岳论丛》1994年第6期。

　　夏代后期商族势力崛起，与商文化的东向推移相反，夏商之际是东夷民族西向流动的一个重要时期。这种流动是自远古以来一直存在着的，现今河南境内已发现的许多大汶口文化墓葬，说明在大汶口文化时期，东夷氏族已经向中原地区迁移，由此开始了夷夏交争的时期。照傅斯年先生所说，夏史上虽然除了最后一段外没有商人的直接记录，但始终有夏一代，与夏人冲突的多是商人的友邦。他认为"商人虽非夷，然曾抚有夷方之人，并用其文化凭其人民以伐夏而灭之，实际上亦可说夷人胜夏"。[①] 夷夏交争大约持续百余年，其时伯益部的活动中心在沂沭河流域，潍淄流域则是它的大后方。夏末商初，伯益部的莒部落仍是有重大影响的夷人部落，夏末商初西迁的东夷部族当不止于现在所知，另有一些零星的记载尚待进一步理出头绪。[②]

　　商族发祥于东夷地区，原为东夷部族支系，但商人西迁建国后，与东夷部族之间的关系仍然闪露出早期"夷夏交争"的影子，仿佛历史的倒带。商朝建国后，势力越来越强大，东夷地区成为其控制的范围。从殷墟卜辞中看，出现"伐尸方""伐膚阝方"的记载，专家考证，这里的"尸方、膚阝方"应该就是"莒方"。商时，莒当为方国之一，系东夷地区最强大的部落方国。王树明先生认为："莒是殷商时代东方夷人所立旧国，原都于介根，当今山东胶州市西南，后徙于莒，即今莒县驻地。古籍载记，往往说它是周初武王时期所立，这是不对的。有周之初，周民族在山东所立诸国确有文献可征者，仅齐鲁而已，莒为周初武王分封之说并无所本，只是后世方志家者们的一种附会、假说，是一种源远流长的迷信。"[③] 但商代莒国的具体位置在何处？至今没有定论。孙敬明先生《莒史缀考》

　　① 傅斯年：《夷夏东西说》，《庆祝蔡元培先生六十五岁论文集》，1935年下册。
　　② 段连勤：《关于夷族西迁和秦嬴的起源地族属问题》，《先秦史论文集》《人文杂志》1982年增刊。
　　③ 王树明：《先莒文化及其族系源流》，载《莒文化研究文集》山东人民出版社2002年版。

一文认为商代莒国在今费县一带。①今费县与莒县地域的最短距离不足百里，莒城与费城的交通路程有 200 里，完全可能两地连成一线。从甲骨文数十条关于商王伐莒的记载来看，商代莒国是一个能够长期反抗商王朝的实力强大的东夷古国，其地域范围应当包括今莒县境。张学海先生《莒史新探》一文认为"晚商莒国最可能在莒县"。②

回过头去看，已知岳石文化时期是与夏商并行的文化，从莒地发现的众多岳石文化遗址来看，夏商时期的莒地，应该是非常适合人类生活居住的，大片的岳石文化遗址证实了夏商时期莒地的繁荣，似乎呈现了一个制度有序的莒方国的存在。1975 年在莒南老龙腰发掘的春秋莒国 2 号墓，出土的《莒叔仲子平钟》中有"端端雍雍，闻于夏东"的铭文，可见莒方国或莒国在当时的社会地位。上海学者马承源先生从殷墟出土的商王朝甲骨卜辞中，找出有地名"莒"字，由此证明莒为商代方国，是商王朝册封的方国。《古本竹书纪年》记载夏夷往来频繁。蔡运章先生的《释篇》列出 6 条甲骨文，证明片中的"膚、戲"，皆读如"旅"，通作"莒"，当为地名，在今山东莒县一带。③ 孙敬明先生考证：甲骨文有 10 条商王"伐虘（莒）方"的记录，另外，山东费县出土 28 件商代铜器，上有"举虘方"之铭文，此"虘方"，即今费县一带，为商代莒方的势力范围④。已见于卜辞的晚商莒国建都是否就在今莒县一带，目前尚难回答。但商代东夷莒国已经存在，是商王朝的方国，应该是可信的。其他部落或迁或亡，只有莒在岁月变迁的沧桑间，刀耕火种的条件下，弱肉强食的环境中坚强地存活下来，足以证明莒为东夷之雄。

---

① 孙敬明：《莒史缀考》，《莒文化研究文集》，山东人民出版社 2002 年版。
② 张学海：《莒史新探》，载《莒文化研究文集》，山东人民出版社 2002 年版。
③ 詹子庆：《试论莒文化融入华夏文化圈的进程》，载《莒文化研究文集》，山东人民出版社 2002 年版。
④ 孙敬明：《两周金文与　史新证》，载《齐鲁学刊》1999 第 3 期。

3. 莒国的发展与变迁

莒国的历史，文献记载的可以追溯到西周，虽然出土的商代甲骨文中有"膚阝（莒）方"的记载，但没有形成详细的句子，也只能说明在商代时或许有莒方国的存在。

西周初年是一个大动荡大变革的时期，莒国在这次变革中也经历了动荡的战争风云。莒人在武王灭商的过程中是起了很大的作用的，但并未臣服于周，武王伐纣，商都的陷落和商王国的覆灭，只是周人向东发展的初步成功。武王克商后二年就死了，其子成王姬诵即位，但因姬诵年幼，周公"乃摄行政当国"①。其后管、蔡流言，说"公将不利孺子"②，并且鼓动商纣之子武庚叛乱，这时，以莒国为首的东夷诸国乘机造反，向周王室发威，于是周公东征。周公这次东征连续打了三年，终于平定了武庚和以莒国为首的东夷诸国，莒在成王践奄之后被迫由今费县一带而东迁至今胶县城西的计斤一带。其后，周代统治阶级就把巩固东夷地区作为自己首要的任务，采取了一系列措施。为了减少被征服者的敌对情绪，面对新征服的部族民众，周公采取"封建亲戚，以蕃屏周"的方式巩固周王室的统治，这是中国封建制度之始，这样就尽量保留这些被征服者的宗族组织以及他们的风俗、习惯等，仍由原来的部族首领来当统率，"以殷制殷，以夷制夷"，这就是继武王伐纣后的第二次分封。莒国就是在这第二次分封中被周王室承认其合法的诸侯国地位的，但是国都与封地却被迫迁到沿海的计斤。

莒被封国后，与西周王朝的关系并不融洽，时常发生摩擦。后来，东

---

① 《周本纪》。
② 《尚书·金縢》。

夷复叛，向西征讨抢夺土地，这在西周金文中多次出现。西周的"西六师""成周八师"和"殷八师"就是为平叛或防止周边国家叛乱而组建的军队。西周初年成王时的"小臣谏簋"铭文记载说："膚（莒）、东夷大反，伯懋父以殷八师征东夷。"陈梦家先生认为此鼎为成王时期的器物，其中的"膚"即为"莒"也，可能在周公东征的过程中，这些部队就已经编成，主要用于镇压东夷各国。"塞鼎"铭文称："隹王伐东夷，瀤公令塞暨史旅日，以师氏暨有司后国伐莒。"此鼎为昭王时期器，铭中所伐东夷是东域所指，而"莒"则为征伐对象。由上面所列铭文可知，莒虽西周的封国，表面上臣服于周王室，但有西周一代，与周王室的关系始终不睦，战争并未停止。

周朝从成王、康王以后，经过昭、穆、共、懿、孝、夷、厉、宣等王，到公元前782年幽王继位，皆都于镐京，史称西周。西周实行"封建亲戚，以藩屏周"的封建制度，这种把封邦建国的政治制度同封建宗法制相结合，加强了天子与诸侯间的纽带关系，使西周在前期180多年间取得了相对稳定的政治局面。西周末年，礼乐崩坏，统治混乱，王室衰落，公元前770年，周平王迁都雒邑①，以避戎寇，为东周之始。从公元前770年周平王迁都洛邑，到周敬王四十四年即公元前476年，这段时期是中国历史上东周的前半段。因鲁国史官按春、夏、秋、冬四季记录了这段时间的历史，这部编年史被名为《春秋》，后世史学家便把"春秋"作为这段历史时期的名称。

春秋时代礼崩乐坏，周公制作的那一套礼乐制度已不为诸侯所用，王室日益衰微，大权旁落，统治结构急剧变化，社会矛盾异常尖锐，诸侯国之间互相征伐，兼并战争接连不断，小诸侯国纷纷被吞并，强大的诸侯国

---

① 今河南洛阳。

在局部地区实现了统一，诸侯逐渐架空了天子。《国语·郑语》说："王室将卑，戎、狄必昌。"莒国就是趁周王室衰落，西方及中原一带各诸侯国互相征伐之机强大起来的。从此，莒国作为一个强国登上了春秋的历史舞台，并且在开疆拓土的过程中，将国都从计斤迁往莒县，这次迁都，因地理位置的重要性，为此后莒国的发展奠定了非常优越的基础。随后的百年间，莒国"入向、伐杞、灭鄫、攻鲁"，然后根据社会形势和政治需要，不停地改变战略，与纪子"盟于密"，与鲁国"盟于浮来"，朝于齐、晋，结好于大国的关系，走上强国之路，称雄一方。

清人顾栋高《春秋大事表》云："自入春秋，未有入人之国者，而莒入向。未有取人之地者，而莒取杞牟娄，放恣无忌。"这段叙述指出了莒国主要的特点：首先称之为"东夷之雄者"，国力强盛方称之为"雄"，春秋初期的山东东部地区除齐、鲁之外，小国也有十余个，能称"雄"者只有莒国。到莒犁比公时期，莒国的国力发展到可以对抗齐鲁，跻身大国之例，史称"莒犁比公之治"。但他晚年暴虐，稀里糊涂地被自己的儿子带人杀死。公子展舆继位为君，是为莒废公，从此，莒国开始一步一步地走向没落。

从当时的社会形势看，齐晋两国因霸权之争关系向来不睦，而莒国一直依附晋国。公元前526年8月晋昭公死，子晋顷公继位，晋国国力进一步削弱。公元前523年，齐国讨伐莒国，《左传·昭公十九年》载："秋，齐高发帅师伐莒，莒子奔纪鄣。"纪鄣作为莒国的重要城邑，应该是设施相当完备，或许在当时就是作为莒国的陪都来建立的，所以齐国攻进莒城，莒共公就南逃直奔纪鄣，因为纪鄣城距离齐国较远。为防止齐国偷袭，莒共公不敢返回国都，就暂时都于纪鄣，这一段时间纪鄣成为了莒国的"南都"。史料中虽然没有详细记载莒国迁都纪鄣的时间，但我们可以猜测，莒国应该在莒共公南逃纪鄣后开始都于纪鄣，直到三年后与齐国结盟，这才回迁旧都莒县。《左传》记载："鲁定公十九年（前523年）秋，齐高发帅师伐莒（莒不事齐故），莒子奔纪鄣"；杜注："纪鄣莒邑也，东海赣榆东北有纪城"；《太平寰宇记》记载："纪鄣古城在怀仁县东北七十五里，今赣榆县柘汪镇东近海。为西周纪子帛之国，为莒国都城之一。"可见，史书中是把纪鄣作为莒国都城之一记载的。从《左传》的记载推测，或许从莒共公奔纪鄣的公元前523年开始，到公元前520年莒共公朝于齐并与齐盟好，这三年时间内，莒国都于纪鄣。因没有详细的史料证明，只能作如此推测。

经过春秋时期长期的诸侯争霸，许多小的诸侯国被大国并吞了。而有些大国内部也发生了乱政的情况，社会形势再一次发生大的变革。此时的周天子已经名存实亡，北方晋、齐，南方吴、越、楚，各国之间征伐不断，小国夹在中间，时刻有被吞并的危险。自公元前481年后，关于莒国的记载少见于史书，这从侧面也证明了莒国在春秋末年已经没落衰弱，没有资格参加大国之间的会盟。

莒国晚期为避强齐的威胁，更近距离的依附于越国，或许已经迁都于纪鄣。公元前431年，楚简王北伐莒国，《史记·楚世家》载："简王元年，北伐灭莒。"面对楚国的大军压境，莒国无力抵抗，莒子和大臣们只得弃城北逃旧都莒县，楚国顺利地进入莒国陪都纪鄣城，占领纪鄣，也就是《史记》中所说的"灭莒"。莒国君臣出奔，国之礼仪重器一件也没有带走，在"国之大事，唯祀与戎"的年代，丢弃祭器和逃离国都，意味着亡国。北逃旧都的莒国君臣，在旧都复国，在此我们可称为"北莒国"，复国的北莒仅统治着剩余几位孤城。此后莒国一蹶不振，直到公元前的412年，齐国出兵伐鲁、莒，莒国被齐所灭。

综之，自史前时期一直到战国初年，悠久的莒地历史，孕育了灿烂的莒文化。莒国疆域最大时东起黄海，西抵泰沂，南至淮流，北接胶东，依山临海的优越地理环境，形成了多元经济结构，为莒国发展创造了良好条件，在农牧、医疗、制陶、酿酒、青铜及天文历法方面都有着独特的发展成就。

第二章 莒地史前文化

莒文化是东夷文化中最具有代表性的古代东方文化，随着近几十年来的考古发现和对古文献的深入研究，莒文化的历史脉络越来越清晰。早在几十万年前，古莒地的先民就繁衍生息在这片土地上，其核心区域北起胶州湾，南到连云港，西至蒙山甚至穿过蒙山进入洙泗流域的上游一带。地理位置背山面水，地势呈西北高东南低之势，北部和西部的泰沂山脉仿佛天然的长城，成为莒地的安全屏障，东面是大海，让莒地的先民们在东面少了外来侵犯的后顾之忧。而且，境内有沂河和沭河流过，良好的水源孕育了发达的生物系统，这一切都为先莒文明的诞生提供了得天独厚的地理和自然条件。

1. 旧石器时代的莒地文化

古莒地的旧石时代起步很早，从考古发掘来看，旧石器遗存主要见于鲁东南地区，这应该与此地的自然环境有着很大的关系。旧石器时代的古莒先民们大多选择居住于地势相对较高的洞穴或山丘上，因为茂密的山林可以提供给原始人类多样的天然食物，而洞穴与山丘的有利地势既有利于遮风避雨，又利于躲避洪水猛兽的袭击。

据考古发现，早在四五十万年以前，古莒地便有猿人生活其间了。1981 年，在山东沂源骑子鞍山的一个石灰岩裂缝中，发现在距今 40—50

万年的猿人化石，其中包括一块头骨；其后又发现了眉骨、肱骨、股骨、肋骨等，经由中国科学院古脊动物和古人类研究所复原，头骨属于成年猿人，其特征的原始性质与北京人相似。同时发现的还有大量的哺乳动物化石，有肿骨鹿、野猪、犀牛、熊、马等。其中有些动物都是在北京猿人的山洞中所发现的动物群中的重要成员，沂源猿人的发现填补了我国猿人地理分布上的空白。[①]

沂源猿人遗址

1983 年，在日照竹溪村北山和秦家官庄发现旧石器遗址，发掘出的旧石器工具全部出现在地层中，有石核 3 件，其中 2 件为锤击石核，1 件砸击石核；1 件石片，石片上打击点凸出，具有一般人工锤击石片的特征；刮削器 4 件，此次发现的旧石器工具可能与沂源猿人有一定有关系。[②] 1983 年到 1984 年，在山东省沂水县南洼洞采集到石制工具 7 件，其中石核 3 件，石片 3 件，砍砸器 1 件。此外，还有一件残破的鹿角，残长约181 毫米，经鉴定为葛氏斑鹿，是华北中更新世的典型动物。洞内的棕红

---

① 《我国古类考古又一重大发现》，《人民日报》1982 年 5 月 7 日。
② 临沂地区文管会、日照县图书馆：《山东日照秦家官庄发现旧石器》，载《考古》1985 年第 5 期。

色黏土与华北中更新世常见的离石黄土相似，因此可以判断洞内堆积的地质年代为中更新世，石制品的年代应为旧石器早期。[①] 南洼洞旧石器遗址与沂源猿人化石发现地点相距约 45 千米，同处于沂河流域上游，说明沂河流域是莒地古人类居住和活动的重要区域。

莒地旧石器时代晚期的遗址多见于野外，如郯城黑龙潭遗址、望海楼遗址、沂水县湖埠西、莒南县大青峰峪、烟墩岭、九顶莲花山、郯城县小麦城、平邑县南武阳城等等[②]。

莒地以细石器为突出特征的遗存，已发现 70 余处，其中临沂凤凰岭、青峰岭和郯城黑龙潭经过了发掘，其中凤凰岭和青峰岭都是高出周围平原 10 多米的慢坡土丘，出土了普通的打制石器和细石器，连同地面的采集品，两处共得 4000 余件，并且还发现了用火的遗迹。黑龙潭遗址在旧石器时代晚期遗存之上的全新世地层底部发现了成堆的石块、石片和细石器，这些以细石器为突出特征的遗存的年代，大多数可能为原始农业文化出现以前的全新世早期，距今约 10000 年左右。莒地的细石器还包括莒县的大官庄、破子、杨家官庄、中泉等处遗址。[③] 从这些遗址采集到有船底形细石器、楔形细石核、锥形细石器以及其他形状的圆刮器、长刮器、尖状器、雕刻器和细石镞等，有些典型的细石器已相当成熟，所使用的石料以白色石英和脉石为主，构成了古莒地细石器时代文化的主要特征。

2013 年 12 月到 2014 年 1 月，山东省考古所对沂河流域的郯城、沂南、沂水、青州及沂源等县市开展旧石器调查，发现十余处旧石器时代晚期及旧石器时代向新石器时代过渡段的遗存，以沂南青驼镇仁义庄、沂源悦庄镇高家北峪及燕崖乡东辉村洞穴遗址较为重要。据采集到的石制品特

---

① 徐淑彬、马玺伦、孔凡刚：《山东省沂水县南洼洞发现旧石器》，载《考古》1985 年第8 期。

② 徐淑彬：《山东蒙阴县发现旧石器地点》，载《人类学学报》1987 年第 1 期。

③ 苏兆庆：《莒县文物志》，齐鲁书社 1993 年版。

征及地层堆积考察，推测属旧石器时代晚期到新石器时代过渡阶段[①]。

黑龙潭遗址

古莒地的旧石器历史进程非常漫长，从众多的遗址中找到了旧石器向新石器过渡的证据，这些都是人类原始社会不停进步的体现。因此，可以说旧石器时代鲁东南地区的先民们应该就是后来莒人的直系祖先，当然，这还需要此后的进一步考证。但通过一系列的考古发现，至少可以证明，古莒地早在四五十万年前就是古人类的居住地，他们在这一地区生活、繁衍、活动，并创造了灿烂的旧石器时代文化。

2. 新石器时代的莒地文化

约距今 7300 年到 6100 年前，古莒地一带进入新石器时代，处于北辛文化时期。[②] 1989 年在临淄区后李官庄发现后李类型文化遗址，年代距今约 8200 年到 7600 年之间，其文化因素曾为后来半岛地区的白石文化、鲁

---

① 苏兆庆：《从考石发现谈莒文化的历史地位》，载《古莒新论》中国文史出版社 2015 年版。
② 北辛文化，以 1964 年发现于山东滕县北辛而命名。

东南地区的北辛文化所吸收，这一事实证明后李类型的中心分布地带应该是鲁东南地区，此后的一系列考古发现也证实了这一点，并可以看出其文化谱系为：后李文化——北辛文化——大汶口文化——龙山文化——岳石文化。

新石器文化遗存：石磨盘

　　2004 年，沂源县一个农民在桃花坪村后北围子山一处名为扁扁洞的山洞内取土时，发现了人类头骨碎片，山东省考古所和中国科学院古脊椎动物与古人类研究所分别于 2005 年上半年和 2006 年下半年进行了两次发掘，发现了新石器时代早期文化遗存，在文化堆积层中，发现了明确的活动面。其中除发现多处烧土面外，还夹杂着很多兽骨，兽骨显然经过火烧，绝大部分兽骨都十分破碎，应该是人工敲击所致。在一处烧土面旁边，还发现了一个石磨盘和两个石磨棒，石磨棒较短，中间粗两端稍细。石磨盘长方形，一端有捉手，加工十分细致。洞内采集到的人类骨碎片和兽骨经北京大学年代实验室检测，距今约 11000 年到 9500 年之间，已经进入了新石器时代早期。[①]

　　1996 年 10 月，山东省考古研究所进行文物普查时，在潍莱高速前埠

---

　　① 　苏兆庆：《从考古发现谈莒文化的历史地位》，载《古莒新论》中国文史出版社 2015 年版。

下发现新石器时代遗址，对该遗址进行发掘后，发现新石器时代灰坑近300个，房址2座，墓葬33座，柱洞近200个，获得一批重要的实物资料；有少量陶片，可辨器形有鼎、钵、壶、豆、罐等，还有少量红烧土粒。从出土遗物看，共发现灰坑57个，柱洞6个，出土遗物有陶釜223件，罐2件，钵21件，壶1件，玉石器25件，骨器30件，渔器18件，牙器1件。从整体看应该属于后李文化范畴。

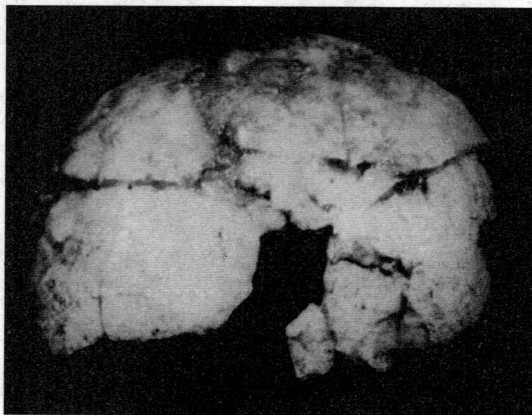

沂源猿人头盖骨化石

在诸城东陆家庄子村也出土了两套完整磨盘，出土的夹砂红陶较厚，松软，还有灰坑。距今约7000多年，与北辛文化接近。从北辛文化开始人类的饮具用鼎代替了釜，陶器中出现不含沙的泥质陶，制作更加精美，后期甚至开始出现彩陶。这个时期，石器数量较多，形态稳定，器形有斧、铲、刀、镰、磨盘和磨棒等。北辛文化时期房屋面积较小，超过10平方米的极少。其墓葬多土坑竖穴，葬式以单人仰身直肢为主，头东脚西，成年人中流行拔除侧门牙的风俗。北辛文化时代，生产工具有了很大的改进，陶器的底部发现了粟壳印痕，说明农业得到了较大的发展。另外，临沂河东区的泉上屯、兰山区小城后村、罗庄区晏家墩、莒县果庄、日照东港西河、北西河村等均有遗址发现。北辛文化是莒地早于大汶口文化的新石器文化遗存，把莒地和整个山东地区的新石器文化向前推进了1200年，从而形成了该地区北辛文化、大汶口文化、龙山文化的发展序列。

大汶口文化是在1959年泰安大汶口遗址发现并因此得名的一种文化，由北辛文化发展而来。其实，早在1957年，莒县发现了陵阳河遗址，它是最早发现的大汶口文化遗存。[①] 进入大汶口文化时期，莒地文化空前繁荣，大汶口文化遗址山东省已发现有600余处，在莒地就有276处，较有代表性有胶县三里河、诸城呈子、莒县陵阳河和大朱家村、小朱家村、杭头、日照东海峪、五莲丹土、董家营、安丘的景芝、潍坊的寒亭埠下等10处之多。

大汶口文化时期，农耕和饲养业是主要经济来源，渔业也已进入海内捕捞，狩猎退为次等地位。从出土的石铲、石镰、石刀、角锄、牙锤、牙刀、网坠等说明在当时生产力已达到一个较高的水平。胶县三里河遗址灰坑中储存了1立方米多的碳化、灰化粟粒，陵阳河和大朱家村遗址出土大型储粮罐和成套的酿饮酒器具，都表明了当时农业生产的发展，粮食有了一定的剩余。陵阳河遗址发现有大量的猪头骨殉葬，说明了当时饲养业的发展。大汶口文化时期，手工业也有了较大的发展。主要有制陶、制玉、制骨、建筑和纺织等。制陶工艺从手制发展到轮制，白陶和薄胎黑陶、高柄杯是制陶业的重要成果。玉、石、骨、角等器具的加工，采用了线截割、线锯解、琢磨、钻孔和抛光等一系列工艺。陵阳河出土的玉琮、玉璧、坛形片、玉砭石、玉坠、石铲、石斧；杭头遗址出土的玉琮；丹土遗址出土的玉铖、玉刀、玉璋、玉璇机、玉琮、玉璧，玉戚等，形体大方、美观，制作精良，体现了以玉为礼的风俗。

大汶口文化让世人瞩目的焦点就是莒地出土的刻画在陶尊上的文字。目前已在莒县陵阳河、大朱家村、杭头、仕阳，诸城前寨，日照尧王城，

---

① 苏兆庆：《亲历陵阳河遗址陶文发现与研究50年》，载《莒文化与中华文明》中国社会科学出版社2012年版。

胶州里岔等遗址出土，仅莒县就发现了8种类型、20余个单字，专家们普遍认为，这些字符已具备象形文字的祖型，并有汉字的形、义的因素。从发掘的墓葬和随葬品看，墓葬大小不一，随葬品数量悬殊，可以看出在当时，所有制形态已由氏族公有制转向家庭私有，社会正处于大变革时期，显露出中华文明的曙光，说明莒地先民率先进入了部落方国时期。[①] 大汶口文化的继承为龙山文化，1973年到1975年发掘的东海峪遗址和三里河遗址得到证实。山东地区已发现龙山文化遗址1500余处，而其中莒地就有499处，代表性的有莒县马庄、孟家洼、日照东海峪、尧王城、两城、胶县三里河、诸城呈子、临沂大范庄、五莲丹土等。

莒县陵阳河遗址

莒地的龙山文化是山东龙山文化的典型代表。龙山文化距今4600年—4000年。其下限已进入夏代纪年，这个时期应该处于传说中的三皇五帝时代，当时在黄河、长江流域活动着众多的部落集团，其最大的两个集团一

---

① 张学海：《莒史新探》，载《莒文化研究文集》山东人民出版社2002年版。

个是地处中原的华夏集团，另一个就是沿海地区以莒部落为代表的东夷集团。这两大集团的对抗形成了中华大地历史上首次文化的大融合。龙山文化时期的陶器色泽漆黑，造型灵巧。出土的蛋壳陶"黑如漆、薄如纸、明如镜、硬如瓷"，是山东龙山文化的典型标志器物。另外，龙山文化遗址发现了大量的房址，有半地穴式，也有地面建筑，建筑材料还出现了土坯，并采用了错缝叠压垒砌技术。特别这个时候出现了许多城址，这些城址大部分都是所在区域的中心聚落，高大城墙的修建，表现了当时社会已进入了古国的时代。这与古文献上的"万国林立"相符。

莒地胶县三里河、日照尧王城、诸城呈子和临沂大范庄等地在龙山文化时期，均有铜器铸造遗物和铜渣出土，这是古代文明的重要标志，两城、丹土、大范庄等遗址出土大量的精美玉器，反映了墓主人的贵族身份，并且可以从玉器的使用中观察到礼制的端倪。大量的考古资料表明，莒地最早进入"城邦林立"的早期文明社会，成为中国东夷文明的重要核心和中华文明的重要发祥地。[①]

3. 文明曙光

通过对陵阳河遗址出土的陶器研究，陵阳河古莒先民们已掌握了慢轮制陶的技术，轮制技术的使用表明制陶技术已渐向专业化发展。制作精美酷似鸟形的双鋬白陶鬶及白陶杯、盉、觚、高柄杯、背壶、大镂孔豆等均为陶中精品，又是代表之作。龙山文化时期的日照尧王城遗址制陶业更是达到了更高的水平，通体磨光、黑中透亮、制作精细的黑陶器，亦是制陶技艺中的上乘佳品。尤以素有"薄如纸、硬如瓷、明如镜、黑如漆"之美

---

① 　张学海：《试论莒地古文化古城古国》，载《莒文化研究文集》山东人民出版社 2002 年版。

誉的蛋壳陶杯，造型优美，质地细腻，堪称原始制陶中的精品之作。

1958年在美国芝加哥召开的"近东文明起源学术研讨会"上，克拉克洪教授提出了关于古文明的三条标准：城市、文字和复杂的礼仪建筑。按照三条文明标准，莒县陵阳河遗址和日照两城遗址已进入了文明社会的初期阶段。日照两城镇遗址面积达256万平方米，出现了大型宗教礼仪中心和城池的"三道环壕"，还出土了众多的精美玉器和陶器，遗址所在区域显然是经过了"人工高度的整合"。牛津大学《世界史便览》记载："公元前3500年—公元前2000年的两城镇为亚洲最早的城市。"如果按照文明的三条标准，山东日

刻有"日月山"字符的灰陶尊

照尧王城遗址也是当之无愧的文明之都，通过考古发掘证实，尧王城遗址属大汶口晚期遗址，总面积超过300万平方米；发现"四个等级聚落"和"三个等级行政聚落"的"金字塔"形的社会结构，证明已出现了国家组织。① 出土的陶片上刻画有释为"皇"字的羽冠类图像文字，出土了铜器炼渣、台基式房、土坯房屋；还出土了精美的蛋壳陶和碳化的水稻作物等。

莒地大汶口、龙山文化遗址中广泛存在着玉、石、骨等制品，从生产工具、礼器、兵器到普通用具，丰富多彩无所不有。琢磨制作精细，造型美观实用，纹饰繁缛，均已达到了至高至精的水平。骨器的制作更为精

---

① 张学海：《试论莒地古文化古城古国》，载《莒文化研究文集》山东人民出版社2002年版。

细，直径仅有一毫米的古针上还能穿上细小的针孔，繁杂的玉、石品种，精湛的制作工艺反映出莒地先民超凡的技艺和制作业的空前发展。陶、石纺轮的广泛存在和骨针地发现，证明早在大汶口时期莒地先民已学会纺线织布了。玉、石质砭石的出土，表明了东夷人在原始医学中独特的建树，也印证了《内经》中："东方之域，天地所始生业，鱼盐之地，海滨傍水，其民食鱼而嗜咸，皆安其处美其食。鱼者使其热中，盐者盛血，故其民皆黑色疏理，其病皆为痈疡，其治宜砭石故砭石者亦从东方来。"的记载，反映出莒地先民早在原始社会就与疾病抗争，在漫长的生产、生活实践中，创造发明了原始的针灸医疗技术，因此，可以说东夷人是最早创立原始医学的先民之一。①

在酿酒方面，古莒先民也是最早发明者。从陵阳河遗址中出土的陶尊、陶盆及形体硕大的酿酒滤缸和与之相应而存的成组或成套大量饮酒器皿等，确凿无疑地证明当时已大量酿酒。同时，也反映出当时农业生产相当发达，粮食有了剩余，为酿酒提供了条件和保障，使酒业生产广泛发展起来。② 这些考古发现比文字记载的酿酒历史早得多，足以证实，大汶口文化时期酿酒业已蓬勃发展了，推测其起源时间还要早。遗址中还发现了笛柄杯，笛柄杯通高 16.4 厘米，柄圆中空，粗细均匀，柄中部饰两道竹节纹，柄部两侧各雕镂一大小相同，不相对称的镂孔。③ 据研究，笛柄杯能吹出四个不同的乐音，音响清脆，悦耳动听，与现代横吹竹笛不贴膜时发出的音响相似，此是迄今已发现的中华民族最早的也是唯一的陶制横吹管乐器，④ 这也证明东夷莒人最早发明了原始乐器。

---

① 苏兆庆：《东夷民族针灸学初探》，载《第一届中国医学史研讨会》1992 年北京。
② 王思礼：《从谈陵阳河遗址的酒器及我国的酿酒时代》，载《莒文化研究文集》山东人民出版社 2002 年版。
③ 王树明：《山东莒县陵阳河大汶口文化墓葬中发现笛柄杯简说》。
④ 曲广义：《笛柄杯音乐价值初考》，载《齐鲁艺苑》总第 5 期 1996 年。

莒县陵阳河遗址中一大型墓葬随葬着大量酒具，还陪葬刻有图像文字的陶尊和象征身份权力的玉钺、陶质牛角号等，它充分体现出墓主人生前的特殊身份，推测他极可能是当时部落的军事首领。这件陶制牛角形号，现在吹之仍声闻数里，这是目前我国大汶口文化以来考古发现史上唯一的发现，极为罕见。[1] 它的出土，表明氏族中的权威人物已开始吹响具有阶级统治意味的号角。文字的产生是社会文明发展的重要标志，它是记录语言的符号和感情交流的工具。目前莒地大汶口文化中已发现刻于陶器上的图案文字 8 种类型 20 多个。[2] 该陶文自

高柄蛋壳黑陶杯

大汶口文化中期出现，晚期发现渐多，说明延续时间之长，是有着发展传承关系的。就字体的工整、严谨和熟练苍劲，说明这些文字已不是处于萌芽阶段了，而是经长期酝酿，在日常生产活动中产生的。遗址中发现的铜器炼渣、台基式房、土坯房屋以及丰富的制陶、制玉及酿酒、医疗和乐器等，都是东夷古莒文化对中华文明发展的重大贡献，也证实了这一地域最先亮起了文明的曙光。

4. 陵阳河古国

陵阳河遗址位于莒县城东南 10 公里，东为寺崮山，西为寺崮山下的平原冲积滩，陵阳河东西穿过遗址北部，河滩即为墓区，遗址东西 250 米，南北 190 米。1963 年和 1979 年，山东省博物馆与莒县文物管理所

---

① 苏兆庆：《陵阳河遗址》，载 1985 年《临沂风物志》。
② 苏兆庆：《莒县出土早期陶文及史迹探源》，载《古城阳》。

进行了两次抢救性发掘，先后发掘了大汶口文化晚期墓 45 座，包括大中小三种类型。① 大中小型墓分区埋葬，大中型墓埋于遗址北部，小型墓埋于遗址中部或偏南。大墓均有木椁，随葬品丰富，以陶器为主，并流行酒器，大墓酒器约占大墓随葬品总量的三分之一。大墓均有筒形厚胎大口尊，晚期大口尊大多刻一图形文字，已见 7 种 13 字，即所谓大汶口陶尊文字。1979 年发掘的 6 号大墓，墓长 4.5 米，宽 3.8 米，有木椁，随葬品 206 件，陶器形大质佳，内有全套酿酒器，并随葬 21 件猪下颌骨，迄今发现的大汶口墓葬中随葬品和随葬猪下颌骨最多的墓。小墓墓圹一般长 2 米多，宽 1 米左右，随葬器物 10 件左右，最少的 7 件。墓葬反映出贫富分化的深刻性，但未见赤贫如洗者。这有两种可能，一是陵阳河是个中心聚落，总体来说比较富足；二是已发掘的墓不是最下层社会成员的墓，那些最贫困者可能另有墓地，后者的可能性也许更大，也可能两种情况同时存在。②

距离陵阳河约 3、4 公里处的大朱家村、杭头遗址，面积各 6 万平方米。大朱家村 1979 年发掘了大汶口晚期墓 31 座，可分三组，墓葬亦有大中小之别，随葬品悬殊，一般 20 件左右，多的 40—50 件，最多达 70 件，少者仅数件，个别墓无随葬品。③ 大墓也有筒形大口尊，刻字者共 6 件。④ 杭头遗址 1983 年作过试掘，也发

莒地陵阳河出土的牛角形陶号

---

① 苏兆庆：《莒县文物志》，齐鲁书社 1993 年版。

② 山东文物考古研究所：《山东莒县陵阳河大汶口文化墓葬发掘简报》，《史前研究》1987第三期。

③ 苏兆庆：《莒县文物志》，齐鲁书社 1993 年版。

④ 山东文物考古研究所：《莒县大朱家村大汶口文化墓葬》，载《考古学报》1991 年第 2 期。

现一件刻有安柄石斧图像的陶尊，上腹刻画一字符"⬛"，或释为"斤"。① 大朱家村、杭头遗址的规格明显低于陵阳河遗址，说明莒县大汶口晚期聚落群的等级结构是"都邑聚"金字塔形等级结构。陵阳河遗址相当于"都"，大朱家村、杭头等遗址是"邑"，莒县陵阳河聚落群无疑是个国家，不妨称之为"陵阳河古国"。不仅群内聚落"都邑聚"金字塔形等级结构，墓葬反映出了贫富分化、社会分化的深刻性，而且还有众多陶尊文字给予证明。陶尊文字虽仅一尊一字，但综合所出群内已出 10 余种，共 20 余字，既有象形，也有寓意字，说明莒地已存在超越文字萌芽阶段的原始文字。其中的一部分单字被刻于陶尊，随葬于大墓，似属氏族、家族的标记，或具有后来姓氏、堂号的意义。② 这种陶尊大概是氏族首领、家族长用以祭祖、祈年之类活动的礼器，其形制的一致性，表明社会已形成统一的宗教意识，用以随葬，有如后来的青铜礼器。莒县陵阳河遗址所出陶尊文字之多，既有象形又有会意，且都规规整整地刻于陶尊外壁，有的还涂朱，而且还有的见于群体以外的不同地点，这些都说明在当时应已存在原始文字，陶尊刻字只是其中一些单字，具有固定的形音义，为一定地域的大汶口人所知晓。陵阳河遗址不仅出土了令人震惊的大汶口图像文字，还出土了代表军事领袖的陶质牛角形号角和旄柄旌旗类器物。综合上述发现，可以猜测，在距今 5000 年前后的大汶口文化中晚期，莒县陵阳河遗址已具备了文明的基本条件。当时，由于生产力的提高，生产工具的进步，以及各类制度的建立，促使着氏族社会出现了质变，绝大部分聚落群已由原始社会过渡到阶级社会，不知不觉地形成了落部方国。苏秉琦先生于1992 年 9 月在《迎接中国考古学的新世纪》中称："我国不迟于四五千年前大体都进入了古国时代，亦城邦、万国林立的时代。"所以陵阳河遗址

---

① 山东文物考古研究所：《山东莒县杭头遗址》，《考古》1988 年第 12 期。

② 张学海：《试论莒地古文化古城古国》，载《莒文化研究文集》山东人民出版社 2002 版。

应诞生于 5000 年前，山东大学栾丰实教授将其称作"陵阳河古国",[①] 应该是名副其实的。

莒县大朱家村遗址发掘现场

5. 汉字源头

随着古莒先民认知的逐步提高，文明的火花开始迸发，中国古代文字的萌芽首先在莒地诞生。大汶口文化后期，东夷地区的古莒地出现了图画、图形文字。当时的图画、图形文字有的具有会意成分，有的则具有明确的表意性，并且这些图画、图形文字在一定的社会群体中得到广泛的共识，有学者称之为原始文字。这些图像文字最先发现于莒县陵阳河遗址和诸城前寨遗址的大口尊上或陶片上。

莒县陵阳河大汶口文化遗址于 1957 年发现，当 1960 年采集到的三件

---

① 杨鲁昌、马进、杨冬、董志红:《中华七千年——三皇五帝考证兼论古文明起源》，中国文史出版社出版 2016 年 11 月版。

刻画图像陶文的大口尊公布于世后，在国内外反映极为强烈，并成为历史、考古、古文字、美术及天文学界等众多专家学者的研究热点，且研究成果颇丰。1979 年至 1983 年期间，继出土三件刻画陶文的大口尊之后，在陵阳河、大朱家村、杭头等三处大汶口文化遗址相继科学发掘，又出土了一批陶文。至此，莒县已有三处遗址出土陶文，共发现 20 余个单字。①大汶口文化图画、图形文字值得注意之处，在于它仅见于大口尊的特定部位，多以单体刻于大口尊外壁上腹部，也有刻于近底部或两个字符同刻于一件大口尊上腹两侧的，一些中间涂朱，颇带有神秘的宗教色彩。

最早论及陶尊文字（即莒县陶文）的，是于省吾先生，他在《关于古文字研究的若干问题》中，引述了陵阳河发现的"＂字符，将其解释为"旦"字，并谓云气承托着初出山的太阳，早晨旦明的景象苑然如绘。②唐兰先生认为陶文"是很进步的文字"，并将"＂、＂、＂三字，分别释为炅、戉（钺）、斤等字。且称："由于大汶口文化陵阳河遗址和前寨遗址中陶器文字的发现，是商周以前的图像文字体系，至少可以推到 5000 年以前了。"③

李学勤先生认为，"＂、＂可释为"皇""封"字。他说大汶口文化晚期陶尊上特有的字符，有不少考古文字学界的专家进行考释，都同意是文字。在山东莒县陵阳河遗址出土的陶尊单字有十几种之多。它的结构和我国古代甲骨文、青铜器铭刻上的象形文字十分相近。④

对于这些文字或字符性质的定义，学界看法不一，苏兆庆先生在《山

---

① 苏兆庆：《山东莒县陵阳河陶文研究述要》，载《先秦史动态》。

② 于省吾：《关于古文字研究的若干问题》，《文物》1997 年第 2 期。

③ 唐兰：《从大汶口文化的陶器文字看我国最早文化的年代》，《大汶口文化讨论文集》齐鲁书社 1981 年版。

④ 李学勤：《重新估价中国古代文明》，《先秦史论文集》《人文杂志》1982 年增刊。

东莒县陵阳河陶文研究述要》中总述说：对于这些符号，裘锡圭先生认为是"记号"；郭沫若先生认为是"具有文字性质的符号"；于省吾先生等学者则认为已属文字范畴；唐兰先生在谈到大汶口文化陶文时说："这是现行文字远祖，它们已经有 5800 年左右的历史了。"①

　　从出土的殷墟甲骨文来研究看，并结合《说文》等典籍，可以明确得出，中国的象形文字起源于图画、图形，因此大汶口文化后期出现的图画、图形刻符在中国文字的起源中地位十分重要。其表现手法多象形，这与商代甲骨文的象形文字有相通之处，但是这些刻符，属于仿真性的象形刻符，与商代甲骨文用直线表现的象形有所不同，不过它早于商代甲骨文，表现手法或可能是甲骨文之源头，亦是汉字的源头。因为商代甲骨文及金文族徽中，一些图画、图形也是会意文字，这无疑就是从莒地这一类的陶文中承袭而来，当然，这方面的证据还不很多，有待新的考古发现来证明。但是，就文字学领域而言，目前学界比较一致的结论是，莒县陵阳河遗址发现的陶尊文字是现行汉字的雏型，是我国最早的文字，其成型时期属大汶口文化中晚期，距今五千年左右，比甲骨文尚早 1500 余年。是目前已知我国最早的文字，所以，莒县陵阳河遗址可称得上是"汉字源头"。

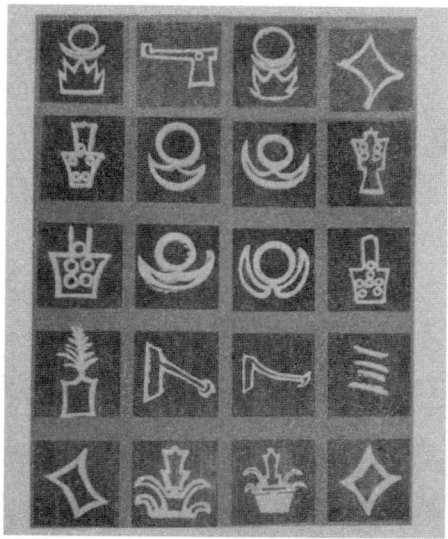

莒地出土的象形文字

---

① 苏兆庆：《山东莒县陵阳河陶文研究述要》，《先秦史动态》。

第三章　东夷部落和夏商时期的莒地

1. 东夷民族的传说

东夷民族，是山东最早的土著族。"夷"字的意思，按《说文》中解释："夷，东方之人也，从大、从弓。""从大"表明夷人有高大的意思，"从弓"说明东夷人使用大型弓箭。可见"夷"字最早表露出东夷人高大、剽悍的体格和有着得力的弓箭，具有勇敢善战的集群性格。后来在"夷"字前面加一个方位词"东"，称为"东夷"，这是从中原人的立场看夷人居住在东方，所以有此称谓。

从考古学上说，东夷是指自后李文化始至岳石文化的承载者，其地下考古所对应的是莒县的陵阳河遗址、日照市尧王城遗址、两城遗址等，特别是日照的尧王城遗址，据考古发现并结合史料、传说，这里应该就是所谓的"十日国"羲和之国。[①] 而汤谷就是东夷人祭祀太阳神的圣地。尧王城遗址属全国重点文物保护单位，是一个相当大的"原始城市"，也是尧王城龙山古国的"都城"。中美联合考古队调查后认为，该遗址中心面积超过100万平方米，与两城镇遗址面积相仿。在这里首次发现了土坯房建筑，特别是奠基石的发现揭开了中国在建筑领域举行奠基仪式的先河。墓

---

① 《山海经》中说在东海之外，甘水之间，有羲和之国。

葬的葬俗独具特色，在墓主人周围镶陶片构成方形墓框的现象是非常少见的。该遗址出土的铜渣，表明该地最先迈进了铜石并用的文明时代。[①]

根据山东大学东方考古研究中心与芝加哥自然历史博物馆组成的联合考古队普查结果，发现尧王城周边地区为三级聚落分布。尧王城遗址东向大海，西靠老牛头顶、双山、白云寺等山系，南面是竹子河和大寨山、磴山，北为傅淄河和奎山，从地理位上来看，这里有十足的帝王之气，确属风水宝地。尧王城墓葬考古表明，墓向均朝向遗址南部的磴山一带。磴山东北麓有石盆山，石盆山上有众多关于太阳崇拜和祖先崇拜的传说。[②]

关于东夷民族，《礼记·王制》云："东曰夷、西曰戎、南曰蛮、北曰狄""中国戎夷，五方之民，皆有性也，不可推移。东方曰夷，被发文身，有不火食者矣。南方曰蛮，雕题交趾，有不火食者矣。西方曰戎，被发衣皮，有不粒食者矣。北方曰狄，衣羽毛穴居，有不粒食者矣。"甲骨卜辞称商朝东方与东南方的为夷人，西周金文才正式出现了"东夷"的称谓。

根据古代典籍的记载和扑朔迷离的神话传说，我国古代北方有三个著名大部落，即兴起于西方姜水之滨的炎帝和兴起于北方的黄帝，另一个就是兴起于东方的东夷。炎帝号称神农氏，黄帝号称轩辕氏，东夷始祖则是少昊氏。炎帝部落有个英雄叫共工，黄帝部落的首领叫轩辕，而少昊、蚩尤等则是东夷部落的代表。东方势力强大，曾发展到九部，即畎、于、方、黄、白、赤、玄、凤、阳九夷。传说中的少昊"以鸟名官"，设"九扈为九农正"教民农事；设"五雉为五工正，利器用，正度量"，设"五鸠"以治理民众。[③] 少昊时代已发现了春分、秋分、夏至、冬至、立春、立夏、立秋、立冬等农事节气变化规律。这些传说反映了少昊时代农业、手工业的发达，似

① 临沂地区文管会：《日照尧王城龙山文化遗址试掘简报》，《史前研究》1985 年第 4 期。
② 尹达：《中国新石器时代》，三联书店 1955 年版。
③ 徐旭生：《中国古史的传说时代》，科学出版社，1960 年版。

乎已进入了原始社会末期，正好与北辛文化至龙山文化时期的考古发现相印证。①

少昊氏源于一个崇尚凤鸟的古老氏族，这个从莒地出土文物中得到印证。据古史记载和传说，远古时代东夷人与炎帝、黄帝多次交战，其中第二次大战是共工与蚩尤的战争。东夷的部落首领蚩尤在自东而西拓展时，侵害了炎帝部落，炎帝的共工因地处上游，便"振滔洪水"，阻止蚩尤西进，于是导致了一场大战。《逸周书·尝夷解》记载："蚩尤乃逐帝，战于涿鹿之阿，九隅无遗。"炎帝的地盘几乎全被占领，蚩尤取得胜利。共工失败后与北方的黄帝部落结成联盟共同对抗蚩尤。第三次大战是黄帝与蚩尤对垒，最后黄帝取得胜利，蚩尤战败被杀。黄蚩大战，并非仅是黄帝族与蚩尤族之战，乃是炎黄联盟与整个东夷族之间的大战，即华夏文化与东夷文化的大碰撞、大冲突，东夷族虽以兵败告终，但东夷族中有相当多的氏族后来融合于黄帝族中，两种风格殊异的文化亦随之大交流大融合，故而黄帝神话传说中便呈现出诸多东夷文化色彩。从此，逐步形成了中原、东夷两大部落原始民主制的一些史影。

在中原地区推举尧任首领后，继之东夷人的舜被推上了联盟首领的地位。舜在治水、耕稼和畜牧方面发挥了极大的作用。后来，他推举治水英雄大禹作为代表中原方面的联盟首领。禹在任部落联盟首领时，既对治理洪水有很大功劳，又对"三苗"的作战中取得了胜利。在禹的个人声望上升过程中，部落联盟首领那种凌驾于部落成员之上的权势也跟着上升。禹的晚年，东夷部落的代表皋陶被推选为禹的继承人，但这个有威望的皋陶却先禹而死了。东夷代表的伯益又被推举为代替皋陶作禹的继承人。②夏、夷两大文化体系在这段时间里得到充分地交流和发展，这就是东夷文

---

① 苏兆庆：《莒地原始农业发展初探》，1992 年《中国农史》。

② 苏兆庆：《莒地先秦时代历史名人》，载《莒史新征》中国文史出版社 2015 年版。

化与中原文化共同发展和较量的过程，也是整个中华民族从多部落发展到统一的过程。东夷文化对后来的齐鲁文化产生重要影响，甚至说是滋养了齐鲁文化，对中华文明做出了重要贡献。

2. 三皇五帝时期东夷传说人物

我国自古以来就有关于"三皇""五帝"的传说，其中涉及的许多人物就来自东夷，但历来的诸多典籍中对于"三皇、五帝"的记载并不相同。比如：

司马迁《史记·五帝本纪》以黄帝、颛顼、帝喾、唐尧、虞舜为五帝。

孔安国《尚书序》以伏羲、神农、黄帝为三皇；以少昊、颛顼、高辛（喾）、唐尧、虞舜为五帝。

《礼记·月令》以太昊（伏羲）、炎帝（神农）、黄帝、少昊、颛顼为五帝。

《楚辞》以轩辕（黄帝）、太昊、炎帝、祝融、颛顼为五帝。

《白虎通》以伏羲、神农、祝融为三皇。

《风俗通义》以伏羲、女娲、神农为三皇。

《通鉴外纪》以伏羲、神农、共工为三皇。

虽然诸说不一，但在这些传说人物中，目前学术界基本公认伏羲、女娲、少昊、颛顼、虞舜属于东夷族系。

少昊，又作少暤、少皓、少颢，史称青阳氏、金天氏、穷桑、云阳氏或朱宣，是黄帝长子，母亲为嫘祖，其子名蟜极，其孙为帝喾高辛氏。少昊是远古时代早期东夷族的首领，他被后人尊为五帝之一，也是华夏共祖之一。据记载其部族以玄鸟为图腾，娶妻凤鸿氏之后改以凤凰为图腾。在他的部落里诞生了原始的凤文化，成为中华民族的图腾之一，这也从莒地的出土陶器中得到印证。

《礼记·月令》云："立春之日，天子亲帅三公九卿，诸侯大夫以迎春于东郊……立秋之日，以迎秋于西郊。"郑玄注："迎春，祭仓帝灵威仰于东郊之兆也；迎秋者，祭白帝白招于西郊之兆也。"仓帝是太昊，白招就是少昊。太昊是东方之神，代表青色，在季春之月祭祀，亦是祭五帝之一。

"祀五帝"是古礼中的大礼，古代是非常重视的，《周礼》中多有记载。《周礼》中所祭祀的五帝是太昊、炎帝、黄帝、少昊和颛顼。《周官总义》卷一云："祀五帝……祀天之大礼也，其次五帝也……《月令》所谓其帝大昊，其帝炎帝，其帝黄帝，其帝少昊，其帝颛顼是也。"[①] 《周礼·春官》云："小宗伯之职，掌建国之神位，右社稷，左宗庙，兆五帝于四郊、四望、四类，亦如之"。而《周礼·春官》郑玄注云："兆为坛之营域，五帝：苍曰灵威仰，太昊食焉。赤曰赤熛怒，炎帝食焉。黄曰含枢纽，黄帝食焉。白曰白招拒，少昊食焉。黑曰汁光纪，颛顼食焉。黄帝亦于南郊。"此处郑玄所注的五帝是太昊、炎帝、黄帝、少昊，颛顼等。

由此可见，太昊、少昊在古史传说中占有非常重要的地位。他们是传说中的"五帝"，受古代帝王的祭祀。（明）胡广等撰《礼记大全》卷五云："春有生育天地之盛德，在于木位也。迎春东郊，祭太昊、句芒也。后仿此准之。"又"少昊白精之君，金天氏也，金官之臣少昊氏之子也。"

《礼记》和《周礼》都是先秦典籍，反映的是较早的传说，司马迁在《五帝本纪》中把胜利者作为正统，而太昊、少昊在古史传说中是失败了的落族统领，故没有被《史记》列入正统。

有巢氏，简称"有巢"，号"大巢氏"。是远古时代的东夷部落首领

---

① 宋易被撰《周官总义·天官冢宰》卷一。

之一，居住在山东莒县一带。为人类原始巢居的发明者，巢居文明的开拓者。史传有巢氏居石牟（楼），即今莒县城东 10 公里的屋楼崮（山）。起初，人类穴居在野外，常受野兽侵害，有巢氏在屋楼山之南以木材构筑"巢穴"，以避野兽，从此人们才由穴居到巢居，此为中国建筑文化之始。

有巢氏的传说在先秦古籍即有记载。《庄子·盗跖》曰："且吾闻之，古者禽兽多而人少，于是民皆巢居以避之。昼拾橡栗，暮栖木上，故命之曰有巢氏之民。"《韩非子·五蠹》载："上古之世，人民少而禽兽众，人民不胜禽兽虫蛇。有圣人作，构木为巢以避群害，而民悦之，使王天下，号曰有巢氏。"《路史》亦有载："昔载上世，人固多难，有圣人者，教之巢居，冬则营窟，夏则居巢。未有火化，搏兽而食，凿井而饮。桧秸以为蓐，以辟其难。而人说之，使王天下，号曰有巢氏。"

莒地为"巢楼之制"的故乡，自有巢氏始居此地，而兴起了"构木为巢，以避群害"的古制。《遁甲开山图》载："石牟山在琅玡，昔有巢氏治此，在城阳县东北有娄乡是。"《山东通志·山川》云："娄乡即牟楼，古属莒国。按石楼山又名石牟山，也叫屋楼山，在莒城东 20 里，今仍名屋楼山或屋楼崮。"①

蚩尤，传说是东夷民族的主要首领，曾与炎帝大战于阪泉，炎帝战败，后又与黄帝部落争战，被炎黄二帝联合大败于逐鹿，蚩尤战败被杀。

在中国历史上，春秋时期以来的古籍对蚩尤传说的记录相当丰富，但常有矛盾之处。有学者依照《逸周书》《盐铁论》推测蚩尤属于太昊、少昊氏族集团。《路史·蚩尤传》载："蚩尤姜姓，炎帝之裔也。"《说文》云："蚩，虫也，从虫。"蚩尤为东夷部族军事首领，传说其有 81 个氏

---

① 苏兆庆：《莒地先秦时代历史名人》，载《考古发现与莒史新征》中国文史出版社 2015 年版。

族，9个部落组织，故史称"九黎族"。其创造冶炼，发明兵器，能百战百胜。《史记·五帝本纪》言黄帝与蚩尤同生于"神农氏弱，诸侯相侵伐，暴虐百姓，而神农氏弗能伐"的时代。据推算，其时约在5000年前大汶口文化中期。唐代徐坚《初学记》卷九引《归藏·启筮》言："蚩尤出自羊水，八肱、八趾、疏首，登九淖以伐空桑，黄帝杀之于青丘。"

蚩尤为何被杀？史有二说：其一，他将神农后裔榆罔从曲阜驱至涿鹿后成为联盟首领，因榆罔求援于黄帝，帝擒杀之，代神农氏；其二，黄帝战败炎神，被驱至南方，蚩尤与夸父同为炎帝裔，夸父加入战团为神农复仇，故《大荒东经》有云："大荒东北隅中，有山名曰凶犁土丘。应龙处南极，杀蚩尤与夸父。"《尸子》："造冶者，蚩尤也。"《管子·地数》："蚩尤受葛卢之金而作剑、铠、矛、戟。"《太平御览》卷七十八引《龙鱼河图》："黄帝摄政前，有蚩尤兄弟八十一人，并兽身人语，铜头铁额，食沙石子，造立兵杖、刀、戟、大弩，威振天下，诛杀无道，不仁不慈。万民欲令黄帝行天子事，黄帝仁义，不能禁止蚩尤，遂不敌。乃仰天而叹！"于是，天道难容，天遣玄女下授黄帝兵信神符，制服蚩尤，以制八方。袁珂《海经新释校注》案："炎帝兵败，乃又有蚩尤崛起以与黄帝相抗。蚩尤者，炎帝之后，亦炎帝之臣也。"《大荒北经》谓："蚩尤作兵伐黄帝，盖为兵败之炎帝复仇也。"

关于黄帝与蚩尤之战，《太平御览》卷十五引《志林》曰："黄帝与蚩尤战于涿鹿之野，蚩尤作大雾弥三日，军人皆惑。黄帝乃令风后斗法以别四方，遂擒蚩尤。"《大荒北经》亦言："有人衣青衣，名曰黄帝女魃。蚩尤作兵伐黄帝，黄帝乃令应龙攻之冀州之野。应龙畜水，蚩尤请风伯、雨师，纵大风雨。黄帝乃下天女曰魃，雨止，遂杀蚩尤。"又有古代神话传说述之较详，《太平御览》卷十五引《黄帝玄女战法》："黄帝与蚩尤大战，九战九不胜。黄帝归于泰山，三日三夜雾冥。有一妇人，人首鸟形，黄帝稽首再拜伏不敢起。妇人曰：'吾玄女也，子欲何问？'黄帝曰：'小子欲万战万胜。'遂得战法焉。"唐杜光庭集《庸城集仙录》又云：黄帝回归太山，王母遣使披云狐裘，以符授黄帝说："精思告天，必有太上之应。"数日后，玄女下降，授黄帝三宫秘略、五音权谋阴阳之术，大破蚩尤，并使黄帝升天。这些史料有惊人的相似，黄帝回归泰山求战法，更证明他本是泰山人。汉代《龙鱼河图》又言："蚩尤没后，天下复扰乱不宁，黄帝遂画蚩尤形象，以威天下。天下咸谓蚩尤不死，八方万邦皆为殄服。"

综合以上古史所考：蚩尤为炎帝裔，其生地皆古莒地，即今之沭水上游，他都于营丘，后人奉蚩尤为东夷八神之一的兵主，且为冶炼始祖，杂技始祖。

虞舜，虞舜到底出生在哪里，历史上众说纷纭，舜的出生地已成为文化迷阵。现在我们来看重要典籍文献的历史记载：

《孟子·离娄》下篇："舜生于诸冯，迁于负夏，卒于鸣条，东夷之人也。"

司马迁《史记·五帝本纪》："舜，冀州之人也。"

《史记正义》所引《孝经援神契》："帝舜生于姚墟。"

晋代皇甫谧《帝王世纪》："瞽叟妻曰握登，陶唐之世，握登见大虹，意感而生舜于姚墟，故姓姚氏。"

以上四种记载是古文献中关于舜帝出生地的最早记载。其中《孟子》《史记》的史料价值较大，所记比较可靠，这几种记载中提到舜帝的出生地有三个，即"诸冯""冀州""姚墟"。孟子关于舜出生地的记述，在那段简约的文字中只是说舜生于诸冯，卒于鸣条但没有说明"诸冯"在哪里，"鸣条"在哪里。司马迁关于舜出生地只是了了六个字"舜，冀州之人也"，更为后人留下了无穷探究的空间。中国社科院历史研究所著名学

35

者孟世凯先生说:"自西汉以来历代地方史家修志或在著述中都写入当地是虞舜故里,有舜耕的历山,舜打鱼、制陶、做什器、做买卖、打井的传说……于是今山西、河南、山东、江苏、浙江、湖南等省的一些市、县都认为当地是虞舜正宗的故里。"[①]

舜帝出生地,从孟子和司马迁开始,就有了两种不同的说法:"东夷说"和"冀州说"。有人将山西垣曲说与山西永济说归入司马迁的"冀州说",山东诸城、菏泽、河南濮阳说等归入孟子的"东夷说"。从古代典籍文献、地域地望及古迹遗存考证看,"东夷说"史实性更高。

诸城舜庙

近年来,有关舜出生地的研究成果日益丰富,舜出生地为诸城说日益受到文化学界的广泛重视和认同。舜生于山东诸城市诸冯村的主要依据,一是范文澜的《中国通史》:"舜号有虞氏。《孟子·离娄篇》说'舜生于

---

① 中华书局:《文史知识》2007年第10期。

诸冯，卒于鸣条，东夷之人也。'"①。郭沫若的《中国史稿》："舜生于诸冯。"② 这里的诸冯即今山东省诸城。

　　其他重要文献也对舜出生于诸城作了佐证。如明代《职方地图》在"诸城"下特注"舜生处"。清乾隆《诸城县志·古迹考》记载："县人物以舜为冠，古迹以诸冯为首"。宋代大文豪苏轼知密州（治所在诸城）时，写下诗句："相将叫虞舜，遂欲归蓬莱"。清初诸城著名文人李澄中《东武吟》写道："天地洪荒虞帝出，千年人说诸冯村。其余琐细不足数，唐宋传来名独古。"由此可见，虞舜出生地为诸城，千年来一直有这种传说，远古的人物本来源于传说，所以这些传说是具有一定的史实基础的。

　　孟子说舜是"东夷之人"，东夷即是指山东靠海一代的地域。东汉赵岐《孟子章句·离娄下》言："诸冯、负夏、鸣条，皆地名。负海也，在东方夷服之地，故曰东夷之人也。"从上述我们考证舜活动的地域地望，都在古东夷人活动的地域内。在考古学上也有证据，那就是舜的时代在考古学文化上属于龙山文化时代，地域聚居地当为今山东省地区东部，因为这是龙山文化最重要的分布地区。山东龙山文化出土的陶器如蛋壳黑陶、白陶器等，是我国龙山文化时期质量最好的陶器，其他地方龙山文化遗址或墓葬里出土的陶器皆不能与之相比。《韩非子·难一》记载"东夷之陶者器苦窳，舜往陶焉，期年而器牢。"山东龙山文化出土的陶器质量优于其他地方龙山文化出土陶器，当是与舜在此地的模范作用有关。③ 山东诸城地区处于龙山文化发达地区，又有文献和传说相照应，在地理上也符合舜居"负海"之地的条件，舜生于诸城是极为可能的。其后，随着他的长大成人，而逐渐向西发展，然耕历山，渔雷泽，陶河滨，作什器于寿丘，

---

① 《中国通史简编》，人民出版社 1949 年版。
② 郭沫若《中国史稿》第一册，人民出版社 1976 年版。
③ 中国社会科学院历史研究所朱玲玲：《舜为东夷人考》。载《南方文物》2011 年第 1 期。

就食于负夏。其品德受到民众称颂，终被中原部落首领尧看中而选为接班人，终至入主中原，作了强大的中原部落联盟首领，成为我国历史上的"五帝"之一。

大禹，姓姒，名文命，字密，传说是黄帝的玄孙、颛顼的孙子。《山海经·大荒东经》云："东海之外大壑，少昊之国。少昊孺帝颛顼于此，弃其琴瑟。"少昊为东夷，可知颛顼亦为东夷也，况颛顼所都高阳亦在今杞县高阳镇。《史记·夏本纪》云："夏禹，名曰文命。禹之父曰鲧，鲧之父曰帝颛顼。"禹和鲧自认颛顼之后，可知禹为东夷之人。又证，晋皇甫谧《帝王世纪》云："鲧纳有莘氏女曰志，是为修己。"可知禹母为有莘氏，前证有莘氏应在杞县，皆为东夷之地，可知禹为东夷无误。

《史记·夏本纪》云："禹辞辟舜之子商均于阳城"。商均之封国虞国在今河南商丘虞城县，故可知禹都阳城必在虞城附近，而曹县、杞县、兰考县皆与虞城县相邻或不远。《史记·周本纪》云："武王追思先圣王，乃褒封神农之后于焦，黄帝之后于祝，帝尧之后于蓟，帝舜之后于陈，大禹之后于杞。"为何封大禹之后于杞？可能就是因为禹本是杞县有莘氏之人。至于所言颛顼为黄帝之后，禹亦黄帝之后，当为攀附。黄帝乃西部之华夏人，颛顼和禹乃东夷人，起初非同族。此亦可见东夷在夏代之前便已融入华夏。早在 20 世纪初，王国维先生《殷周制度论》既云："夏自太康以后迄于后桀，其都邑及地名之见于经典者，率在东土，与商人错处河济间盖数百岁。"顾颉刚先生亦曾论及王国维先生略同之观点。虽顾氏以禹为天神，与夏无涉，然未否认夏之存在。

禹父鲧被帝尧封于崇。当时洪水泛滥造成水患灾祸，百姓愁苦不堪。帝尧命令鲧治水，鲧受命治理洪水水患，鲧用障水法，历时九年未能平息洪水灾祸。接着禹被任命为司空，继任治水之事。禹治水三过家门不入，正是他劳心劳力治水的最好证明。其时大禹治水，中原水患泛滥最剧之处在河水下游，恰为东夷与淮夷之所居。东夷淮夷人与水患斗争多有经验，故治水英雄大禹为东夷人当合常理。禹总结了其父亲治水失败的教训，改革治水方法以疏导河川治水为主导，利用水向低处流的自然趋势，疏通了九河。治水期间，禹翻山越岭，亲自率领老百姓风餐露宿，整天在泥水里疏通河道，把平地的积水导入江河，再引入海洋。经过13年治理，终于取得成功，消除了中原洪水泛滥的灾祸。上海博物馆藏《战国楚竹书》第二十五简云："禹通淮与沂，东注之海，于是乎竞州、莒州始可通也。禹乃通蒌与汤东注之。"从竹简这些内容似可认定禹是东夷人，且禹治水之初在莒州。[①]

3. 夏朝建立与后羿代夏

上古尧舜禹时期，首领继承人的选择采用举荐方式，让贤能之人来接班，史称禅让，所以有尧举舜、舜举禹的故事。禹继位后，先举荐东夷人皋陶为继承人，但皋陶早卒，禹又举荐伯益为继承人。禹死后，禹之子启杀伯益而取得天下，建立夏朝，从此之后，改变了原始部落的禅让制，开创中国近四千年世袭先河的"家天下"。

关于启即位的记载，说法不一。古本《竹书纪年》记载，益即位后，启杀益而夺得君位；另一说益继位后，有些部族并没有臣服益，而是拥护禹的儿子启，并对益的部族展开征伐，最后启所在的部落胜利而夺得权位，之后益率领着东夷联盟讨伐启，但没有成功。经过几年的斗争后，启确立了他在部族联盟中的首领地位。关于启即位的说法有多种，但其共同结果是从那之后"公天下"变成了"家天下"。

---

① 苏兆庆：《莒地先秦时代历史名人》，载《考古发现与莒史新征》中国文史出版社2015年版。

　　夏王朝的领土范围西起河南省西部、山西省南部，东至河南省、山东省和河北省三省交界处，南达湖北省北部，北及河北省南部。"自洛汭延于伊汭，居易无固，其有夏之居。"[1] 这个区域的地理中心是今河南偃师、登封、新密、禹州一带。夏朝的建立时间约为公元前 21 世纪，据考古发现，当时的东夷古莒地一带正处于龙山文化到岳石文化过渡时期。逄振镐先生认为"岳石文化的居民，就是夏朝时的东夷族人。"[2] 夏朝应该说是从东夷人大舜手中夺取政权的，夏启从益手中夺权，从而登上王位，所以夏朝自建立之初，就与东夷人没有停止过冲突斗争。据《竹书纪年》载："八年春，会诸侯于会稽，杀防风氏。"防风氏是风姓氏族，属于东夷部落的一支，杀防风氏，表现出夏与东夷的冲突在暗中进行。

　　夏朝最终战胜了东夷，在与东夷的争战中逐步发展起来，到启的晚年时，由于天下基本太平，他的生活也日益腐化。其子太康即位后腐败程度更甚于启，政务荒废，加之连年灾害频发，最终导致发生了叛乱。《史记·夏本纪》载："夏后帝启崩，子帝太康立。帝太康失国，昆弟五人须于洛汭，作《五子之歌》。"这是说夏后帝启崩逝，儿子帝太康继位。帝太康因荒于游乐失国，他的兄弟五人逃到洛汭等待太康的到来，作了伤时感怀的《五子之歌》。

　　同样，《帝王世系》也载："太康无道，在位二十九年，失政而崩。"屈原的《离骚》有句："启《九辩》与《九歌》兮，夏康娱以自纵。不顾难以图后兮，五子用失乎家閧。"他认为太康失国的始作俑者是夏启。《史记》中并没有讲太康失国与谁，《竹书纪年》里有："帝即位，居斟寻。畋于洛表。羿入居斟寻。"对太康失国这件事，《史记新注》说太康失国的故

　　① 《逸周书·度邑解》，商务印书馆 986 年版。
　　② 逄振镐：《东夷及其史前文化试论》，载《东夷古国史研究》第一辑，三秦出版社 1988 年 10 月。

事传说很零乱，《离骚》《天问》中有其痕迹，大抵说启之后康娱自纵，其五子失于家巷，或说五子家閧。《逸周书·尝麦篇》则说启之五子忘禹之命，兴乱而凶其国。《楚语》和《韩非子·说疑篇》则说启的不肖子叫五观。至司马迁撰本篇时所见到的材料，则说太康失国，兄弟五人在洛汭等着他，作《五子之歌》。这反映古代故事传说的演变分化，难于论定。

有传太康与少数随从向东流浪，在今河南东南方筑城①定居，十年后病死。葬于阳夏②。后羿利用人们对太康的不满，将太康逼走，夺得夏朝政权，并从自己的封地鉏③迁于穷石④。

后羿，又称"夷羿"或"司羿"，是夏朝东夷族有穷氏首领、有穷国国君，他是一个射术高超的英雄。古书中曾记载了嫦娥的丈夫"大羿射日"的故事，后世习惯于把他与后羿等同于一人。虽然都善于射箭，但这两个人没有任何关系。《淮南子》有："羿请不死之药于西王母，羿妻嫦娥窃之奔月，托身于月，是为蟾蜍，而为月精。"的记载，其实嫦娥的丈夫是英雄大羿。《淮南子·外八篇》说"昔者羿狩猎山中，遇姮娥于桂树下，岁以月桂为证，成天作之合。"《淮南子·览冥训》："羿请不死之药于西王母，姮娥窃以奔月，怅然有丧，无以续之。"皆能证明嫦娥是大羿之妻，而不是东夷首领后羿的妻子。射日神话中的羿是大羿而不是后羿，这里不再展开详考。

"司"是"父子相继从事某职业"的意思。"司羿"就是"世袭的射师"。从夏启开始，夏代君主采用由"司"字反写而造成的新字"后"字作为自己的官方正式头衔，"后羿"本业为射师，其职业和技能世代父子相传。在帝喾时代，当时的"司羿"被任命为王宫侍卫负责人，称作"司

① 今河南太康县。
② 今河南省太康县西。
③ 今河南濮阳西南。
④ 今河南孟县。

衡"，此后这一显赫职务就在该家族内世代传承。因为在古文字中，司、后是同一个字，久而久之，"司羿"就变成了"后羿"。

夏启的儿子太康在位期间，耽于游乐田猎，不理政事，其时的"司羿"以王宫侍卫负责人的身份发动宫廷政变，驱逐了太康。将太康及其五兄弟流放后，自己摄政。太康死后，羿立太康之弟仲康，实权操纵于后羿之手。仲康死后，其子相继位，后羿又驱逐了相，自己当了国君，这在史书上称作"太康失国、后羿代夏"。后羿篡夺夏国后位，共在位八年。然而后羿被眼前的荣耀冲昏了头脑，并未吸取太康失国的经验教训，自己坐上王位以后也开始变得腐败，只顾游乐，把国家政事交给他的亲信寒浞。然而寒浞心怀鬼胎，背着后羿收买人心，最终把后羿杀死了。

《左传·襄公四年》："浞行媚于内而施赂于外，愚弄其民而虞羿于田，树之诈慝以取其国家，外内咸服。羿犹不悛，将归自田，家众杀而亨之，以食其子。其子不忍食诸，死于穷门。"司马迁的《史记·夏本纪》中说："康崩，子帝相立。帝相崩，子帝少康立。"魏庄子曰："昔有夏之衰也，后羿自鉏迁于穷石，因夏人而代夏政。恃其射也，不修人事，而信用伯明氏之谗子寒浞。浞杀羿，烹之，以食其子，子不忍食，杀于穷门。浞因羿室，生浇及豷。"从史料所载来看，太康失国后不久死去，族人立其弟仲康，流落于洛水附近，仲康死，子相立，相在羿的追杀下，逃往商丘依同姓之诸侯斟寻氏以及斟灌氏。这时斟寻氏已从伊洛平原迁往豫东。寒浞为防止相势力复兴，命浇率师"杀斟灌以伐斟寻，灭夏后相"。然后封浇于过①，封豷于戈②以控制东方。当寒浞攻杀相之时，其妻后缗东逃至鲁西南母家有仍氏③之地，生下遗腹子少康。

---

① 今山东掖县北，或说在今河南太康县东南。

② 约当今豫中偏东部。

③ 今任城附近。

少康从小在艰难的环境中长大，练了一身本领。他在有虞氏那里招收人马，开始有了自己的队伍，后来，又得到忠于夏国的大臣和其他部落帮助，反攻寒浞，终于把后位夺了回来。夏国从太康到少康，中间经过大约一百年的混战才恢复过来。历史上称作"少康中兴"。

4. 从夷夏之争到民族融合

在夏朝初年，大多数氏族群体和部落被夏民族兼并，当夏禹"辟土为王"时，"禹会诸侯于涂山，执玉帛者万国"，这时就已经成为一个具有相当规模的部落联盟的国家，说明夏王朝是以夏族为主体，同盟的还有许多有血缘和无血缘关系的氏族或部族共同所组成。这些氏族和部族与夏族的关系，在政治上和经济上保持相对的独立，部族只需定期向夏王朝进贡就可以了。而其活动地域，据史书和古今学者的考证，大都分布在夏王朝的领土或势力所及的范围内。[①] 当时，以古莒为中心的东夷民族即是其中之一。

开始，东夷人并不是对夏人真正的臣服，所以夏王朝初期的统治极不稳定。一些部族或服或叛，如《竹书纪年》载："帝相二年征风夷和黄夷"，可知此时风夷、黄夷不服夏制。特别是有穷氏后羿，在太康不理国政时，羿便趁机而起，自鉏迁于穷石，到了山东的有夏诸夷的聚居地，因夏民而代夏政，入居于太康之都斟寻。后来寒国的首领寒浞杀了羿夺了夏政，并且传给了儿子过浇，夏少康就是杀了过浇之后重新夺回的政权。自羿至浇，夏人共失国40余年，这实际就是夏人内部的斗争，或许有穷和寒本来就是夏的同姓国，所以《离骚》称之为"家閧"。

---

①　王克林：《略论夏文化的源流及其有关问题》，中国先秦史学会编《夏史论丛》齐鲁书社1985年。

据史书记载来看，东夷与夏的关系也最为密切，根据古本《竹书纪年》的记载："（相）元年，征淮夷、畎夷。""二年，征风夷及黄夷。"在目前能看到的古本《竹书纪年》的文字里，与夏争战最多的国族就是诸夷，而其他不称夷的国族少之又少，有者也大半都是在东夷的地域范围内。① 又据《左传》《史记》载，杞国是夏之后裔所封，应当是夏人无疑了，但《左传·僖公二十三年》却说："杞，夷也。"又《僖公二十七年》载："杞桓公来朝，用夷礼，故曰子。"杜预注："杞，夏代之后，而迫于东夷，风俗杂坏，言语衣服有时而夷。"杞既是夏人之后，却说它是"夷"，而且礼仪、言语、服饰、风俗都和夷相同，由此说来，应该是"用夷变夏"才对，"用夏变夷"反而无踪迹可寻，所以有的学者也就感觉到奇怪："从考古学文化的资料来看，夷人接受夏文化的影响并不很多，而夏人接受夷人文化的影响反而不少。"②

从太康到少康，夏朝历经了约百年的混乱，才恢复过来。历史上称作"少康中兴"。一直到少康儿子后杼才消灭有穷氏，使夏朝得以巩固。在这短暂的繁荣背后，东夷族和夏朝之间的斗争还在继续。在少康的儿子帝杼在位时，东夷的许多出名的射手成了夏朝最大的威胁，他们的弓箭很厉害，几乎箭无虚发，百发百中，帝杼便发明了一种可以避箭的护身衣，叫作"甲"，此后东夷族的优势再也显示不出威力，难以与夏相抗衡，夏的势力又向东发展了。后杼以下，对东方各部落与方国的征伐及交往，已转移到泰山以东以南地区。到了夏代晚叶，与九夷的关系似有所改善，帝发元年，出现了"诸夷宾于王门，诸夷入舞"的局面。对此，《竹书纪年》多次记载了夷夏之间的活动，如：

"七年，于夷来宾；

---

① 王宁：《夷夏关系新论》《东岳论丛》1994 年第 6 期。
② 徐中舒、汤嘉弘：《关于夏代的文字问题》，载《夏史论丛》。

少康即位，方夷来宾；

后芬即位，三年，九夷来御；

后荒即位，元年，以玄珪宾于河，命九夷东狩于海，获大鸟；

后泄二十一年，命畎夷、白夷、赤夷、玄夷、风夷、阳夷；

后发即位元年，诸夷宾于王门再保庸会于上池，诸夷入舞。"

以上所列其中可能包括四方之夷，从《竹书纪年》所叙前后联系看，当主要是东方之夷。[①]《后汉书·东夷传》也记载："自少康以后，世服王化，遂宾于王门，献其乐舞。"这些都说明少康以后夷夏融合的局面。自从东夷与华夏关系融合以来，东夷混入了越来越多的夏人的风俗，夏也融入了更多了东夷文化。

原始莒地的东夷人创造了先进的海岱文化，比如他们发明了带羽毛的弓箭，创造了东夷文字、制作青铜器与冶铁、制造舟车、发展农业与治水，为紧邻民族华夏文化的发展和推进，起到了关键和决定性作用。总之，在夏代400余年中，夏与东夷时和时战，纷争未曾停止。到了夏王朝末年，夏桀残暴，东夷人再次反叛，据《史记·东夷列传》载："桀为暴虐，诸夷内侵"。后来夏人在夏代灭亡以后有一部分东徙，移居于淮、泗流域，有一部分夏人东渐而化于东夷，当是事实。还有一支从东夷中分化出来，加入到了华夏雏形形成的行列，这就是商民族。

5. 莒为古九州之一

据莒文化专家苏兆庆先生考证，莒州之名始于夏朝，且为古代传说中的九州之一。九州，是我国传说中的上古行政区划，把天下分为九州，史

---

① 王宁：《夷夏关系新论》，载《东岳论丛》1994年第6期。

料记载中的九州为冀、扬、豫、雍、徐、兖、梁、青、荆等九州，传为大禹治水后划分，但各史料中所记的九州区域并不相同。《书·禹贡》称九州为冀、扬、豫、雍、徐、兖、梁、青、荆；《尔雅·释地》中九州没有青州和梁州，换成了幽州和营州；《周礼·职方》中有幽州、并州，无徐、梁二州；《吕氏春秋》有幽州而无梁州；《汉书·地理志》载以《职方》九州为周制；而《尔雅》始以《尔雅》九州为殷制，后世将《禹贡》《释地》《职方》合称为夏商周"三代九州"。① 实际上九州都只是当时学者就其所知的大陆划分为九个地理区域，各家所说亦多出入，如《禹贡》中的青州在《职方》中属幽州；《职方》中的青州，在《禹贡》中相当于徐州的一部分。《尔雅》中有徐、幽、营州，并无青、梁、并州。②

另外，《上海博物馆藏战国楚竹书（二）》中亦有这方面的记载，《容成氏》是《上海博物馆藏战国楚竹书（二）》中简数最多、篇幅最长的一篇，其中九州的记载不同于其他的史料。今抄录如下（释文用通行字）：

"禹亲执枌（畚）耜，以波（陂）明者（都）之泽，决九河之阻，于是乎夹州、涂州始可处。禹通淮与忻（沂），东注之海，于是乎竞州、莒州始可处也。禹乃通蒌与易，东注之海，于是乎藕州始可处也。禹乃通三江、五湖，东注之海，于是乎荆州、阳州始可处也。禹乃通伊、洛、并里（瀍）、干（涧），东注之河，于是于（乎）叙州始可处也。禹乃通经（泾）与渭，北注之河，于是乎虘州始可处也。"③

简文中载禹治水分九州，行文整饬，先叙疏理水道，后叙州土可居，其中关于莒州的一部分大意是：禹治水受阻，于是在夹州和徐州开始可行的几处，禹通淮河沂河，东注之海，于是又在竞州、莒州开始可行的几处

① 苏兆庆：《从考古发现谈大禹初治水在莒州》，《二届禹城大禹文化研讨会》。
② 苏兆庆：《莒州是古代九州之一》，载《史海侦迹》。
③ 马承源：《上海博物馆藏战国楚竹书（二）》，上海古籍出版社 2002 年。

……马承源先生注：夹州《书·禹贡》所无，但与下徐州相近，疑相当《禹贡》等书中的兖州；徐州疑即《禹贡》等书的徐州。徐、夹两州，似在古鲁国和宋国之地界，淮与沂，即淮水与沂水，《禹贡》："海岱及淮惟徐州，淮、沂其乂。"是叙两水于徐州下。竟州，《禹贡》一书所无，疑即相当于《禹贡》等书的青州或《尔雅·释地》的营州。[1] 从莒地出土青铜器看，莒州在春秋作"卢阝州"，而莒国之地域在沂水一带，《禹贡》无莒州，疑简文莒州即今东夷时的莒地。[2]

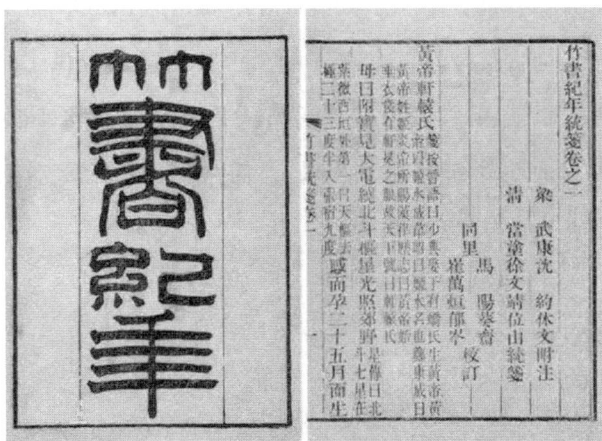

《竹书纪年》图册

前文有论述大禹是东夷人，所以他初期治水就在黄、淮之间的古莒地上。当时，从西边和北边高地来的大水受阻不能入海，于是就在夹、徐两州之处开始，通淮水和沂水东入大海，简书"禹通淮与沂东注之海"和《禹贡》"淮沂其乂，蒙羽其艺"相符，证明曾在岳石文化时期，禹就对东夷地区的沂河进行过治理。继而又在竟州、莒州通蒌水、汤水东注，蒌水位置不好定，但它应是沂蒙山脉附近的一条河，而汤水在临沂东北部沂、

---

① 马承源：《上海博物馆藏战国楚竹书（二）》上海古籍出版社，2002年。
② 苏兆庆：《莒州是古代九州之一》，载《史海侦迹》。

沭河之间，淮水、沂水、萋水、汤水都在东夷古莒地。简书中的"始可处"三字，苏兆庆先生认为，禹受命治水之时，在近海的黄淮下游试行之，在禹未建立夏朝之前，只能在东夷地域之内治水，不可能到更远的其他族群去，禹治水当分两期，初期受命治水和即位后治水。汤河入沭河处，有禹王村，沂河边有禹王埠，清宣统元年（1909 年）测绘《山东省地图》标注"禹王埠"，历代相传是大禹治水所遗。[1]

郭沫若先生《中国史稿》云："伯益是较早融入华夏的一支夷人分支，传说伯益的后裔，有莒氏等族。"可见莒之名由来已久。简书"莒州"二字的重新问世，为古代"莒"名之开端及古莒之疆域提供了难得的实物资料。综合众多资料证明，"莒"字在岳石文化时期的夏朝就已出现，当时，东夷地区的古莒地在夏朝时称"莒州"，后来，大禹治水后划分天下为九州，且铸九鼎名之，"莒州"当为上古九州之一。

6．商朝的建立

商部族源出东夷族，其本身就是东夷族的分支，商人和东夷同样都有崇拜鸟图腾的风俗，与传说中东夷的一些部落有近亲关系。舜时，商族出了一位杰出的军事首领——契。后来商人把他称作"玄王"，作为始祖，并编出了"天命玄鸟，降而生商，宅殷土茫茫"的颂歌来赞美他。《史记·殷本记》记载：有娀氏之女名简狄，吞玄鸟之卵而生契。[2]《诗经·商颂·玄鸟》曰："天命玄鸟，降而生商。"与《史记》的记载一致。相传商的始祖契曾帮助禹治水有功而受封于商，以后就以"商"来称其部落，夏朝末年，商的势力由黄河下游发展到中游，渗透到夏王朝的统治地区。可能就在夏朝末年，商部

---

[1]　苏兆庆：《莒州是古代九州之一》，载《史海侦迹》。
[2]　《史记·殷本记》，中华书局 1972 年版。

族的人们在夏朝周边逐渐发展起来，建立了有规范制度的部落联盟，并开始向奴隶制过渡。

太康失国时，契的孙子相土开始向东方发展，《诗经》上说："相土烈烈，海外有截"。到夏朝中期，契六世孙冥"勤其官而水死"，商人"郊"祀之。冥子王亥"作服牛"，向河北发展。到契第十四代孙汤时，商已成为东方一个比较强大的方国。《国语·周语下》说："云王勤商，十有四世而兴"。汤即天乙，姓"子"，甲骨文称大乙，后世习惯上称之为成汤，是一位很有修养的商族首领。他在成商部族首领后，看到夏王朝日益腐朽，夏的暴政已引起众叛亲离，便着手建立新的王朝。《国语·鲁语》说"汤以宽治民，而除去邪"。《淮南子·脩务训》更进一步说他"夙兴夜寐，以致职明。轻赋薄敛，以宽民氓。布德施惠，以振穷困。吊死问疾，以养孤孀。百姓亲附，政令流行"。[①] 成汤的勤政薄敛、体恤民情等举措，对笼络人心，巩固统治，积蓄灭夏力量起到了十分显著的作用。他的行为不仅得到本族人的拥护，也使得多数夏人及其他部族人民前来归附。因此，也就有了《史记·夏本纪》所谓的"汤修德，诸侯皆归商"的局面。这为商朝日后的发展积聚了很大的力量。

商汤的活动自然引起了夏桀的注意，夏桀出于猜忌将商汤召来并囚之于夏台，汤用伊尹离间之计对付夏。《说苑·权谋篇》对此有较详细的描述："汤欲伐桀，伊尹曰：请阻乏贡职以观其动。桀怒，起九夷之师以伐之。伊尹曰：未可，彼尚犹能起九夷之师，是罪在我也。汤乃谢罪请服，复入贡职。明年，又不贡职，桀怒，起九夷之师，九夷之师不起。伊尹曰：可矣。汤乃兴师，伐而残之，迁桀南巢氏焉。"至此，除了少数部族如昆吾等尚听从夏王的指挥外，桀已处于孤立无援的境地，形势的转变对

---

① 《淮南子》，岳麓书社 1984 年版。

商汤极为有利。完成这些准备后，商开始对夏用兵。汤在兴兵伐桀的誓师大会上，历数夏桀的罪恶及人民对桀的痛恨，假借上天的旨意指出灭夏战争的正义性和必要性，是上天的命令而不可违背，有功者将受到奖赏，不从者要受到严厉惩罚。这就是保存至今的《尚书·汤誓篇》。商汤从亳起兵，矛锋直指夏都。

汤在与夏桀决战之前，先灭掉了此时仍然听从夏王指挥的个别部落方国，因此，当商汤的军队到来时，"未接刃而桀走"，战争非常顺利。夏军逃至鸣条，一战被商军击溃，桀逃奔南巢而死。《史记·夏本纪》云："汤乃践天子位，代夏朝天下"。至此，商汤完成灭夏重任，建立了中国历史上的第二个奴隶制王朝——商。

7. 商人源于东夷

商部族与东夷关系极为密切，其本身就是东夷族的一支，只是到了夏代，商部族的华夏化程度日深，其与"九夷"发生差别。夏王朝对东夷失控的同时，商王朝借机得以兴起。

商部族原为东夷族，在今大致已为学者共识，直接证明这一点的是它的鸟图腾标志，从考古出土文物看，这与东夷族是一样的，因为玄鸟神化而生成的凤，成为他们共同的图腾。《诗·商颂·玄鸟》谓"天命玄鸟，降而生商"。《史记·殷本纪》谓帝喾次妃简狄取吞玄鸟遗卵而生契，这些都是商部族图腾祖先崇拜的孑遗。《诗·商颂·长发》又谓

"举膚"铭文的商代青铜斝

"帝立子生商"，可能与商人将图腾祖先抽象为"上帝"有关。人类祖先崇拜是由图腾崇拜发展过渡而来的，图腾祖先相同的氏族，其族源也应相同。以此言之，商部族源出东夷应该是可信的。传世商代铜器及古莒地出土的鸟形陶器也证实了这一点，可知鸟图腾感生神话在商代早已流行。

传说商部族的本支出于东夷高辛氏或有虞氏，是帝喾或帝舜的后裔，故《礼记·祭法》说"殷人禘喾而郊冥"①。《国语·鲁语》说"殷人禘舜而祖契"。始祖姮简狄，相传为有娀氏之女。这个有娀氏，应即东夷少昊集团的后裔有扈氏。古文献通载有扈氏为西夏氏族，这是不错的，但它的祖源应是少昊集团强盛时所属的鸟图腾氏族群体"九扈"。少昊集团后来分化或衍化出颛顼、祝融、帝喾、皋陶、伯益等几个著名的大部落，"九扈"可能一部分归于祝融部，一部分归于伯益部。有扈氏属于祝融部，在传说的北狄首领黄帝、西夏宗神炎帝、东夷军事首领蚩尤时代的大规模部落战争中，它随祝融部逐次西迁至今豫西嵩山周围，渐与源出西北的羌戎集群融合，加入了夏部落。降至大禹的时代，它已成为夏部落的中坚力量，又因西夏势力的进一步东扩而渐次回迁东部地区。由于羌戎集群很早就与东夷集群通婚，因此这一氏族以父系言之称有扈，以母系言之则称有戎、有狄，是个典型的混血族。在它加入夏部落以后，虽从母系称姮姓，实际其近亲氏族仍多属东夷伯益部。故在传说的夏初"夷夏交争"中，有扈氏曾支持伯益部与夏后氏争夺盟主地位，致被禹之子启所攻灭。商部族主要与有扈氏通婚，而与伯益部也有极亲近的关系，他们的祖源都可上溯于少昊集团。

商王室正式列于昭穆系统的始祖契，近人考证或谓即舜子商均，一说即是伯益，古文献又载少昊名契，均无定说。《诗·商颂》追述商族的历

---

① 冥当即玄冥即颛顼。

史说:"哲维商,长发其祥。洪水芒芒,禹敷土下方,外大国是疆。幅员既长,有娀方将,帝立子生商。玄王桓拨,受小国是达,受大国是达。率履不越,遂视既发。相土烈烈,海外有截。"这两章诗,前一章意思是说,商部族发祥很早,但当大禹治水之时,它还只领有一小块地方,其疆外都是大国;等到它的幅员逐渐扩大之后,有娀氏之国也同时发展起来,帝于是立有娀氏之女为妃而生契,契受封于商。后一章的意思是说玄王契政治修明,商由小国逐渐发展为大国,不过那时它的势力影响仍未越出本土的疆界;到了契的孙子相土之世,商部族日益壮大,四方诸侯归之,势力乃及于"海外"。

契之孙相土为商部落首领的年代,大约正当夏太康失位、夷夏交争的时期。这时他乘机向黄河下游的广大地区扩大商族的势力,据说曾以泰山附近的地方为"东都"。所谓"相土烈烈,海外有截",可能表明相土的活动已达渤海北岸,并与"海外"发生了联系。相土的曾孙冥是一位治水的能手。《国语·鲁语》称:"冥勤其官而水死",韦昭注:"冥,契后六世孙,根围子也。为夏水官,勤于其职而死于水也。"此亦契佐禹治水时的本职。《楚辞·天问》有"该秉季德"之文,王国维先生曾据以考证季即冥之本名,为王亥之父;而也有人认为季应是冥之子、亥之父①。"冥"的称呼,显然是从颛顼的神名"玄冥"继承来的,颛顼称高阳是东方太阳神,称黑帝,玄冥则为水神、冥神。学者或考冥之祖昌若即是神话中的海神北海若,冥之父曹圉②亦为东海神,皆可反映出商部族与滨海古夷人的密切关系。

《史记·殷本纪》有关商部族起源的记载,基本上是从《诗经·商颂》和《尚书·舜典》概括来的。《国语·鲁语》所记商族最早的宗神是舜,

---

① 据此则商代先公应为 15 世,存争议。
② 即根圉、粮圉、王吴、天吴。

证实古史传说中确以舜为商祖。商代先公自契以至成汤共传 14 世，历时四五百年，大致与传说的夏代相当。其间对商族发展有重要贡献的几个关键人物是相土、冥、王亥和上甲微，他们的活动都主要和东夷有关。

夏代后期商族势力的崛起仍隐然闪露出早期夷夏交争的史影。照傅斯年先生年所说，夏史上虽然除了最后一段外没有商人的直接记录，但始终有夏一代，与夏人冲突的多是商人和夷人。他认为"商人虽非夷，然曾抚有夷方之人，并用其文化凭其人民以伐夏而灭之，实际上亦可说夷人胜夏。"[1] 傅斯年先生的这种说法后来受到不少批评，批评者的依据是华夏民族的融合到夏代已难以再分东西。这样的批评自然不能说没有理由，不过若说商人灭夏只是以东胜西或"夷人胜夏"，自然不够确实；若说其中仍包含了相当多的夷夏对立因素，应该也不算过分，但傅斯年先生的"商人虽非夷"这一论点值得商榷，事实上，商部族本属东夷，它的文化根基和主要同盟力量在东方，只是到了夏代它的华夏化程度日深，才与山东半岛地区的"九夷"发生差别。导致夏王朝灭亡的一个重大原因是夏人对东夷地区的失控，而这同时也是商王朝得以兴起的一个重大前提。

与商文化的东向推移相反，夏商之际是东夷民族西向流动的一个重要时期。这种流动是自远古以来一直存在着的，现今河南境内已发现许多大汶口文化墓葬，说明在大汶口文化时期，东夷氏族已经向中原地区迁移，由此进入了夷夏交争的历史时期。后来夏王室内乱，伯益部的新首领后羿趁机夺取了夏政，史称"后羿代夏"。夷夏交争大约持续百余年，其时伯益部的活动中心在沂、沭河流域古莒地，潍、淄流域则是它的大后方。夏末商初，伯益部仍是有重大影响的夷人部落，其时，西迁的东夷部族当不

---

[1]　傅斯年：《夷夏东西说》，《庆祝蔡元培先生六十五岁论文集》，1935 年下册。

止于现在所知，另有一些零星的记载尚待进一步理出头绪。[1] 商族发祥于东夷地区，这应该是无可争议的。但当商族进入中原地区建立国家后，势力越来越强大，并且基本融入了华夏民族中，而古莒地一带的东夷地区沦为商的控制范围，由于同出一源，所以商王朝虽然融入了夏的因子，但原始的东夷文化习俗并没有根本改变，这从考古发掘中可以证明。

8. 商与东夷的征战

商人与东夷同源，从考古出土文物可见，东夷风俗确实对商朝影响极为深刻，商代人殉、人祭之风源于东夷。到商的晚期，殷墟出土的卜辞中常见征伐"人方、尸方"的记录，商朝把它的附属国称为"方"，商王武丁即位以后，四方征伐，对鬼方、土方、羌方、人方、虎方等方国连年用兵，战争的规模宏大，往往动用数千兵力，最大的一次发兵一万三千人。在这些征战中，商王征服了许多小国，扩大了领土。

东夷与商朝也多次兵戎相见，而且有记录说明商对东夷的征伐时间延续较长，规模也较大，远涉淮河流域。约公元前 12 世纪末至前 11 世纪初，商王帝乙、帝辛[2]相继对东方夷人展开了长期的战争。帝乙九年二月，商王得知夷方欲大举攻商，乃率军出征夷方，因中途遭盂方[3]军截击而回师。

帝乙十年二月，商王率大军击败盂方，于九月进至淮水流域的攸国，与攸合兵大败夷方军。至次年五月返回商都附近，前后费时达 260 天。在夷商关系史上，徐淮夷的南迁是一个重要研究课题，但涉及夏末商初以前

---

① 段连勤：《关于夷族西迁和秦赢的起源地族属问题》，《先秦史论文集》《人文杂志》，1982年增刊。

② 纣王。

③ 今河南睢县附近。

历史的文献材料有限，商人与淮夷之间的冲突集中于商代中后期。大致自仲丁中衰以降，商王朝与"九夷"之间的武力对抗便时断时续，且愈后而愈升级，直到帝乙、帝辛父子时乃集中全力，对东夷发动大规模战争。淮夷原居古淮水①流域，水、地、族名俱写作"隹"②，商末被迫向今鲁东南流动，又继续南润，遂使淮水之名亦南播，而成为至今沿用的淮河的专称。③

帝乙十五年，商王再次率诸侯远征夷方，到达雇④、齐⑤等地，至次年三月胜利班师。帝辛继位后，因周族崛起，威胁商朝西面，欲移兵攻周，在黎⑥大规模聚集、检阅军队。东夷又乘机大规模攻商，迫使帝辛全力经营东南，连年对东夷用兵，以攻为守。

从考古发现和文献记载相对照，发现早商时期，成汤建立商王朝，处在上升阶段，四处扩张，至中丁时期东征淮夷，取代了鲁西地区的岳石文化。武丁前后，商王朝盛极一时，继续向东扩张，约公元前11世纪，商王帝辛政治腐败，行为暴虐，生活荒淫无度，致使庞大的商王朝内部矛盾激化。东夷叛乱不止，帝辛派商军进攻东夷。这里的东夷是统称，卜辞中又称"人方、尸方"等，指的是生活在黄、泗、淮水流域⑦各部落方国的总称。开始时帝辛在黎⑧举行军事演习，要东夷派军队参加，东夷拒绝。帝辛便派商军主力进攻东夷。"商人服象，为虐东夷""商纣为黎之搜，东夷叛之"，经多年作战中，商军打败许多东夷部族，俘获大量夷人，但由于

---

① 即今潍河。

② "隹夷"即鸟夷，甲骨文作"隹尸"。

③ 张富祥：《商先与东夷的关系》。

④ 即顾，今山东鄄城东北。

⑤ 今淄博东北

⑥ 今山西长治西南。

⑦ 黄、泗、淮流域，今山东、江苏、安徽一带。

⑧ 今山东鄄城东。

东夷部族的顽强抵抗，使商军长期陷于东部作战，造成商朝内部空虚，消耗了商朝大量人力、物力，加速了商王朝的灭亡。

9. 莒为商代方国

　　莒国起源于何时，何人建国？因无信史可考，这在莒史研究上是一个存在争议的话题。王树明先生认为："莒是殷商时代东方夷人所立旧国，原都于介根，当今山东胶州市西南，后徙于莒，即今莒县驻地。古籍载记，往往说它是周初武王时期所立，这是不对的。有周之初，周民族在山东所立诸国确有文献可征者，仅齐鲁而已，莒为周初武王分封之说并无所本，只是后世方志家者的一种附会、假说，是一种源远流长的迷信。"① 清代《莒州志》及新编《莒县志》均认为莒在商朝时属姑幕国，清雍正《莒州志·封建》云："（莒）唐、虞以前无考，商（属）姑幕国，此侯国也。殷爵列三等，而姑幕实侯此土，仅见之汉史中。"《辞海》："莒，古国名，己姓，西周分封诸侯国。" 《新华字典》有："（莒）其前身为夏代姑幕国。"

　　然而，文献记载和出土文物证明，这种说法存在很大缺陷，考之《汉书》，仅《地理志》中有这样一段记载："琅琊郡姑幕，都尉治。或曰薄姑。"这段文字中的姑幕，是汉代县名，其故城遗址位于今安丘市石埠子镇石埠子村。② 此村

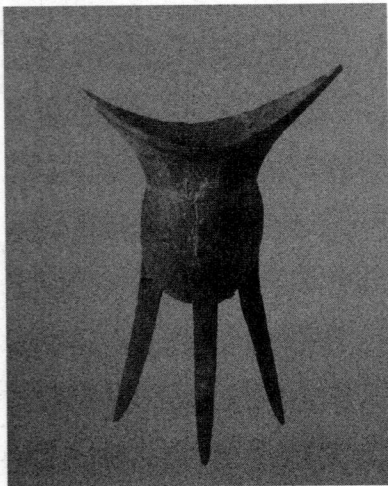

"举膚"铭文的商代青铜角

---

① 王树明：《先莒文化及其族系源流》，载《莒文化研究文集》山东人民出版社 2002 年版。
② 《安丘县志》，山东人民出版社 1992 年版。

明、清至民国时期属莒州。薄姑，也作"蒲姑"，商代侯国。周成王时，因薄姑国与四国共作乱而被伐灭，其域遂成为齐国的封地。[1] 商代薄姑国故城遗址位于今滨州市博兴县寨郝镇寨卞村北1公里处。[2] 先秦文献中未见"姑幕国"的记载，只有"薄姑国"或"蒲姑国"。由于班固在《汉书·地理志》"姑幕县"下一句"或曰薄姑"的模糊注释，使后人误认为汉代姑幕县故址即为商代薄姑国故址，甚至把汉代县名"姑幕"与商代侯国名"薄（蒲）姑"混淆，于是便有"莒地商属姑幕国"的错误结论。[3]

现代学者认为，莒在商代既然已经建国，"所谓'周武王封兹舆期于莒'之说，只是说明在周武王克殷之后，由于莒国对周采取降服态度，因而得到周王朝的承认，让莒国继续存在下去，并不是说莒的建国是从周武王时开始的。"[4] 但商代莒国的具体位置在何处？至今没有定论。孙敬明先生《莒史缀考》一文认为商代莒国在今费县一带。[5] 今费县与莒县地域的最短距离不足百里，莒城与费县的交通路程有200里。从甲骨文数十条关于商王伐莒的记载来看，商代莒国是一个能够长期反抗商王朝的实力强大的东夷古国，其地域范围应当包括今莒县境。张学海先生《莒史新探》一文认为"晚商莒国最可能在莒县"。[6]

从考古取得的实物发现，莒地有众多的岳石文化遗址，这与夏商历史相吻合。1975年在莒南县大店镇发掘了两座大型东周墓葬，2号墓出土的《莒叔仲子平钟》铭文中有"央央雍雍，闻于夏东"，闻于夏东，证明"夏"在西边，那么此"夏"是否为夏王朝之夏呢，如是，则说明在夏王

① 《汉书·地理志》，中华书局1992年版。
② 《滨州地区志》（1979～2000），方志出版社2003年版。
③ 张同旭：《姑幕故城考》。
④ 郭克煜：《有关莒国史的几个问题》。原载《齐鲁学刊》1984年第一期。
⑤ 孙敬明：《莒史缀考》，载《莒文化研究文集》，山东人民出版社2002年版。
⑥ 张学海：《莒史新探》，载《莒文化研究文集》山东人民出版社2002年版。

朝就有莒方国存在。上海学者马承源先生从殷墟出土的商王朝甲骨卜辞中，找出有地名"莒"字，由此证明莒为商代方国之一。《古本竹书纪年》记载夏夷往来频繁。蔡运章先生的《甲骨金文与古史新探》中列出 6 条甲骨文，证明商代莒字的出现，当为地名，或在今山东莒县一带。[①] 又孙敬明先生考证，甲骨文有 10 条商王"伐虘（莒）方"的记录，另外，山东费县出土 28 件商代铜器，上有"举虘方"之铭文，此"虘方"，即今费县一带，为商代莒方的势力范围。以上考证可备一说。[②] 已见于卜辞的晚商莒国建都是否就在今莒县一带，目前尚难回答。但商代莒国已经存在，是商王朝的方国，这应是不争的事实。

莒国何以名莒？"莒"字的意思是什么，又从何而来呢？《说文》载："莒，齐谓芋为莒，从艸，吕声。"段注："所谓别国方言也。借为国名。"金文作筥、梠等形。《说文》有筥字："筥，䈰也。从竹吕声。"段注引《方言》："䈰，南楚谓之筲，赵魏之郊，谓之去䈰。"《说文》："筲，族，饭筥也，受五升。"是知筥乃用竹制作的盛饭用器。《诗·采蘋》："于以盛之，维筐及筥。"毛传："方曰筐，圆曰筥。"陈奂传疏："筥，筐筥同类，而有方圆之异。本为饭器，乃以盛蘋藻。"至于梠，《说文》曰："梠，楣也。从木吕声。"解梠为楣，恐非梠之原意。因为一从木吕声，一从竹吕声，从木与从竹差别不大。或许，"梠"乃是用木制成的一种盛饭用具。莒国为什么用莒作为国名呢？我们推想，筥如果是用竹所制之用器，莒国国名的由来，当与此用器有关。考古资料证明，莒国所处之地正位于大汶口文化与龙山文化地区，陶器发明较早，而且制作精巧。最初的陶器是用泥土糊在竹木所制作的筐子上，用火烧制而成。可以想见，参与创造大汶

---

① 蔡运章：《甲骨金文与古史新探》，中国社会科学出版社，1996 年。
② 詹子庆：《试论莒文化融入华夏文化圈的进程》，载《莒文化研究文集》山东人民出版社2002 年版。

口文化与龙山文化的莒人，也必然懂得用竹或树枝编制筥这种用器。因此之故，周围各部落便以筥称之，这应该是一个有荣誉感的称号，于是莒国人便用来作为国名，后来为了书写方便，才改为从"艸吕"声之莒字。①

大多数专家认为"莒"原是"一种盛饭器具"，因为莒人懂得这种用器，周围各部落便这样称呼，时间久了，便用来作为国名。也有学者认为这种说法很值得商榷。杨善群先生认为："莒在金文中作'簋'或右加'阝'。这是一个从竹、从虎、从田、从肉或加从邑的多重形声字，是莒人用来称呼自己国家的。周人或其他诸侯国人嫌其字写法太繁，因其字读音近吕，又为了与原有的姜姓吕国相区别，故就在吕字上加木旁或竹旁，最后简化成草头之莒。莒国之名这样的由来，恐怕更符合历史的实际。"②

10. 夏商时期莒地周边部落方国

夏商时期，东夷地区存在着许多部落族群，或称部落方国，特别到了夏商之交，随着生产工具的改进和生产水平的进一步提升，许多部落在互相兼并中壮大，经过长年的经验积累，他们有了自己的管理制度，成立了一个个的部落方国组织。在商朝建立后，随着商王朝的强大，对它们不停地发动战争。大多数部族臣服于商，成为商王朝的附属小国，根据史料所记及考古发现，下面择其主要者录之于下：

爽鸠氏：据史书记载，"黄帝记方制天下，立为万国"。颛顼之所建，帝喾之所授，创建九州。少昊时爽鸠氏居营丘，《太平寰宇记》载："昌乐东南五十里营丘，本夏邑，商以前故国。当少昊时，有爽鸠氏。"《竹书纪年》载："唐尧八十七年，初建十有二州，虞舜三十三年，命禹摄位，遂

① 郭克煜：有关莒国史的几个问题，载《莒文化研究文集》山东人民出版社 2002 年版。
② 杨善群：《莒国史诸问题探讨》，载《莒文化研究文集》山东人民出版社 2002 年版。

复九州。时营丘地由爽鸠居之。"《史记》司马迁曰："禹后姒姓，其后分封，用国为姓。"殷商时代，营丘地有逢（逢）伯陵氏封国。《路史》载："逢伯陵，姜姓。炎帝后裔，太姜所出，始封于逢泽，后改封于齐。"可见营丘古城，自少昊时有。爽鸠氏始封国，夏朝有季荝氏代封国，商朝继封逢国，其址当位于今山东省淄博市高青县陈庄。

斟灌氏：夏代方国，与夏同姓，《世本》载："斟灌氏、斟鄩氏，夏同姓。"大禹之后，传为夏朝分封的十二同姓国之一，因其祖先封于斟灌国而成此族。故址在今寿光市留吕镇一带。《左传·襄公四年》载："使浇用师，灭斟灌及斟鄩氏。"即指此国。晋人杜预云："乐安寿光县东南有灌亭"，即今山东省寿光境内。据史料记载，夏朝时斟灌王太康曾为夏朝宰相。后来寒浞率众造反，将帝相逐出都城，又指使其子浇灭斟灌。太康被杀，妻子后缗当时已怀孕，逃回娘家并产下儿子少康。少康长大后，召集斟灌遗民，举兵讨伐寒浞，寒浞被灭后，臣民推举少康为帝。少康还故都，复兴夏道，诸侯来朝，成为夏朝的中兴之主，少康又传 11 代，至夏桀，被成汤所灭。

逢伯陵氏：又称逢伯陵，传为炎帝裔孙，商朝初年受封逢，建立逢国。逢国是夏商时期山东的旧国，故址在山东淄博张店区沣水镇的昌城村。《左传》杜注称："逢伯陵，殷诸侯，姜姓。"在齐文化发源地的淄水、潍水、汶水及洋水流经区域内，逢伯陵因忠孝成为真神，为百姓祭拜的对象。《左传·昭公二十年》记载："昔爽鸠氏居之，季则因之，有逢伯陵因之，蒲姑氏因之，而后大王因之。"《国语·周语》韦昭说："逢公，伯陵之后、太姜之侄，殷之诸侯，封于齐地。"根据这些文献推测，逢国是夏商时期山东的旧国，被蒲姑氏取代后，在 3000 年前的西周时期，逢国辗转从青州、临朐一带迁到了济阳。

大庭氏：原始部落联盟的名称，严格说还不是国家。大庭既是人名，又是氏族名，也是一个时代国家的代名词。大庭氏一族原是大伏羲氏的一个分支，其先祖兴起于太行山，后在曲阜一带定居下来。大庭氏政权为中石器时代、母系氏族公社，风姓。最先发明了饲养牲畜和栽培牧草的技术。大庭氏为神农氏族的八代首领之一，颛顼始都穷桑，都商丘。穷桑在鲁北，或说穷桑即曲阜，为大庭氏之故国。

彭：又名大彭国，由彭氏部落的首领彭祖建立，是夏朝东方比较强大，政治关系也较密切的属国，夏王启曾命大彭国君寿平定西河叛乱。商朝前期也很强大，商王外壬时，帮助商平定了邳人、姺人的叛乱。但是，商王武丁在位时，灭掉了大彭国。大彭国约存在了八百年。据《史记·五帝本纪》记载，彭祖是轩辕黄帝七世孙。古人姓氏分离，姓代表血统，氏代表身份，黄帝子孙都是姬姓，但一般只有大宗长子才称姓，小宗的庶子另取氏以别长幼，所以彭原本是氏而不是姓，战国后姓氏合一，彭于是逐渐变成了姓。彭祖在尧帝时期被举用为大臣，其后尧帝封彭祖到徐州彭城成立大彭国，作为拱卫华夏部落的东方屏障。《国语·郑语》有记载"大彭、豕韦为商所灭矣"。大彭国被灭后，其后代于是以国为姓，为彭姓的渊源。

过、戈：过国是夏朝早期在莱州的封国，也是胶东地区建立年代较早的封国。故址在今山东莱州城北过西镇东。《左传·哀公元年》记载："昔有过浇杀斟灌以伐斟鄩，灭夏后相，后缗方娠，逃出自窦，归于有仍，生少康焉。为仍牧正，惎浇，能戒之，浇使椒求之，逃奔有虞，为之庖正，以除其害。虞思于是妻之以二姚，而邑诸纶，有田一成，有众一旅。能布其德，而兆其谋，以收夏众，抚其官职。使女艾谍浇，使季杼诱豷。遂灭过、戈，复禹之绩，祀夏配天，不失旧物。"据说夏禹封邰之子斟灌为过国君，又封邰之次子斟鄩为戈国君。太康时，后羿篡夏，家臣寒浞篡代夏政。帝相时，寒浞长子浇和次子豷攻破过、戈两国，纵兵屠城，以浇统治过人复建过国，以殪统治戈人复建戈国。少康复国时先后攻灭过、戈二国。根据文献及考古，有专家推测，商代戈人已受商王的指派南迁至今湖北的汉口盘龙城一带建立军事方国。

有熊：有熊国，为黄帝时期的方国，位于新郑姬水。《汉书·地理志》记载："河南郡有大隗山，盖压禹、密、新三县也。"北魏时候，大地理学家郦道元通过实地踏勘，在《水经注》里确切地说："大隗即具茨山也。"传说在远古时代，具茨山①姬水河一带，住着一个少典族部落，人称有熊氏。汉焦延寿《焦氏易林》有："黄帝有熊国君少典之子。有熊，即今河南新郑是也。"晋皇甫谧《帝王世纪》："（黄帝）授国于有熊。有熊，今河南新郑县也。"晋司马彪《续汉书·郡国志》："河南尹新郑县，古有熊国，黄帝之所都。"郦道元《水经注》："或言新郑县，故有熊之墟，黄帝之所都也。"唐李泰《括地志》："黄帝征战蚩尤，初都涿鹿，即位乃都有熊。"《路史·国名记》："少典，有熊之开国，今郑之新郑。"从以上文献来看，史传的有熊地望大致在今河南新郑的周边。

有施：有施氏国，亦称施阵。《辞海》释："亦称有喜氏"，为古老的东夷部族；《尔雅》注："九夷在东"，故有施氏为东夷部族之一。部族形制，《楚辞·天问》注："蒙山，国名也"，即为蒙山国。有施氏，为世居蒙山的古老部族，历经大汶口、龙山文化时期，至夏代立国。其国都未详，因迄今为止蒙山南麓、东麓、西麓均未发现夏代以前的古代大型部族遗址，推断应为吕家庄古遗址。《蒙阴县康熙志》又载："蒙阴……夏属有施氏地，后癸三十有三伐之者也。"

攸：攸国，是商朝末年一个重要的诸侯国，攸国第一代君主为子攸，是商王武丁之子。被封于今江苏一带，成为淮夷一部，是商朝末年一个重

---

① 今河南新郑市西南。

要的诸侯国，主要是防范东夷入侵。纣三十三年，甲骨文仍见到末代攸侯喜，武王伐商时，攸侯喜勤王未果。根据夏商周断代工程研究，公元前1045年，武王攻破都城朝歌，攸侯喜统帅的十万大军主力就从史书中消失了，不知所踪。

方雷：据《古今姓氏书辨证》记载："黄帝时封方雷氏于方山，建立方雷国，其子孙有一支以方为姓。"相传炎帝神农氏九世孙因战功被黄帝封于方山[1]建立诸侯国。

目夷：目夷氏原是商王朝建立的同姓方国，在今滕州木石镇一带。据《史记·殷本纪》记载："契为子姓，其后分封，以国为姓，有……目夷氏。"据《左传》载："狐骀，邾地，鲁国蕃县东南有目夷亭。"蕃县，即滕县。又据《路史》记曰："今滕之东南有目夷亭。"周公东征的时候和邻近的小国骀方同时被灭，并入了邾。

即戏：又名越戏国，神农氏后裔夏商时所建，在今巩义市境内，另有一说在今河南荥阳，为周武王伐纣时所灭。

昌国：传为姜姓国，故址在今淄博市东南，大约在商代后期的兼并战争中灭亡。公元前284年的战国时期，燕昭王因乐毅伐齐有功，封其驻守昌国城，为"昌国君"。

蒲姑：又名姑幕国。商末周初蒲姑国都。在今山东博兴县湖滨镇，嬴姓，商末迁于安丘城南石埠子村。蒲姑之名，最早见于典籍者，乃《左传·昭公九年》："及武王克商，蒲姑、商奄，吾东土也。"《竹书纪年》有"太戊五十八年，城蒲姑"的记载。蒲姑，《辞源》释为："地名，今山东博兴县东北有蒲姑城。"《辞海》释为："在山东博兴县东南。"《中国古今地名大辞典》释为："在山东博兴县东北。"《中国历史大辞典》释为："蒲姑

---

[1]　在河南省中北部嵩山一带。

城，在今博兴东南。"今博兴城东南近8公里的寨卞村北，遗址面积20万平方米，《续山东考古录》载："蒲姑国城在东南十五里，今柳桥""周齐胡公迁都于此"。经20世纪80年代山东省考古研究所在山东博兴县东南进行2次探考，于1993年公布为省级重点文物保护单位，21世纪初又进行了探考，并据文献记载和科学调查，考定此处为殷商时期蒲姑国故城。因此，似以《辞海》等所说为是。

磿（历）：磿国在今濮阳历山一带，为上古历山氏所建，武王灭纣时被灭。磿是古字，音与意均同"历"，许多地方错写为"磨"，也有的写为"历"。

雀：即雀方，商朝宗室侯国，国君卜辞中称"雀侯""亚雀""雀男"，商代雀国封地的具体位置不明，《穆天子传》记载："天子东至于雀梁。"但是雀梁的地望也有几种说法，一说在今河南荥阳市境内，又说河南新密的曲梁镇古称雀梁，不过荥阳与新密南北相隔，紧密相连，古时两者或为同一处。

空桐：黄帝时即有空桐的地名。契为子姓，其后分封，以国为姓，有殷氏、来氏、宋氏、空桐氏、稚氏、北殷氏、目夷氏。空桐国即为空桐氏所建国家，夏时应已立国，在今河南虞城县，周灭商后随之灭国。

留：留国位于今微山岛西南六公里处，是微山古城中年代最远的一个，可以上溯到唐尧时期。《路史》中载：尧的儿子"丹朱庶弟九，其封于留者为留氏"。据此记载，留之封国至今已有四千余年的历史了。留国在殷末灭亡，春秋时为宋邑。有说留国都城在今淹城的东北部，奄国被留国所灭。

史：在山东平邑县唐村岭乡洼子地村，商代墓出土铜爵，扳金内铭文阳文"史"，系商代一部族的族号或族徽。在邹县、滕县、济宁一带均已发现"史"字铭文的青铜器。证明商代在今平邑、邹县、滕县、济宁一带，曾有一个以"史"为族号或族徽的较大部落方国。

有缗：虞舜后裔，夏初建国，姚姓，故址在今济宁金乡县卜集乡，后为桀所灭。《左传·昭公四年》："夏桀为仍之会，有缗叛之。"《左传·昭公十一年》："桀克有缗，以丧其国。"

三鬷：又作三凶，或作朡，任姓。原始社会晚期鬷夷氏擅长制陶，鬷夷氏在夏朝演化成三鬷国。《史记·殷本纪》载："汤遂伐三鬷，俘厥宝玉。"南朝宋裴骃《集解》引孔安国语说："三鬷，国名。桀走保之。"夏朝末年，桀战败以后逃奔此国。因而商汤帅兵伐之。司马彪《续汉书·郡国志》言："定陶本曹国。古陶尧所居。有三鬷亭。"故址在今山东省定陶境内。

昆吾：原为夏之诸侯，其地在今河南濮阳县，一说在今河南省郑州市，后又迁到"祝融"之墟旧许①。在夏朝中晚期是诸侯国十霸之一，善于制陶、琢玉、冶金和占卜。太康时昆吾组织勤王之师，以尊王室。夏桀时，昆吾造反被成汤伐灭。商末周初，昆吾氏与周联合灭商。

顾：也称鼓国，已姓，伯爵。夏朝时，昆吾氏有子孙被封于顾国，在今河南省范县东南，为夏朝附庸小国。与昆吾国、豕韦国都是夏的重要盟国和东部的屏障。夏朝末年，商汤首先灭葛，然后相继灭掉韦、顾、昆吾等国。

奄：奄国，是商末周初山东曲阜之东的国家，其国都为山东曲阜。根据古本《竹书纪年》考证，商王献庚、阳甲都曾建都于奄，然后盘庚才迁到今河南安阳的殷。奄之所以称为"商奄"，大概就是由于这个缘故。据《左传》所记：周初封鲁，"因商奄之民，命以伯禽而封于少皞之虚"，杜预注："商奄，国名也。少皞之虚，曲阜也。"传统上认为奄国即在今山东

---

① 今许昌叶县。

曲阜。不过奄国的国境范围肯定要大得多，有学者主张奄相当周朝的鲁国，即是氏族组织，又是地域性的国家。

三寿：大禹治水后，在潍水之西分封的小国，后羿把三寿国纳入了东夷。

莱：又称莱子国、莱夷，是中国先秦时期的九夷所建的诸侯国。《诗义疏》曰：莱，藜也。《山海经》中说东海之外有颛顼国、季禺、少昊国、重氏、藜莱氏和后来的羲和国。《周礼》谓东海之外颛顼国国君伯称（号伯服、莱服）有子曰藜（莱）为祝融，祀以为灶神。莱国在商代以前，统治中心在昌乐、临朐县附近。东部可以到达黄县的沿海地区。

纪：古书和金文中也称己国，是位于商朝东方的诸侯国，国祚延续到春秋时期。国君为姜姓。国都纪，位于山东半岛中北部，渤海莱州湾的西南岸的寿光市。寿光、莱阳和烟台等地有出土纪国铜器。

向：相传神农氏有裔孙，名字叫作向，被封为诸侯，建立了夏朝的向国。这个向国建立之后不久就灭亡了。周代向国与此向国非一脉相承。

11. 夏商时期的莒地文化

在上面章节中我们对东夷古莒地的沿革作过论述，通过史料记载，结合考古发现，我们可以大致列出周代之前古莒的脉络：新石器时代当属东夷部落的一支；夏为莒州，属九州之一；商代始有莒方之称谓，当为商的方国。由此我们可以看出，莒地史前文化脉络清晰，内涵丰富，所以被中外考古学界誉称之为"考古圣地"。史前文化高度发达的莒地，进入历史时期以后的夏商，其文化发展又是怎么样呢？根据近年来一系列的考古发掘，在此简作分析。

日照尧王城遗址

　　尽管早期的莒国尚未建立，但从文化传承与发展的角度看，莒文化分布范围并不比莒国的疆域狭小，而且文化中心的变换又为莒文化核心区域的探讨带来影响。但无论如何，其中心总是在莒地区域之内的。1959年，在山东省平度市东岳石村发现岳石文化遗址，时间约在公元前1900年到公元前1500年左右，出土了大量石器、陶器、骨器和蚌器。进一步证实它是东夷族所创造的一种古老文化，现已为史学界所公认。而岳石文化来源于山东龙山文化，龙山文化的年代在距今4600—4000年之间，再上推便是以陵阳河遗址为代表的大汶口文化了。这是文献记载中的夏代以前的史前时期。考古证明，莒地在龙山文化时代早已是"邦国林立"了，至少已有莒县陵阳河、日照两城和尧王城等部落方国或城邑。岳石文化属早期青铜文化，它上承龙山文化，下属商周，已被证明为夏代至早商时期的东夷族系的文化，年代与古史传说时代的夏代相吻合。"岳石文化不是孤立的，它上承龙山文化，下属商周东夷文化，三者组成一个独具特色的文化体系。这只有在其居民的族系构成相对稳定的条件下才能办到。前后比照，岳石文化非东夷莫属。而岳石文化出现的许多地方类型，则是夷人内部不同集团的反映，是诸夷或九夷历史的再现。"①

山东境内已发现龙山文化遗址近1300余处，是已知山东境内大汶口遗址的三倍多。从中可以发现，聚落群的规模和群内聚落的等级结构得到了深层次发展，大部分聚落群都已发现大规模的中心聚落，群内聚落具有十分典型的"都邑聚"金字塔形等级结构，有的已发展成方国模式，有着国家所具备的条件。整个东夷地区以莒地为中心，从对遗址的发掘中可以发现，无论在陶器制造、房屋建筑、玉器加工、图像文字、陶质乐器制作等方面都是东夷文化的先进代表。

莒地过去发掘的文化遗址较多，计有莒县陵阳河、五莲丹土、日照两城镇、东海峪、尧王城等等。从各遗址的文化面貌来看，在此时期，这一地带的文化发展水平是较高的，即使最低限度也并不较其他各地为低。这时最大的一级遗址如日照两城镇遗址面积已达100万平方米，并且已发现了大面积的夯土建筑基址。② 而五莲丹土遗址已发现了龙山文化的夯土城址，城墙残高2米—3米，③ 此时的城以及城内的大型建筑是文明的重要因素之一，是社会矛盾及战争发展的标志，是酋邦及酋邦领袖出现的物质象征。并且，此时莒地冶铜业已经产生，在日照尧王城遗址④以及临沂大范庄遗址均发现了龙山文化时期的铜渣。⑤ 冶铜业是新的社会生产力的代表，亦是重要的文明因素之一。另外，此时以精美的蛋壳黑陶为代表的制陶业已达到了中国新石器时代制陶业的顶峰。这一切都说明此时莒地的社会生产力有了新的大发展，包括人口激增，社会组织规模扩大，社会结构和社

① 严文明：《夏代的东方》，《东夷文化的探索》。
② 中美两城地区联合考古队：《山东日照市两城地区的考古调查》，载《考古》1997第4期。
③ 胡秉华：《临沂、临沭、郯城、日照细石器遗址》，载《中国考古学年鉴》1984年。
④ 临沂地区文管会：《日照尧王城龙山文化遗址试掘简报》，载《史前研究》1985第4期。
⑤ 临沂文管组：《山东临沂大范庄新石器时代墓葬的发掘》，载《考古》1989第6期。

会性质即将或正在发生质变，或已经迈入文明的门槛。

莒县陵阳河遗址出土的玉铲

岳石文化是晚于龙山文化而早于商代文化的与夏代纪年基本吻合的文化。莒县境内也有岳石文化的发现。1988 年在莒县境内以塘子、三角汪、桃园等为中心区域发现了岳石文化遗址 10 处，[①] 有夹砂灰陶、褐陶和泥质黑陶出土，器表多素面，代表性陶器有瓬、大口罐、浅盘豆、尊形器、舟形器等。但是到岳石文化，从遗址地分布密度、居址面积乃至本身的生产、生活水平，都远远小于或落后于龙山文化，这不限于莒地，整个岳石文化都如此，仿佛呈一种倒退的现象。有学者认为青铜业的出现是导致龙山文化消退的主要原因，因为青铜业的出现，代替了龙山文化高度发达的制陶业等，使当时社会生产技术的重点发生了改变，社会生活需要的变化是导致这一时期文化消退的一大因素，此说法存在一定的道理，但在青铜冶炼刚出现且技术不成熟加之铜矿缺乏的情况下，青铜业大规模的代替制陶业似乎是不可能的。岳石文化时期整体的文化消退应该还是有其他原因的。

当时夏王朝建立，夏文化逐渐向东方波及，也许外来文化影响是龙山文化消亡的一个主要因素。有的学者通过分析推测，龙山文化时期莒地曾经发生过洪水，导致了夏代前后山东地区古代族群的整体变迁，从而导致龙山文化在繁荣发展之后逐渐衰落。另外从古文献中也有很多关于夏代前夕东夷部族大规模迁徙的记载。或许是由于龙山文化时期原始居民的大规模西迁，主

---

① 苏兆庆：《莒县文物志》，齐鲁书社 1993 年版。

要居民带走了先进的文化,这或许是岳石文化没落的原因之一。

史籍记载,有商一代,山东地区与商王朝关系密切。前文已论述商族起源于东夷,商王朝曾在山东建都、分封诸侯,也曾多次用兵东夷。从华夷杂处到华夷交融,出现了不少可能是由商人控制或者是吸收了商文化的夷人国家。据张学海先生考证,商代莒国在今费县的祊河流域,而其东的沂、沭岸畔仍是莒文化分布的主要区域。考古证明,整个鲁东南地区,在商周之前已包括在广义的莒文化范畴之中。据经科学发掘的胶县三里河遗址发现,[①] 在龙山文化地层中出土两件铜钻形器,经金相分析为黄铜。实验证明,早期黄铜的出现是可能的,只要有铜锌矿存在的地方,原始冶炼可以得到黄铜器物。黄铜的冶炼,其熔铸流程与青铜并无多大差异,而在此基础上,一旦选到适宜的矿石,则是极易冶炼出的。而且,从龙山文化的制陶、制玉的发达水平,可推测其当时已有黄铜出现,这应是不成问题的。

1981 年北京市文物工作队在北京铜厂,从 30 吨废铜中拣选出一批青铜器,其中已修复 27 件,并且这些铜器上,大都带有铭文"举盠又"两字。这批铜器的造型均较规整,且器形大都浑厚朴重。除个别圆鼎和瓶通体布施花纹外,余者大都位于器体上部布施纹带,纹饰以饕餮为主,或衬以云雷、夔和涡纹等;

商代青铜器上的"莒"字铭文

而器物的錾、耳,则往往以铜铸的兽首为装饰。"盠又"又作"膚阝",是商代莒国之"莒"的特种书体。"举盠"则是与莒相关的更大的族团徽号,

---

① 中科院考古所:《胶县三里河》文物出版社 1988 年版。

时代大都在商代晚至西周早期。27件铜器中有戈2件、刀1件，虽然兵器仅3件，但由甲骨文证知，当时莒国军事力量尤称发达。[①]从器物的纹饰和组合来看，与安阳一带所出土的并无多大差别，所反映出的礼器制度几乎是相同的。青铜器纹饰，仍还沿承商代的简素典重之风，花纹大都施在器身上半部。其中鼎、簋、盘、匜等，多饰重环纹饰带，而盘足、壶身则饰垂鳞或窃曲纹。有的鬲、鼎足起菲牙，有的或做成鱼面之形，反映人们对鱼的喜尚心理。凡此现象似可反映出殷商文化早期与东夷文化之间关系的相同之处。这与甲骨文中，所见殷商王室成员、军队等在莒地及其周边活动频繁的记载，亦相吻合。

1963年苍山县层山公社东高尧大队村前发现的一批商代晚期青铜器，计有爵2件、觚2件、尊1件、簋1件、甗1件、觯1件、钟1件、戈2件、共11件。这些铜器大都有单一的氏族徽号铭文，其作一人，一手持戈，一手拿盾之形，丁山先生释作"戎"字，即所谓"国之大事，在祀与戎"之"戎"。还有胶县三里河车马坑和墓葬中出土的车马器、兵器、礼器等，车器主要有车辖、軏箍、銮铃、辀尾等；马具则有铜泡，分大、中、小3种，镳8件；兵器有戈2件、戟1件、镞20件，胸、背甲各1套。[②]以上均出自车马坑中。墓葬中出土铜簋1件、方彝1件、尊1件、爵2件、觯1件，共6件；另外还采集到戈、辖、当卢各1件，铜镳2件等。其中一爵有铭为"父甲"，一爵作铭曰"冉父癸"，方彝有铭不清，似是"举女"二字。这两批青铜器都属商代晚期，造型大都精好，从基本组合和器物造型与纹样比较，其与殷商中心区的无甚差异。其中饮器如甗，酒器如爵、尊、觯为常见，食器簋最为普遍。旧载殷人湎于酒，故其酒器最多见，这由莒文化之青铜器所体现出的器类相合，饮酒之甚，不独殷商

---

① 孙敬明：《莒之青铜文化研究》，《莒文化研究文集》山东人民出版社2002年版。
② 中科院考古所：《胶县三里河》文物出版社1988年版。

王朝，东夷亦是如此，可见东夷与商渊源之深。

古莒文化，从源远流长之东夷文化，到后来的大汶口文化、龙山文化、岳石文化一直到商代莒国的建立，创造了当时最为先进的文化，经由夷夏之争，商人东渐，逐步同其他族群相融合，成为华夏民族文化的一部分。

第四章 西周时期的莒国

商朝末年是一个社会大动荡的时期,通过文献记载和出土卜辞的研究发现,商末多次大规模征伐东夷,当时的莒方国应该就是其中被征伐对象之一。作为东夷的代表,莒国在混乱的商末屹立不倒,并在兼并战争中崭露头角,伺机扩大疆域。约在公元前 11 世纪初,商纣王帝辛凭借其武力,攻伐东夷,经过这次大规模的战争,东夷各部先后被纣王征服,商纣王虽然在征伐东夷的战争中获胜,但西方周人却乘机伐商,同时东夷人趁机反攻,致使殷商失国,周朝建立,从此中国进入封建制。

1. 西周的建立与封建社会的开始

约在公元前 11 世纪初,商纣王帝辛凭借其武力,攻伐东夷。经过这次大规模的战争,东夷各部先后被纣王征服。帝辛虽取得胜利,但穷兵黩武,加剧了社会阶级矛盾,怨声四起,此时,西方的周人乘机伐商。

周本来是渭水中游的一个古老部落,居住于今陕西中部一带的地区,依靠优越的自然环境逐渐发展起来。到西伯姬昌主政时,对内重用贤臣,对外宣扬德教,国力日强;他积极调停各方国之间的争端,诸侯纷纷依附,姬昌趁机拉拢周边各方国,公开声讨商王暴政,而各方国因连年供应商朝攻打东夷的大量军队和物资,且常受到商王的猜忌和钳制,早已苦不堪言,当然乐于向周靠拢。据《史记》记载,商末时:"天下三分,其二归周。"

73

商王一直宣称自己的王权得自"天命"，而周人就讲"天命无常，惟德是辅"，说商王无德，西伯有德，所以天命已经转移到姬昌身上。约公元前1056年，姬昌对内称王，即周文王，周文王病逝后，其子姬发继位，称周武王，武王秉承文王之遗志，继续利用商朝征讨东夷暂时无暇西顾的良机向东扩张。根据"夏商周断代工程"，公元前1046年1月26日，周武王亲率战车三百乘，虎贲三千人，以及步兵数万人，出兵东征。同年2月21日，周军会诸国部族于孟津，28日拂晓，联军进至牧野。《诗经》记载："牧野洋洋，时维鹰扬。凉彼武王，肆伐大商，会期清明"。商纣王帝辛惊闻周军来袭，只好仓促武装大批奴隶、战俘，连同守卫国都的军队，开赴牧野迎战。据《史记》记载，帝辛出动的总兵力有七十万人，另一些文献记载是十七万。《诗经·大明》称："殷商之旅，其会如林"，总之，商的兵力远远大于武王的军队。而此时的东夷诸国乘机反攻，商王朝军队腹背受敌。不到两个月内，主要的战斗已经结束，立国六百年的商朝灭亡，纣王自焚。4月，武王在商都建立祭室，向列祖列宗告捷，从此开始了周朝八百年的基业。

以莒为首的东夷在周灭商的过程中是起了关键性作用的，据《左传·昭公十二年》载："纣克东夷而陨其身"，把商对东夷的战争说成商纣王失国身亡的原因，足见商纣对东夷的战争消耗了商王朝相当大的实力。当周武王率师打到牧野时，商纣王才仓促调遣军队应战。这些军队久困战场，无心战斗，前徒倒戈，终于导致商王朝的灭亡。

西周沿袭以血缘关系为基础的分封

"举膚又"铭文的商代青铜甗

制，对原商王朝统治的广大地区实行"封邦建国"，将土地分封给宗族和功臣以及各方国的后代，被封者统称为诸侯。西周与商不同的是，在各诸侯国内国君也与周天子一样，除留下一部分地区直接管辖外，其余地区再分封给自己的子弟亲属，受封者称为大夫，其封地称为邑。可见，西周的地方行政有国、邑之别。此即为中国封建社会之始。

2. 分封制下的莒国

西周金文才正式出现了"东夷"的称谓，即在原"夷"的基础上冠以"东"字。虽然在周灭商的过程中，东夷各国起了很大的作用，但在整个西周时期，东方诸夷都是周王朝的忧患。在武王伐纣成功后，莒国应该并未臣服于周。莒国自周初始封，至春秋鲁隐公元年的历史文献空缺。而司马迁著《史记》时，又没有为莒国写一卷专属的国史，所以这一段时期莒国的历史很模糊。《通志·氏族略》谓莒国为"嬴姓，少昊之后也，周武王封兹舆期于莒，今山东密州莒县是也"，此说似乎不太可取。从文献来看，西周建国之初，莒国虽参与了伐纣灭商的战争，但只是为了报复商纣多次讨伐东夷的仇恨，出于对商的私怨，并非臣于周，所以与周王室应该还是处于对抗关系的。据张懋镕《西周金文所见东夷、淮夷、南夷、南淮夷比较表》统计，周公、成王东征的对象金文中记载都概称为东夷，而《史记·周本纪》说："召公为保，周公为师，东伐淮夷，残奄，迁其君薄姑。"《鲁周公世家》说："管、蔡、武庚等率淮夷而反。周公乃奉成王命，兴师东伐……宁淮夷东土。"周公、成王东征虽涉及淮夷，而主要是在山东省境，当属莒国为首的东夷的地区，也是夏、商时东方诸夷的核心地区。金文为当时实录，西周早叶以东夷概称东方诸夷部落与方国，而莒国即在其中。

周公东征，势如破竹，将莒国及其东夷小国一直赶到了东部沿海一带，此后东夷势力一蹶不振，且周武王已封姜太公于齐，封周公于鲁，以镇东方。东夷偶有叛乱，也随时被齐、鲁两国监视并镇压。《尚书·费誓篇》载，鲁国伯禽伐淮夷和徐夷有过激烈的战争，便是其证。虽然西周早期齐、鲁在这一地区的建立把莒国等东夷国家置于周人的军事和政治控制之下，但由于夷人根深蒂固的风俗、文化等原因，冲突不是短时期内就能消除的，东夷的反抗并没有停止。东征胜利后，为了周王朝的长治久安。西周君臣遵循周武王的遗愿在今洛阳一带建立东都，作为统治东方的政治、军事中心。周成王五年，周公旦亲自坐镇指挥营建洛邑。在今洛阳西建立王城，作为西周君臣的政务中心；然后在今洛阳白马寺一带筑修成周，驻守成周八师，目的主要就是对付东夷，将他们置于周人的军事控制和政治支配之下。

除武力镇压外，为了更好地安抚诸夷，周王室承认了东夷国家，并对他们进行重新分封，应该大约在这个时候，周王室封兹舆期于莒，建都计斤，莒国开始名正言顺地成了周王朝的诸侯国，其地域应该在鲁东南沿海一带。当时国土面积应该是很小的，西周诸侯国初封时国土范围不过方圆百里。《左传·襄公二十五年》子产曰："昔天子之地一圻，列国一同。"《孟子·告子下》："周公之封于鲁，为方百里也……太公之封于齐也，亦为方百里也。"《史记·十二诸侯年表序》曰："齐晋秦楚，其在成周甚微，封或百里，或五十里。"齐、鲁为大国，封国只百里，由此推测，西周初期莒国国土范围约方五十里。

3. 西周时期莒地周边国家

周代诸侯国源自分封，周灭商后，懂得"殷鉴不远"，为吸取商朝的教训，于是周天子分封天下，将土地和人民分别授予王族、功臣和贵族，让他们建立自己的领地，拱卫王室。封国的面积大小不一，封国国君的爵位也有高低，史书载分为五等：公、侯、伯、子、男。诸侯必须服从周王室，按期纳贡和朝见天见，并随同作战，保卫王室。这种封邦建国的分封制，称为封建，此为中国封建社会的开始。所封国家也是中国目前许多姓氏的源头。《荀子·儒效》记载周初"（周公）兼制天下，立七十一国，姬姓独居五十三人。"武王建国初封天下时莒国不在此列，后来周公东征，将莒国臣属及其他夷人部族一直驱赶到大海边的计斤一带，后来为安抚莒国臣民，封莒国为子爵国，位列公、侯、伯、子、男中的第四等。当时，莒国周边分列着许多或大或小的封国，下面择其主要者列之：

齐国，夏商时期，淄博地区先后出现了夏商王朝的属国爽鸠、季、逄伯陵、薄姑等古国。西周建立后，功臣姜尚被封到齐地，都营丘，建齐国。齐国在诸侯中地位崇高，周成王曾在三监之乱后，使召康公命姜太公曰："东至海，西至河，南至穆陵，北至无棣，五侯九伯，实得征之。"齐国由此得到征伐之权，成为大国，后经西周、春秋、战国，长达800余年，前221年灭于秦国。姜齐传至齐康公时，大夫田和放逐齐康公于临海的海岛上，"食一城，以奉其先祀"，田和自立为国君，是为田齐太公。《左传》《国语》和司马迁的《史记》共同评价齐国为春秋四强国之一。实际上，当时周王室分封齐国的主要目的是监视和控制莒国等东夷国家。

鲁国，周朝的同姓诸侯国之一，姬姓，侯爵。公元前1046年1月20日，周武王伐纣灭商后不久，即封其弟周公旦于少昊之虚曲阜，是为鲁侯。周公旦因辅佐天子，未能就封，乃由嫡长子伯禽前往就国。经传中所记"鲁公"之"公"并非爵位，而是诸侯在封国内的通称。鲁公即鲁侯，其子伯禽，即位为鲁公，时淮夷、徐戎作乱，伯禽作肸誓，平徐夷，定鲁。鲁国先后传二十五世，经三十六位国君，国都曲阜。疆域主要在泰山以南，略有今山东省南部，兼涉河南、江苏、安徽三省之一隅。公元前256年，楚国发兵攻打鲁国，鲁军弱小，不敌，不久后楚军大破鲁都的守军，攻入城池，将鲁顷公废掉，鲁国至此亡国。周王室最初分封鲁国的主要目的和齐国一样，也是监视莒国等东夷国家和控制商代遗民。

晋国，西周初，周成王封其弟叔虞于唐①，为当时重要封国之一。叔虞子改称晋，晋国国都为唐，晋献公迁都绛②，别都为曲沃③。西周末年，晋文侯拥戴平王东迁洛邑，为东周的缔造立下大功，受到平王奖赏。公元前403年晋国大夫韩虔、赵籍、魏斯三家自立为诸侯，晋国被分裂为韩、赵、魏三个诸侯国家，史称三家分晋。

燕国，据《史记》记载，周武王灭商以后，封宗室召公于燕，在今北京及河北中、北部。燕国的都城在"蓟"④。燕国建国以后与中原各地来往甚少，文化较中原落后，周的贵族和当地旧商的贵族以及当地人建立了联合政权。最终使该地区原来的东胡民族逐渐融入华夏族。在春秋初年的外族入侵中险些亡国，凭借齐桓公"尊王攘夷"的军事帮助才得以保全，进而在日后有了发展。

宋国，周初被周天子封为公爵，国君子姓。武王伐纣，商朝覆亡后，按照分封制的礼法，国家虽然覆亡，胜利者仍然不能让以前的贵族宗祀灭绝，因此当武王分封诸侯时，仍然封纣王的儿子武庚于殷，以奉其宗祀。武王死后，武庚叛乱，被周公平叛杀死，另封纣王的庶兄微子启于商丘⑤，国号宋，宋国地位特殊，与周为客，被周天子尊为"三恪"之一，以奉商朝祖先的宗祀，继承商文化。宋国从第一位国君微子启至最后一位国君宋康王，历经35君，时跨西周、春秋、战国三个时期，长达754年。它的版图最大时跨有今河南东部、江苏西北部、安徽北部和山东西南端之间，皆

---

① 今山西翼城西。
② 今山西翼城东南。
③ 今山西闻喜县东。
④ 位于今北京房山区琉璃河。
⑤ 今河南商丘。

膏腴之地。战国时期，宋被齐国所灭。

鄫国，即缯国，源自夏代少康次子曲烈的封国，因地名为"鄫"而得国名；始封地为今河南省方城县北，夏被商灭掉之后，其同姓亲族，或被俘虏作了商的臣仆，或被迫向四方迁徙，唯独曾人却留居中原。周武王灭商后，封鄫为子爵，移于山东临沂苍山县西北。疆域大约包括苍山大部分，枣庄部分，以及郯城沂河以西部分。由于鄫国是春秋时的一个小国，常常被莒、邾和鲁国欺凌。为了改善同邻近诸侯国的关系，鄫便与较为强大的鲁国建立了婚姻关系。鄫国依附鲁国的行为，自然受到莒国的反对，莒国多次联合邾国攻伐鄫国，公元前567年，鄫国因自恃有鲁国作后盾，而怠慢了莒国，莒国抓住鲁国疏于扶助鄫国的时机，一举灭掉了鄫国。

邾国，颛顼帝之后代曹挟于周武王时被封于"邾"，建立邾国，为子爵之国，建都于邾[①]。邾国先人曾以蜘蛛为图腾，建国之后，即以蛛为国名。后来，春秋时鲁穆公改邾国为邹国。王献唐先生在其《邾分三国考》中认为："其疆域大概为今邹县中部、南部，济宁东境，滕县北境，东、西、北三面界鲁。"因建都邹邑而得名。战国初亡于楚。

州国，位置在山东省安丘县，周武王封古斟灌国姜姓建立，因位居公爵，世称州公。春秋早期，杞国频繁入侵，州国国力衰弱，无力抵抗。国君迫不得已逃往淳于城居住，位置在今天的安丘县东北方，淳于国灭亡之后，杞国迁都于其地，故后世有时也将杞国称为淳于国。

杞国，是中国历史上自商代到战国初年的一个诸侯国，国祚延绵1000多年，国君为姒姓，禹的后裔，杞国建国于商朝。周朝建立后，求先贤的后代进行分封，从诸城的牟娄寻到大禹的后代东娄公，封在河南，建立杞国。西周末年，在周围强邻的压迫下，被迫屡有迁徙。杞国最初大致在今

---

① 今山东曲阜东南南陬村。

河南省杞县一带，后来迁到今山东省昌乐、安丘，后被莒国多次征伐，被迫又迁至新泰一带。公元前445年，杞国亡于楚国。

莱国，又称莱子国、莱夷，是中国先秦时期的九夷所建的诸侯国。在商代以前，统治中心在昌乐、临朐县附近。东部可以到达黄县的沿海地区。姜太公刚刚受封于齐国，建都营丘，位于今昌乐县境内。因为距离莱都较近，莱国屡次进犯营丘。春秋时期，在齐国强大之后打败了莱国，侵占了位于今平度县西边的领土。因此，莱公迫不得已迁都黄县，叫作东莱，前567年，东莱被齐国灭亡。

纪国，古书和金文中也称己国，是位于商朝东方的诸侯国，国祚延续到春秋时代。国君为姜姓，国都纪，位于山东半岛中北部，渤海莱州湾的西南岸的今寿光市。寿光、莱阳和烟台等地有出土纪国铜器。纪国位于齐国以东，莱国以北。疆域不亚于齐国或鲁国。春秋初年，齐国强大后，逐步向东发展，纪国成为主要障碍，经过长期战争，被迫多次迁都，到公元前690年，纪国被齐国吞并。

谭国，西周至春秋时期的诸侯国，国君为嬴姓，少昊氏后裔。西周初年大封诸侯的时候，周武王分封了谭国，位置在山东省章丘市龙山镇，子爵爵位。因为国势一直不盛，不久成为齐国附庸国。齐国公子小白出亡时，曾经过谭国，谭国拒绝收留，小白只好逃奔莒国。后来小白回国即位，是为齐桓公，谭国亦未派人祝贺。结果谭国在前684年被齐国所灭，谭国国君流亡到同盟国莒国。谭国后代以国名为姓。

徐国，相传帝颛顼玄孙伯益因辅佐大禹治水有功，帝舜赐他嬴姓，伯益的小儿子若木因其父亲的功劳在夏禹时被分封于徐，建立徐国，故地大约在今江苏西北部及安徽东北部一带。徐国历夏、商、周三代皆为诸侯，春秋时徐国败于楚国，国力渐衰。公元前512年终为吴国所吞并。

曹国，周武王克商，封商旧臣曹挟于邾，封弟振铎于曹邑，为曹伯，建曹国，称为曹叔振铎。建都陶丘，辖地大致为现在的定陶附近。曹国共26任君，公元前487年，宋国灭曹。

祝国，西周初年，周武王姬发分封先代遗民，把黄帝的后人封于祝地，故城在今山东省长清东北祝阿故城。公元前768年，祝国亡于齐国。

薛国，夏商周三代东方的一个诸侯国，历经1000多年。西周初年，"周武王封任姓后裔畛，复于薛国，爵为侯"。周显王46年，为齐国所灭。故址在今山东省滕州市张汪镇与官桥镇之地。

卫国，周王朝的同姓诸侯国之一。姬姓，始祖康叔为卫国第一代国君。据《元和姓纂》及《通志·氏族略》等所载，周武王灭商后，赐同母弟封康邑，史称康叔封，周公旦又将原来商都周围地区和殷民七族封给康叔，让康叔迁徙至殷商故都，建立卫国，定都朝歌①，秦始皇灭六国，卫国因为弱小而得以保存。秦二世贬卫君为庶人。

江国，江国为殷商至春秋时期华夏族在河南一带建立的一个诸侯国。国名又作"鸿国""邛国"。据考证，古江国的国都位于今河南正阳县附近。据《世本》《史记·秦本纪》等记述，江为嬴姓国，《元和姓纂》《通志·氏族略》等所载，伯益因辅佐大禹治水有功，帝舜赐他嬴姓，这样伯益就成为古代嬴姓各族的祖先。江国始祖玄仲为伯益之子，公元前623年，楚灭江国。

宿国，风姓。周初分封国之一，为姬姓之外的异姓国，周武王为了表示对伏羲氏的景仰，封伏羲氏的后代在宿②建立的诸侯国。公元前684年，宋国灭宿国。

遂国，虞颉次子虞遂的一支后裔被夏朝找到，分封在舜故乡附近的遂

---

① 今河南鹤壁市淇县。
② 今山东东平县东南。

国，在今山东宁阳西北，周武王代商后，重封舜的后裔于遂①建国，是鲁国的附庸国，公元前 681 年被齐所灭。

炎（郯）国，约在公元前 11 世纪，商王武丁封其子于炎地②建立侯国，称炎国。周灭商后，周武王将其封给帝乙长子微子启，归附于宋国所辖制，并允许享爵位，子爵。后演化为郯国，公元前 414 年为越国所灭。郯国故城遗址在郯城县城北。

鄅国，鄅国古城在今山东临沂城北之鄅古城村。鄅国为妘姓国，妘姓是祝融八姓之一。据《春秋》和《临沂县志》记载，周武王伐纣灭商后，开始分封爵位。在临沂地界，当时封了一个夏后氏的后世子孙，国号"鄅国"，四等子爵，公元前 524 年被邾国袭破，后被鲁国吞并。鄅国故址在今山东省临沂市兰山区柳青街道办事处鄅古城村。

邿国，出土青铜器铭文作"寺"，《公羊传》作"诗"，是周代东方一个附庸小国，国君为妊姓，其地位于今山东省济南市长清区一带。1995 年 3 月 15 日至 5 月 15 日山东大学历史学系考古专业对邿国仙人台遗址进行发掘。发掘成果显示，遗址文化先后包括了岳石文化和西周、东周，其中以西周早期聚落和周代邿国贵族墓地的资料最为丰富和重要。当为邿国故址。公元前 560 年夏，邿国发生内乱，被鲁国攻取。

须句国，又作须朐，风姓。故址在今山东梁山县小安山镇一带，据《名贤氏族言行类稿》上的记载，"须姓"是太昊伏羲氏风姓的后裔，有须句国，到殷时有密须国，周文王时，有一个风姓古国叫须句国，《左传》记载，须句国在春秋时期先后被其邻近的邾、鲁国所灭。

郜国，在今山东省成武县东南。春秋时为宋所灭，据《左传》记载，周武王灭商建立周朝后，在全国实行大分封，把他有贤德的一位兄弟封为

---

① 山东省宁阳、肥城一带。
② 今山东郯城。

郜国的第一位国君，子爵，春秋时郜国被宋国所灭。

诸国，早在夏代诸国就存在，详细资料不可考，可知诸国初为姒姓国，到春秋时改为彭姓统治。诸国的统治区域在诸城、安丘一带。

郕国，史书又作成、盛，两字互通，始封君为周文王之子、周武王之弟叔武。位于今山东宁阳县东北一带，国君为姬姓、伯爵。公元前408年被齐国所灭。

向国，向国故址在山东莒县南部，莒南县大店西南，包括临沂临沭部分，向国存在时间不长，公元前722年"莒人入向"，被莒国攻灭。

茅国，周公之子茅伯的封国，地在今山东省金乡县、微山县一带。西周时期，周文王之子周公旦的第三个儿子茅叔受封于茅，建立茅国，后来茅国为邹国攻灭。

根牟国，根牟为曹姓国，颛顼的后裔，子爵。公元前600年被鲁国所灭。其址即今山东沂水县南之牟乡。

其余诸侯国尚多，因远离莒国，故不再一一详例。

4. 莒国姓氏

莒国的历史，文献记载的可以追溯到西周，虽然出土的商代甲骨文中有"莒方"的记载，但没有形成详细的句子说明，也只能证明在商代时莒方国已经存在。关于莒国的姓氏，这是史学界一直在研究且存在争议的问题。莒国姓氏为何？至今没有一个统一的说法。从文献来看，大约有以下四种说法：

一是嬴姓（盈姓），《春秋左传正义》隐公二年下注曰："《谱》云：莒嬴姓，少昊之后。周武王封兹舆期于莒，初都计，后徙莒，今城阳莒县是也。"《汉书·地理志》在城阳国"莒"下班固自注："故国，盈姓……少昊之后。"

二是已姓,《国语·郑语》韦昭注曰:"莒,已姓,东夷之国也。"《左传》云:"穆伯如周吊丧,不至,以币奔莒,从已氏。"

三是曹姓,《国语·郑语》载:"祝融亦能昭显天地之光明,……其后八姓于周……曹姓邹、莒。"

四是莒姓,《史记·秦本记》云:"秦之先为嬴姓,其后分封,以国为姓,有徐氏,郯氏、莒氏。"

莒子墓

从上面所引的史料中我们可以看出,莒国姓氏有四种,按常理推论,这是不合逻辑的,从现在所了解的资料来看,在莒国的历史上,中间并没有发生诸如"田氏代齐""三家分晋"这样的事情,为何史料记载不一呢?

先说嬴姓(盈姓),有学者认为盈姓是周武王所封莒国之后的姓,其依据是《谱》云:"莒嬴姓,少昊之后。周武王封兹於期于莒,初都计,后徙莒,今城阳莒县是也。"又《通志·氏族略》谓其为"嬴姓,少昊之后也,周武王封兹舆其于莒,今密州莒县是也。"另外,西周铜器《周棘生簋铭文》云:"周棘生作莒 甚媵簋,其孙孙子子永宝用。"有专家释" 即嬴",由此铭文可知,莒在西周时为嬴姓。《说文通训定声》云:"春秋时，秦、徐、江、黄、莒皆嬴姓国。"①

再来说曹姓，莒为曹姓一说仅见于《国语》和《路史》二书，而《国语》中所记较为简略，《路史》是南宋人所著，时间较晚，所用史料或以传说为多，似不足为信。有的学者认为曹姓是"夏商时期莒国的姓"②。因郑、莒同为东夷国家，史料记载郑国曹姓，或后人误以为郑莒同姓。《绎史》中就把莒和郑列为同姓，皆曹姓国，此说也难以成立。

至于已姓，《世本》中载："莒国自纪公以下为已姓"，《左传·文公七年》载："秋，穆伯娶于莒，曰戴己，生文伯；其娣声己，生惠叔。"穆伯是鲁国的大夫，他娶了莒国国君女儿戴己和声己。《左传·文公八年》又载："穆伯如周吊丧，不至，以币奔莒，从已氏焉。"以上证明，当时莒国似乎确实姓已，故其女称戴己、声己，皆为已氏。学者有认为："已氏之已，当为莒国之姓无疑。"③ 孙敬明先生则为，此"已"当为氏，而非姓。④此说当是正解。

最后说莒姓，此说依于《史记·秦本纪》："秦之先为嬴姓，其后分封，以国为姓，有徐氏、莒氏、郯氏……"此说似不可取，秦在西，莒在东，不相往来，怎么能同姓呢？此处所说的姓，还是"以国为氏"之误。⑤

那么，史料中所记载莒国"四种姓氏"之说又当如何解释呢？这应该是姓和氏没有正确的区分所导致的记载错误。在先秦，姓与氏是两个不同的概念。《通鉴外纪》说"姓者，统其祖考之所自出；氏者，别其子孙之所自分。"姓氏是指姓和氏，两者本有分别，姓为大宗，氏为小宗。秦以后，姓、氏合一，通称姓，或兼称姓氏。中国人在母系氏族社会的时候就

①　王乐兴、魏茂秀：《"毋忘在莒"莒国及莒文化研究》，载《古莒新论》2015年5月版。
②　杨善群：《莒国史诸问题控讨》，载《学术月刊》2001年第4期。
③　郭克煜：《有关莒国史的几个问题》。载《齐鲁学刊》1984第1期。
④　孙敬明：《莒史缀考》，载《莒文化研究文集》2002年版。
⑤　王乐兴、魏茂秀：《"毋忘在莒"莒国及莒文化研究》，载《古莒新论》2015年5月版。

有"姓"了,"姓"是从居住的村落,或者所属的部族名称而来。"氏"是从君主所封的地、所赐的爵位、所任的官职,或者死后按照功绩、追加的称号而来。所以贵族有姓、有名、也有氏;平民有姓有名、没有氏。如黄帝,姓公孙,生于轩辕之丘,故称为轩辕氏。举一例子:如楚国为芈姓,国君为熊氏,还有三大家族昭氏、屈氏、景氏,也同是姓芈,这是先秦时期的姓氏文化。

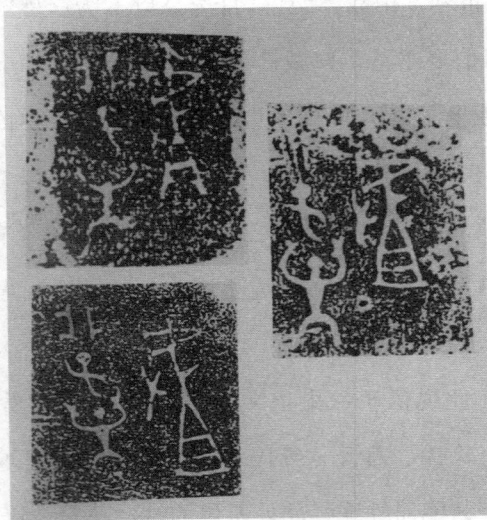

莒地出土青铜器上的铭文"莒"字

《左传·鲁文公七年》记载:莒在位国君为纪公。古文字中"纪"与"己"是相通的,称之"某己",不能视为姓,只能视为氏,因为古国君封号从不以姓名之,但其祖孙可以父祖之封号为氏。莒国己公之后裔,例当可称己氏。这样,我们就可以解释为何史书中记载莒国四种不同的姓氏了,按照史料的先后顺序和考古得出资料所证,可以作如此结论:莒国是嬴姓(盈姓),皆为嬴姓之后,然后国内的嬴姓大宗有曹氏、己氏等。而莒国国君姓嬴,已氏。至于莒姓,应该是莒国亡国后,莒地后人为了纪念失去的故国,就以国为姓,产生了莒姓之说,现在,河北、天津、江西等地尚有莒姓后人，自称是从莒县迁出，应该是当年莒国亡国后，逃亡在外的莒国后裔怀念故国，故以莒为姓。

先秦之时，姓、氏关系是非常严谨的，完全两个不同概念，秦汉以后，合称姓氏或只称姓，姓氏的概念合为一体了。所以说，莒国国君嬴姓、已氏是无疑的。

5. 西周时期的社会形势

周初的封藩建国，应该始于武王伐纣之前，《诗经·大雅·绵篇》有："虞芮质厥成"，是说文王向东扩张后，就曾封仲雍于虞，称为虞冲。伐崇之后，又把崇地封给了虢仲虢叔。虞在晋南，虢又在虞南，这就说明武王克殷以前，周族已经开始了分封。所谓封建始于武王伐纣后，吸取殷商灭亡的教训"殷鉴不远"，这一说法是不完全正确的。从殷商的体制中吸取教训是不错，但分封不是在商朝灭亡之后，只能说武王开始全面推行分封制。

武王伐纣，商都的陷落和商王国的覆灭只是周人向东发展的初步成功。武王克商后二年死，成王诵年幼，周公"乃摄行政当国"[1]。其后管、蔡流言，说周公"将不利孺子"[2]，并且鼓动武庚叛乱，东夷诸国乘机也发威，于是就有了后来的周公东征。据《逸周书·作雒解》说，周公和召公"内弭父兄，外抚诸侯"，协调了统治阶级的内部矛盾后，东征三年，才把这场大乱平定下来。这次用兵的经过，虽然不得其详，但从《诗经·豳风·破斧篇》"既破我斧，又缺我斨""既破我斧，又缺我锜"看来，其艰苦卓绝的事业，是可想象的。

---

① 《周本纪》。

② 《尚书·金縢》。

东征后，周王室统治阶级就把巩固东夷地区作为自己首要的政治任务，并采取了一系列的措施。为了减少被征服者的敌对情绪，周公便采取了尽量保留他们的宗族组织和风俗习惯的举措，仍由原来的首领统率，这就是第二次分封。不过，他们要遵从周王室的礼法，例如《左传·定公四年》所说，对于鲁、卫两国采取"启以商政，疆以周索"，对于晋国采取了"启以夏政，疆以戎索"。"商政"当是指商朝以来公社所有制的旧政，"索"杜预注作"法"。《大戴礼祀·主言篇》云："布指知寸，布手知尺，舒时知寻，十寻而索。"可见，"索"是有一定长短的绳索，即周族用以丈量公社土地的绳索。"疆以周索"，也就是用周族一定长短的绳索划分耕地的意思。"夏政"当指夏商以来在晋地公社所行的旧政，晋国地处山西西南部，北邻的戎是北方部族，殷周之际，大部分还处在游牧阶段。"戎索"可能就是保持戎族原有丈量土地的一种方法，相当于"因地制宜"或是"诸侯国自治"的一种体制。莒国就是在这第二次分封中被周王室承认诸侯国地位的。至于当时莒国的社会制度，没有史料记录下来，但推测莒国既然认同周王室的分封，那么在国内除保留东夷风俗外，其政治制度应该与其他国家类似。

为更好的监视和控制东夷各国，周王室开始营建东都洛邑。1956年，陕西宝鸡出土的《河尊》铭文记载周成王五年四月的一次在京室对宗族小子的诰命，反映出武王灭商以后准备建都洛阳一带的设想和成王迁都成周的事实。[①] 成王所以营建成周，主要是因为原来的都城丰镐[②]远在黄河以西，不适应灭商以后的新形势。为了进一步巩固中央政权，就必须将政治中心向东迁移。《何尊》铭所引武王的话说："余其宅兹中国，自之义民"与《尚书·召诰》云："旦曰：'其作大邑，其自时配皇天，毖祀于上下，

---

① 葛兆光：《宅兹中国：重建有关"中国"的历史论述》，2011年中华书局版。
② 位于陕西省西安市长安区。

其自时中乂'"同，也就是说，要建都天下的中心，来统治广大被征服的民众。周公东征胜利后，对于东夷臣民，不用严刑杀戮，主张多加教育，以期改造他们。周公所以采取这种安抚与镇压相结合的政策，主要为了达到把地域广阔的东方安定下来，尽量减少被征服的各族首领起来反抗的目的。

西周的分封还有一种武装驻防的作用，其目的以监视被征服的各族人民，实际上它具有武装部落殖民的性质。周天子当时所能直接统治的只有王畿之地。王畿之外，周王室先后封立了很多诸侯国，诸侯对王室的义务不过按期纳贡、朝觐、出兵助王征伐，以及救济畿内的灾患而已。诸侯国的内政几乎完全自主。另一方面，所有新建的封国大都是以少数周族奴隶主贵族统治多数被征服族人，其土既非周人所有，其民也与周人不类，这些新来者的统治地位，如果没有强大的武力作其后盾是支持不住的。如姜太公封于齐，周天子的目的是用齐来监视东夷诸国，齐国无非是周在东夷地区的一个军事点而已。《史记·齐太公世家》说太公："夜衣而行，犁（黎）明至国。莱侯来伐，与之争营丘。""营丘边莱，莱人，夷也"，新来的统治者占有其土地，拥有其人民，所以当地土著人起来反抗。《礼记·檀弓上》云："太公封于营丘，比及五世，皆反葬于周"，可见当时建立"军事据点"之不易。

当时被封的贵族进入广大占领区后，首先要建立一个军事据点，这在古代文献中名之曰"城"，实为根据地，只有如此，才能有据点进行武力镇压。这种"城"，在古代文献中也名之曰"国"，"国"外广大田土称曰"野"。西周王朝和各诸侯

西周时期莒国铜簋

封国都有这种"国""野""乡""遂"之分。王畿以距城百里为郊，郊内为乡，郊外为遂。王朝六乡，大国三乡三遂。周代的"国"，生计一般都要仰赖对"野"的剥削，所以周人的殖民国也兼辟"野"。周初殖民封国，都在边界上种植树木，以为标志，谓之"封建"，所以《易经·系辞传》曰："不封不树"。这种植树以立封疆的做法，大概是承袭了原始社会的边境林或防卫林而来。

西周王室自己的军队名虎贲，虎贲是周王的禁卫兵，不参加生产，武王伐纣时，便以他们为先锋。另外还有"周六师"和"殷八师"。"周六师"是由"国人"组成的，是周的主力军，昭王、穆王时期，曾率他们外出远征。"殷八师"又称"成周八师"，驻守在成周，是由殷遗民编成的，但其将帅则由周人担任。一师，相当于古代文献中所说的一军，计一万余人，可见，当时周王室的常备军已达十四万人以上。这就是周王能够保持"礼乐征伐自天子出"①武装力量的原因。分封各地的诸侯国也都拥有一军到三军的军队，例如，鲁国征伐淮夷时，发动"三郊三遂"②。

成周二次封国后，分布在西周北部和西北部的各族是一些游牧部落，其中最强大的是鬼方和猃狁，他们不顾周人的抵抗，继续向东南推进。《小盂鼎》铭记载，康王二十五年，鬼方和周人发生过一次规模很大的战争。在这次战争中周人大败鬼方，俘获"人万三千八十一人"，酋长四人，还获车、马和"牛三百五十五牛""羊廿八羊"，使得猃狁暂时无力入侵，因而西北方面出现了比较稳定的局面。

还有一群少数民族称为肃慎，是当时居住在今天东北境内的少数民族。《国语·鲁语下》说：王灭商之后，"肃慎氏贡楛矢、石"。可见，早在西周初年，周人和肃慎之间已经有了往来。《左传》昭公九年记载周大

---

① 《论语·季氏》。
② 《尚书·费誓》。

夫詹桓伯之言曰："我自夏以后稷，魏、骀、芮、岐、毕，吾西土地；及武王克商，蒲姑、商奄，吾东土地；巴、濮、楚、邓，吾南土也；肃慎、燕、亳，吾北土也。"根据已经出土的地下资料看来，这段话是较接近历史实际的，西周时期国内各族的分布概况，大体如此。西周二百余年与各族的关系史，开国之际患在东南，通过将近四十年的安抚和征讨，成效斐然，尤其在今之河北和山东最为成功。这与周公制礼作乐，以礼乐教化人心有主要的关系。

6. 莒国与西周王朝的关系

西周初年是一个大动荡大变革的时期，莒国在这次变革中也受到了很大的冲击。前文论述过，莒在武王灭商的过程中是起了很大的作用的，但其时并未臣服于周。可以说，周灭商之时，莒国是趁机在背后对商王朝出兵，目的是报商纣王对东夷多次征讨的仇恨。《左传·昭公十二年》载："纣克东夷而陨其身"，把对东夷的战争，说成商纣王失国身亡的原因。周朝建国后分封诸侯，以莒为首的东夷诸国并不在内，因当时东夷诸国并未臣服，属周朝之外的东夷国家。到成王时，发生了管叔、蔡叔与"武庚作乱畔周"的重大事件，混乱之际，东夷诸国也参与到了反对周王朝统治的军事行动中，于是周公东征。史书记载，周公东征，势如破竹，莒在周践奄之后被迫由今费县一带而东迁至胶县城西的计斤一带。计斤，春秋时其地当在今胶县城西。周王室为安抚莒人，于是重新册封了莒国，都于计斤，也就是正式承认了莒国的诸侯国地位，另一方面表明莒是在周朝统治之下的国家。虽然莒国在西周时沿海建国，但莒国当时仍是周初东夷诸国中国力较强的国家。莒国对待周王朝只是表面上采取了降服的态度而已。

当初，西周初建国家，面对新征服的广大地区，周王采取"封建亲戚，以蕃屏周"的方式巩固自己的统治。分封的对象实际包括同姓贵族和异姓贵族两类。异姓封国又可分为功臣谋士和先王圣贤后裔，另外还有一些殷商王族后裔及其他臣服归顺的方国贵族。武王灭商后，鉴于形势紧迫，一些封国可能只是名誉上的，未及实施或没有就国。成王、周公之分封，进一步落实了周初武王分封策略，并有所改进，如周公、召公不能就蕃的鲁、燕等国，令长子代为就封，加强了对中原周边地区的控制；肢解众殷商遗民的族团，并分迁各地，以削弱敌对势力。在诛灭武庚后，改封康叔于卫；平定唐地之乱，加封叔虞于唐。这一系列封国安邦措施，使一度处于风雨飘摇之中的周王朝趋于稳定。

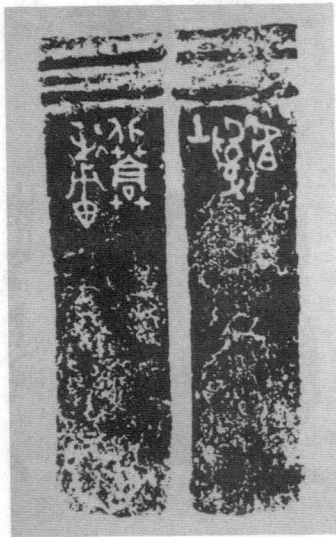

西周莒司土斧铭文

　　莒国受封后，与西周王朝的关系并不融洽，时常发生摩擦，据清代潍县著名金石学家陈介祺批校筠清馆文字所记，出土于登莱之地的西周晚期《师袁簋铭文》记载，周室军事长官师袁受周王之命，率齐师、其、莱、棘尼左右虎臣征淮夷。1986 年在陕西安康出土的"史密簋"，其铭文有："唯十又一月，王命师俗、史密曰：东征。合南夷卢、虎会杞夷、舟夷、观不折、广伐东国。……伐长必，获百人。"[1] 有学者认为此铭文中的"卢"即莒国之莒字。如果真是如此，那此次叛乱的领头人就是莒国。但"卢"与"南夷"并列在一起出现，似乎与南夷关系密切。于是有学者考释："卢、虎是南夷的两个成员国。"[2] 孙敬明先生考证："比较两件铜簋，应是'史密簋'在前，这是发生在今鲁南苏北的一次较大战事，而被征伐

---

① 李启良：《陕西安康市出土西周史密簋》，载《考古文物》1989 年第 3 期。
② 张懋镕：《安康出土的史密簋及其意义》，载《文物》1989 年第 7 期。

的几个对象中就有莒国；'师袁簋'时代稍晚，征伐的对象为淮夷，这可与陈介祺收藏并以之名斋号的春秋早期的'曾伯黎簋'铭文互证。可见，西周晚期莱国实力仍较强大，多次参与周王室组织的军师征讨活动。当时，莱国与莒国通婚，铭文自称'莱伯'，亦可与《史密簋铭文》所记之'莱伯'互证。证明莱国与齐、莒通婚，同时亦体现莒国的社会地位。"①

《逸周书·作雒篇》载："周公立，相天子，三叔及殷、东、徐、奄及熊、盈以畔……三年，又作师旅，殷大震溃。……凡所征熊、盈十有七国，俘维九邑。俘殷献民，迁于九毕。"文献中熊、盈通用，李白凤先生《东夷杂考》认为熊、盈、奄本为一姓。孙敬明先生认为熊、盈为姓，奄为氏名。古文字中嬴从能从女，其是由能派生出来的异体字。莒本嬴姓，其自会在反周之列，因为周封姜太公于齐，封周公于鲁，都是用来监视或镇压东方诸夷国的，这自然引起许多土著国家的反抗，于是就出现了莱夷伐齐的事情。而南边的鲁国形势更是复杂，《尚书》载："鲁侯伯禽宅曲阜，徐夷并兴，东郊不辟，作费誓。"徐、莒同姓，徐离莒不远，且势力强盛，使得代表周王朝的鲁国东边城门都不敢开，可见莒国等土著国之雄。青铜器铭文中，有记载周公东征胜利的方鼎，铭曰："佳周公于征伐东尸（夷）、丰伯、專古"，其中的东夷，应包括莒国在内。大约西周初年，东夷的势力同盟战线为南起徐州、费县，背逾诸城、益都一带。周公东征时，这条盟线溃败，各国被迫东退到大海边。莒国也就是这个时候，由费县一带东迁到胶县城西的计斤城。后来，东夷复叛，向西进攻，抢夺土地城池，这从后来莒国迅速发展壮大，并且向西开疆扩土的军事行动就可以看得出。

在西周金文中，多次出现"西六师""成周八师"和"殷八师"，"殷

---

① 孙敬明：《从莒地出土两周十四国金文看莒文化的交流与影响》，《山东师范大学学报（人文社会科学版）》2013 年第 1 期。

八师"是驻扎在管理殷徒的新邑"雒邑"的。西周初年，成王时的《小臣谏簋》铭文记载说："膚（莒）、东夷大反，伯懋父以殷八师征东夷"，陈梦家先生认为此鼎为成王时期的器物，其中的"膚"即为"莒"也，可能在周公东征的过程中，这些部队就已经编成，对镇压东夷各国起了很大的作用。《塞鼎》铭称："佳王伐东夷，濮公令塞暨史旅日，以师氏暨有司后国伐莒。"此鼎为昭王时期器物，铭中所伐东夷是东域所指，而"莒"则为征伐对之一。另外昭王时期的铜器铭文中，出现许多王室军队驻于郯地的记载，由此我们推断其目的是对莒国等东夷国家的监视和镇压。

因西周时期关于莒国的史料匮乏，我们只能从出土的青铜器铭文中猜测当时的莒国与周王朝的关系，由上面所列铭文可知，莒虽西周封国，表面上臣服于周王室，但在西周一朝，莒与周王室的关系始终不睦，争战并未

西周莒乍丁师卤铭文

停止。后来，由于齐、鲁两国为了各自的利益，逐渐忘却了最初受封时监视东夷诸国的使命，各自只顾自己国家的利益，所以莒国趁机慢慢地壮大起来，直至后来迁都莒县，发展成为山东境内仅次于齐鲁的大国。

第五章　春秋前期的莒国

1. 西周灭亡与平王东迁

周朝从成王、康王以后，经过昭、穆、共、懿、孝、夷、厉、宣等王，到公元前 782 年幽王继位，都城都在镐京，史称西周。西周实行"封建亲戚，以藩屏周"的封建制度，这种把封邦建国的政治制度同封建宗法制相结合的制度，加强了天子与诸侯间的纽带关系，使西周在前期 180 多年间取得了相对稳定的政治局面。周朝第十代君主周厉王不谙事理，破坏礼法制度，强占山林川泽，民怨沸腾，史料载"国人谤王"，为了压制舆论，厉王使卫巫监谤，"以告，则杀之"。于是，"国人莫敢言，道路以目"。不到 3 年，国人忍无可忍，终于酿成暴动，群起把厉王驱逐了。周厉王被驱逐以后，周王朝无主，就由周公和召公共同执掌政权，史称"共和行政"。这一年是西周共和元年，即公元前 841 年。共和行政维持了 14 年，厉王死于彘①，其子姬静被拥立为王，即周宣王。

周宣王继位之时，正值"国运维艰"，礼乐制度已成摆设，宣王想力挽狂澜，他在位 47 年间励精图治。《毛诗序》云："宣王内修政事，外攘夷狄，复文、武之境土，修车马，备器械，复会诸侯于东都，因田猎而造车

---

① 今山西霍县。

徒焉。"社会逐渐稳定下来，史称"宣王中兴"。但是周宣王无法挽回礼乐制度崩坏的局面，诸侯国之间互相征伐，周王室能驾驭的国家屈指可数。宣王晚年同羌戎作战，因王室财源枯竭，没有强力的军队，勉强征调"南国之师"，然而千亩一役，"亡南国之师"，宣王几乎被擒。这时，西周王朝的统治已接近尾声。

西周最后一位君王是周宣王的儿子周幽王，周幽王是在天灾频繁、政局不稳的情况下继位的。他主政的第二年，久旱无雨，"三川（泾、渭、洛）竭"。同年，关中大地震，《史记·周本纪》载："幽王二年，西周三川皆震。……是岁也，三川竭，岐山崩。"关于此次地震，《诗经》记录了当时的场景，《诗经·小雅·十月》载："烨烨震电，不宁不令。百川沸腾，山冢崒崩。高岸为谷，深谷为陵。"旱灾加上地震同时来临，使农业生产受到严重的灾害，国人因灾荒到处流亡，周边战乱不断，使得西周一步一步走向崩溃。在这种情况下，周幽王不但没有采取措施减轻人民的负担来挽救危机，反而大肆搜刮剥削，这就更加引起人民的反抗，迫使统治危机进一步加深。在朝中，周幽王废黜来自于传统盟友申国的申后，驱逐太子宜臼，立褒国（姒姓）的褒姒为后，以伯服为继承人，专宠褒姒，为博得美人一笑，点燃烽火台"烽火戏诸侯"。"烽火"是古代使用的军事警报信号，设有军士日夜守候，一旦敌人来犯，就举烽火报警，夜间举火，白日举烟，"烽火狼烟"就是向全国诸侯征兵勤王的十万火急的军令。烽火台这么重要的报警设置，周幽王为博得美人一笑，竟然把它当开玩笑的工具，从此失去了诸侯的信任。周幽王为了彻底铲除逃亡申国的太子，出兵征讨申国，而申国则求助于犬戎，毫无防备的幽王被犬戎所败。当周幽王再次点燃烽火求援时，众诸侯因为此前被烽火所戏而不再信任周幽王，周幽王被一路追击到骊山附近杀死。原本就已经摇摇欲坠的西周再也没有在接踵而至的危机中缓过来，西周就此灭亡。

周幽王被杀后，申侯、鲁侯、许文公等诸侯拥立太子宜臼为王，是为周平王。次年（前770年），因镐京及王畿遭战争破坏，周平王得晋、郑、秦和其他诸侯之助，遂东迁于雒邑（今洛阳），以避戎寇，重建周王朝，为东周之始。

周平王东迁是历史学家划分周王朝时段的重要事件，亦是周朝国势的转折点。平王东迁后，周天子王权开始衰落，失去了天下共主的号召力，诸侯势力不断坐大。同时，周天子无力自保和抗拒外族入侵，必须依赖诸侯国保护，在"礼崩乐坏"下，致使周天子地位得不到尊重，大争之世的春秋时代拉开帷幕。

2. 春秋初期的社会形势与莒国的兴起

从公元前770年周平王迁都洛邑，到周敬王四十四年即公元前476年，这段时期是中国历史上东周的前半段时期。鲁国史官记录了从鲁隐公元年（前722年）到鲁哀公十四年（前481年）共242年的大事，并按春、夏、秋、冬四季分类书写，于是这部编年史被名为《春秋》，后世史学家便把"春秋"作为这个历史时期的名称。

春秋时代礼崩乐坏，周公制作的那一套礼乐制度已不为社会所用，周王室由强转弱，天子的号召力日益衰微，大权旁落，社会结构急遽变化，诸侯国之间的矛盾异常尖锐，各国之间互相征伐，兼并战争接连不断，小诸侯国被吞并，强大的诸侯国在局部地区实现了统一。同时，由于各诸侯国的自治，思想的自由和社会的兼容促使着各种文化思想空前活跃，许多思想家出现于这个时代，构成了中华文明的精神基础。

春秋初期一个重要的现象，就是知识分子"士"阶层的增加和活跃。西周之时，学校都是官府的，《周礼》明确记载"古者学在官府"，那时的史官，既是官府的官吏，又是学校的老师。夏、商、西周三代，政府完全控制着学校，学必须以官吏为老师，各种各样的学问，都要向官府有关主管的官吏学习。但是，并非任何人都可以进学校学习，只有王公贵族的子弟才有资格，一般平民百姓是没有资格掌握文化知识的。周平王东迁后，天子的地位衰微，出现了"礼坏乐崩"的形势，使得一些"王官"便散入各诸侯国，有的则流落民间。"学在官府"局面的打破，使私人办学蓬勃兴起，如孔子所办的私学提倡"有教无类"，教育的对象不分贵贱等级，这样便大大扩大了受教育者的范围，因而有学识的人多了起来。这些人就是所谓的"士"。"士"的成分很复杂，他们分属各个阶级，"士"可以经人推荐而担任官职。很多有经济基础的人弃农入学求士，而私人办学的发达，提供了这一便利条件。

春秋时代"养士"之风盛行，各国诸侯和大夫除了在政治、经济、军事等方面加强自己的实力外，为了逐鹿中原，称霸诸侯，就十分需要借重"士"的力量，因此各国纷纷"求士"，形成了一种"养士"的社会风气。这些"士"多为有一技之长者，"士"中许多优秀人物受到重用，甚至出为卿相。

当时各诸侯国致力于富国强兵，对学人的思想及言论采取宽松的政策，各诸侯国对"士"允许学术自由，这就为学术交流、文化传播和后来的"百家争鸣"创造了优越的政治环境。在这样的社会形势下，一些诸侯国经过长期休养生息发展了起来，而王室的力量却逐步衰微，丧失号召诸侯的能力。西周初年分封出来的诸侯国与周王室的亲缘关系渐疏，强大了的诸侯，不再对周王室唯命是从了，他们有的蚕食王室周边的土地，有的攻伐别的诸侯国，有些诸侯国在政治上和经济上逐渐独立，其国势也逐渐强大。如周桓王十二年（前708年），周桓王率军队去讨伐桀骜不驯的郑国，郑伯不仅敢于领兵抗拒，而且打败了王师，一箭射中了周王的肩膀。

这说明，当时周王的地位甚至不如诸侯，只是还保留着"天下共主"的虚名罢了。西周初期的诸侯国领土很小，不少封国只是一个城。到春秋时期各诸侯互相吞并，强大的诸侯国在兼并中疆域逐渐扩张，并仿照王城建都，成为和周王室分庭抗礼的"独立王国"。

春秋时期，见于史书的诸侯国名有一百二十多个，但比较重要的不过十几个，它们主要是位于今天山东的齐、鲁，河南的卫、宋、郑、陈、蔡，山西的晋，北京及其周围地区的燕，陕西的秦，河南、安徽南部和两湖的楚，江苏中南部的吴以及位于今天浙江一带的越。这些比较大的诸侯国凭借其实力，用战争来扩充领土，迫使弱小国家听从他的号令，形成了诸侯争霸的局面。《国语·郑语》云："幽王八年而桓公为司徒，九年而王室始骚，十一年而毙。及平王之末，而秦、晋、齐、楚代兴，秦景、襄于是乎取周土，晋文侯于是乎定天子，齐庄、僖于是乎小伯，楚蚡冒于是乎始启濮。"大诸侯国的迅速发展，使得周王室地位越来越卑微，失去了控制权。

莒国应该就是在这样的机遇中迅速发展壮大起来的，按照周代分封制，齐、鲁等大国初封时不足百里，莒国不过是五十里的小国，何以能在列国争战中不被兼并，反而能迅速壮大呢？因为没有史料记载这一时期莒国的情况，我们只能根据当时的社会形势来分析，其原因与所处的地理位置有主要的关系，莒国都于计斤，东靠大海，而各诸侯国的征战都在齐鲁西部及王室周边的地区，在各国交兵之时，反而忽视了莒国的存在，使得莒国有休养生息的机会，并且借机攻占了沿海一带周边小国，成为鲁东南地区仅次于齐鲁的大国。《国语·郑语》说："王室将卑，戎、狄必昌。"莒国就是借周王室衰落，西边各诸侯国互相征伐之机壮大起来的。春秋初年，莒国在列国诸侯中已具有举足轻重的地位，从《经》《传》等史料中频频出现"莒国"的字样足以证明这一点。

3. 莒人入向

春秋初年，大小诸侯国见诸《经》《传》的有一百二十余个。据史书记载，春秋的二百四十二年间，有三十六名君主被杀，五十二个诸侯国被灭，大小战事四百八十多起，诸侯的朝聘和盟会四百五十余次，平均一年就有两次战事、两次会盟及婚聘。自公元前721年起，即鲁隐公二年，莒国之事迹始见于《经》《传》之记载。

公元前721年，莒国发兵攻入向国，史称"莒人入向"。《春秋·隐公二年》载："夏五月，莒人入向。"因莒国和向国通婚，莒国国君娶向国女子向姜为妻，此本为两国结好的政治婚姻，但不知何故，向姜在莒国住得不安心，偷偷跑回了向国的娘家，莒子一怒之下，发兵攻向。《左传·隐公二年》云："莒子娶于向，向姜不安莒而归，夏，莒人入向，以姜氏还。"这次莒国伐向非常顺利，同时亦可见莒国兵力之强。

向国遗址

"莒子娶于向"明确了这次婚配是明媒正娶的一次婚姻，娶回来的女子是作为国君夫人的，是两国为了加强关系，而发生的一次婚姻联盟。这种联盟应该是经过双方深思熟虑而约定的，不会因为一点小小的问题而大举刀兵。作为婚配的女子，远嫁他乡，思念家乡回娘家，既是人之常情，也是增进两国婚姻关系的一个必要流程。那么，莒国怎么会因为夫人返回了娘家而兴师讨伐向国呢？这说明两国肯定发生了矛盾，至于什么矛盾，史书没有记载。显然向国的这位女子向姜是不告而还，偷偷跑回娘家的。而且是一去不还，这才惹怒了莒国国君，于是在公元前721年的夏天，出兵伐向。

向国此前是依附于鲁国的小国，其所处位置在鲁国东南部、莒国的南部。对于向国的位置，也存在一些争论，《左传·隐公二年》载："夏五月，莒人入向"。杜注："向，小国也，谯国龙亢县东南有向城。"按杜氏之说，此向国当在今安徽省蒙城东南、怀远西北。但《春秋谷梁传》云："隐公二年夏五月，莒人入向。向，我（鲁国）邑也。"这里明确交代了向为鲁国之地，显然与杜预所说之向非一地。《太平寰宇记》云："向城，春秋时向邑，故城在今（莒）县南七十五里。"《清一统志》云：椑县故城在莒州南，亦曰向城，本春秋时小国。隐公二年"莒人入向"，可见，莒人所入之向，应在莒县南七十五里。《通典》"莒县"下注云"汉向县故城在今县南"，《太平寰宇记》载"莒县南七十里有春秋时向邑故城，今莒州南向城是。"向国当在莒县南，这应该是无误的。① 至于《谷梁传》中载："向，我邑也。"其认为向是鲁国的一个城邑，但向国虽小，却是一个名正言顺有史可考的国家，此前的史书中没有记载鲁国灭向的文字，向国应是依附于鲁的小国，直到莒人入向之后一百多年，鲁国伐莒取向，将向变成

---

① 尹钧科：《春秋莒国三都及疆域略考》，载《莒文化研究文集》2002年版。

了鲁国的一个邑，此书成书晚于《左传》，或是时间上和历史上记载有误，这样推断似乎更合理。

莒人入向后怎么样了呢？《左传》中常见"入"和"入于"两种情况，《说文》解释道："入，内也"。好像这个解释也没有说得很清楚。甲骨文中的"入"字是两根木棍靠在一起的样子。这一点，还可以从"内"字得到证实，金文"内"字是在房屋内部看向入口的截面图，表示观察者此时处于屋子的内部。外框表示屋子的房顶、墙壁，而中间的"入"还是表示入口。在"莒人入向"中，"入"的含义是什么呢？《公羊传》："入者何？得而不居也。"《公羊传》认为，入向是表示莒人占领了向国，但是没有占用，又撤走了。春秋中出现了多次"入于"，入于哪，就在哪驻扎下了，也就是"得而居"了。所以，照此推论，莒人入向只是"以姜氏还"，然后"入而不居"，没有在向国安置兵将，而是撤回了。《春秋》僖公二十六年（前634年）正月，"公会莒子、卫宁速，盟于向。"杜注："向，莒地。"《春秋》宣公四年（前605年）正月，"公及齐侯平莒及郯。莒人不肯，公伐莒，取向。"杜注："莒、郯二国相怨，故公与齐侯共平之。向，莒邑，东海承县东南有向城。"史书明确记载了向为莒邑，可见莒灭向国，只是将其变成莒国的一个城邑，仍以"向人治向"。

"莒人入向"时的莒国由于此前的发展和扩张，其疆域面积已颇具规模，大体上能涵盖鲁东南地区，都城也已由计斤迁到今莒县。另有学者考证，正是此次的入向，促使莒国君臣产生了迁都的想法，"入向"后顺便迁都于莒县，至于哪一种说法可取，下文中再详述。

4. 莒国迁都

众多史料记载，西周初年周天子封兹舆期为莒国国君，四等子爵，初都计斤，春秋初徙都于莒，即今莒县。那么，春秋之前莒国国都又如何变迁的呢？先从古代制度来看一下。周代建立都城，是有礼法制度的，《左传》中记载："邑有宗庙先君之主曰都，无曰邑。邑曰筑，都曰城。"《左传》又云："先王之制，大都不过叁国之一，中五之一，小九之一。今京不度，非制也。"《管子》中又载："凡立国都，非于大山之下，必于广川之上。高毋近旱，而水用足；下毋近水，而沟防省。因天材，就地利。故城郭不必中规矩，道路不必中准绳。"可见古人择地建都，既有原则，又较灵活。其实早在西周时期，我国已实行多都制，如西周有丰、镐二京即是一例。莒国虽处夷地，行夷礼，但长期以来在诸国争战中基本与中原文化融合，这一点从出土的青铜器中可看出。莒国青铜器无论形制还是纹饰都与中原诸国无异，可见受中原文化影响之深。

在前文中论述过，夏商时期就有莒部落或莒方国的存在。1975 年在莒南 2 号墓出土的《莒叔仲子平钟》铭文有"央央雍雍，闻于夏东"，[①] 铭文说明莒国声威影响之远。殷墟出土的商王朝甲骨卜辞中，找出有地名"莒"字，由此证明莒在商代已存在，或许就是商王朝册封的方国之一。1981 年北京市文物工作队从北京铜厂拣选出一组 28 件商代晚期铜器，多数有铭文"举膚（莒）"，经调查，这些青铜器出自山东费县，有学者考证，商代、西周初期莒之都城当在今费县的祊河流域，但因缺乏文字史料的记载，只能根据出土器物和当地仅存的文化遗址作此推断。1981 年秋，在莒之西南防城出土商代青铜器 28 件，其铭文为莒，亦证明"莒"在商代就是方国。但商代莒国所在地仍是谜，单举费县出土的青铜器来界定这件事似乎不够充分，只能待日后有新的考古发现来证明，商时莒方国在费县一说，可存此备考。

---

① 山东省博物馆等：《莒南大店春秋时期莒国殉人墓》，《考古学报》1978 年第 3 期。

　　古籍记载往往说莒国是周初武王时期所立，这是不对的。有周之初，周民族在山东所立诸国确有文献可征者，仅齐鲁而已。莒为周初武王分封之说并无所本，武王伐纣建国时，莒国等东夷国家虽然也出兵相助，但并未臣服于周。武王死后，成王即位，后来武庚叛乱，东夷诸国也随之起来反叛，莒国应该也在此次叛乱之中。其时莒国的都城或在费县，根据后来周公东征，鲁国出兵相助，大败东夷各国来看，莒国所处的位置应是距离鲁国较近的区域，所以首先受敌。西周军队乘胜追击，莒国君臣一路东逃，最终逃到计斤城，被迫降于周。西周采用恩威并施的办法，为更好的安抚东夷诸国，对战败的几个东夷国家进行分封，承认了这些国家的诸侯国地位。《春秋地名考略》云："莒，初封介根，即计也。"应劭曰："周武王封兹舆期于此，即莒之先也，春秋初徙于莒。襄公二十四年，齐侯伐莒取介根。"杜注："介根，莒邑，今城阳黔陬县东北计基城是也。"汉置计斤县，颜师古曰："计斤即介根。今胶州西南五里有介根城。"因《史记》

莒国城墙遗址

中未立"莒世家",其他史料也缺少对莒国这一时间的记载,我们只能根据当时的社会形势和其他的史料来做如上猜测。这应该就是莒国都于"计斤"的缘由。

西周末年到平王迁都后的一段时间,"礼乐征伐自诸侯出",礼崩乐坏的形势下,天子被架空,诸侯国之间征伐不断,在这种环境下,莒国乘机崛起,疆域随之向西向南扩张。自兹舆期始封计斤至春秋鲁隐公元年的莒兹平公,这段历史完全空缺,直到莒兹平公之后,才开始出现莒国国君世系的记载。也正是这一段空缺的时期,莒国发生了很大变化。根据文献记载推测莒国是春秋前期迁入莒县,目前学术界普遍认为,莒是在西周后期的周厉王时,由计斤南迁入莒县的。但却找不到相应的资料和出土器物来证明。可以明确的是,西周末年,莒国为谋取自身的生存和发展,与周边邻国进行频繁的军事斗争,疆界不太固定,各国之间形成犬牙交错的格局,莒国在春秋初年有发展、扩大疆域的实力。但莒毕竟是处于齐鲁之间的小国,只能在东夷地区小国中称雄,没有更大的力量与大国争霸。

春秋时期的莒国之所以能称雄,除侵占附庸于大国的小国外,就是敢于藐视大国。《春秋大事表》中有如此之叙述:"莒虽小国,东夷之雄者也。其为患不减于荆、吴。"莒国在一步步的扩张中从五十里的小国,征服周边东夷小国,变成雄居东夷的大国。当时莒国臣民们是否存有"从计斤向西开疆,还于旧都"的想法,这不得而知了,但春秋初年莒国的版图确实已到费县以东。后来"莒人入向"即是一旁证。清人顾栋高《春秋大事表》云:"自入春秋,未有入人之国者,而莒入向。未有取人之地者,而莒取杞牟娄,放恣无忌。"这段叙述指出了莒国主要的特点。称之为"东夷之雄者",国力强盛方为"雄"。

春秋初期的东夷地区除齐、鲁之外,小国也有十余个,能称"雄"者只有莒国。莒之雄表现在"入向",即鲁隐公二年(前721年)莒伐向。据

《左传·隐公二年》载："莒子娶于向，向姜不安莒而归。夏，莒人入向，以姜氏还。"向是姜姓小国，鲁国的附庸，地处莒国之南，莒占领后成为莒之向邑。按照当时的地理形势分析，莒"入向"之时，国都应该已经迁于今莒县之地了，并且从计斤到莒县一带的小国已被莒国降服或兼并，大多纳入了莒国的疆域版图之内。如果当时莒国国都尚在计斤，并未迁都，而向国在莒南县，两国之间相隔数百里，中间又夹杂许多未被征服的东夷小国，莒国是不可能跨越数百里路程顺利"入向"的。何况当时的向国附属于鲁国，如果莒国不远数百里讨伐向国，向国在提前得知这一情况后，肯定会向鲁国求救，在向国准备充足的情况下，又有鲁国相助，"入向"应该不是一件容易的事。所以，只有莒国此时已迁都莒县，离向国只是几十里的路程，所以可以在向国毫无防范的情况下突出奇兵，一夜之间到达向国城下，顺利攻入向国。再者只有此时莒国迁都莒县了，才有可能和邻国向国通婚，莒国与向中之间只有一日的路程，向姜才能独自"不安莒而归"，如果莒国尚都于计斤，与向国通婚的可能性很小，即使通婚，几百里路，向姜想回娘家，也不是一件容易的事。

目前学术界普遍认为，莒是在西周后期厉王时，由介根南迁入莒县的。根据文献记载推断，迟在春秋初年，莒国已由计斤迁于今莒县，迁莒以后，它的疆域超出原有封疆的数倍，加之莒县所处的自然环境和有利地理位置，使得莒国在其后数十年间发展迅速。并在诸侯国的征伐和盟会中，频频出现，越来越活跃。

5. 莒杞牟娄之战

鲁隐公四年（前719年），莒国出兵攻打杞国，占领了杞国的"牟娄"这个地方。对此事件，《左传·隐公四年》载："鲁隐公四年，莒人伐杞，取牟娄。"唐代孔颖达注："牟娄，杞邑，莒伐取之，自是以后常为莒邑。"①《春秋公羊传》载："隐公四年春，王二月，莒人伐杞，取牟娄。牟娄者何？杞之邑也。外取邑不书，此何以书？疾始取邑也。"《穀梁传》曰："言伐言取，所恶也。诸侯相伐取也于是始，故谨而志之也。"由此可知，此次莒伐杞取牟娄，是史书记事以来伐国取邑之始。此事在当时的影响应该是相当大的，故"三传"中郑重的记录了下来。

据《史记·陈杞世家》所记，杞国是夏禹后裔建立的小国，商代有封，到商末年亡国，西周初年，周武王寻找到古杞国夏禹的后裔东楼公，把他封在陈留雍丘②。东楼公的旧封在淳于③，虽改封于雍丘，并未全部西迁，只是派一近支去封地就国，其另一支仍在旧地，与杞国属于同宗同支，也就是存在着两个杞国，一个是夏商时代的杞国，都于淳于；另一个是周封杞国，都陈留雍丘。王献唐在《山东古代的姜姓统治集团》中也提到商代杞有两支，一支在河南杞县，一支在山东诸城、安丘一带。西周末年，由于受到外敌胁迫东迁至旧都，与莒国为邻。杞国之所以要迁回山东，或许就是因为同宗的旧封杞国在那里，目的是寻找旧宗以安身。《后汉书·东夷传》记载："厉王无道，淮夷入寇，王命虢仲伐之，不克。"《虢仲盨》铭文有："虢仲以（与）王南征淮夷。"这些资料说明，在厉王时代，淮夷曾趁周王朝大乱之际，大规模地入侵，淮夷既敢于向周王朝入侵，那么位于今河南杞县的杞国，自然亦在被侵之列。虢仲伐淮夷不克，杞国难以自保，迫使杞人不得不迁往山东旧都寻找同宗以安身。

在那个列国争疆的年代，杞国东迁淳于，回到旧封之地找同宗以安家这是合乎逻辑的。关于杞国东迁的时间和具体地点一直存在争议。"莒人

---

① 《十三经注疏》本《春秋左传正义》卷三。
② 河南省杞县。
③ 山东诸城一带。

伐杞，取牟娄"，充分说明杞人在隐公四年（前 719 年）以前即在牟娄一带活动，并在此之前杞已从陈留雍丘迁至距牟娄不远的淳于，班固在《汉书·地理志·陈留郡》中说："周武王封禹后东楼公，先春秋时徙鲁东北"，"先春秋时"应该即隐公四年前，或者说杞国东迁时间的下限即鲁隐公四年。此"鲁东北"，不可能是与莒国相距较远的其他地方，当在莒之北境。据此有学者推断淳于在今新泰市，此说源于在新泰市区北部出土"淳于戈、淳于左造、淳于公之御戈"等物。他们认为杞国迁入鲁东北定都今新泰，为求生存发展，也尽力侵占一些比自己弱小国家的土地，如牟、州等，州国之都邑淳于亦可能是在今新泰境内，否则不会在新泰市区北部出土那么多带有"淳于"的器物。在 2002 年，新泰周家庄发现了杞国的贵族墓葬群，从出土墓葬证实新泰曾是杞国所在地。至于哪一段时间杞国都于新泰，没有找到详细的时间划分点。

牟娄城的大体位置，古籍记载也不尽相同。西晋杜预注："牟娄，杞邑。城阳诸县东北有娄乡。"《清一统志》云："牟、娄为两邑，牟城在山东寿光县东北二十里，娄乡城在诸城县西南四十里。"结合当地文化遗址

杞国故城遗址

考证，牟娄城之位置当在诸城西南方向为是。但上文说到考古证实杞国故都在新泰，可是新泰相距诸城甚远，当时初迁而来的杞国不可能有如此大的疆域。而且史料记载当时中间尚有许多小国存在。杞国想从新泰到诸城之间统一国土应该是不可能完成的。对此，有学者认为，平王东迁后，周王室已没有号召诸侯国的权威了，各国间兼并盛行，河南雍丘的周边都是强国。杞国不断遭受侵犯，杞人无奈，只好于春秋初期由杞武公率国人东迁回故土淳于或牟娄。刚到不久，居无定所，都城还未建好，便受到莒国人的攻击，且一败涂地，即前面所说"莒人伐杞，取牟娄。"杞武公只好又率众西迁，暂居于鲁国北界边，努力的结好与鲁国的关系，或许是在鲁国的帮助下灭掉淳于国，改淳于城为杞城，即今新泰。新泰市区北部出土"淳于"物件及杞国贵族墓即是一证。

　　莒国之所以伐杞，应该是有其他目的的，主要原因应该是鲁国的关系。因杞鲁两国关系较好，在此前，莒国就多次侵犯近鲁的国家或直接侵犯鲁国边界，"莒人入向"即是一例。向国与鲁国相接，且向国一直作为鲁国的附属国存在，莒长期以来欲伐向没有借口，正值"姜氏不安莒而回"，莒国借此缘由讨伐向国，纳入自己国家的版图。"入向"后，发现并没有引起鲁国征讨或谴责，于是越发大胆，继而出兵向和鲁国交好的小国杞国发起进攻。杞国初来乍到，城池不固，兵甲不足，莒人如入无人之境，顺利的攻下牟娄，纳入自己国家版图。所以说莒国伐杞应该是对鲁国军事的试探，是为进一步进攻鲁国作铺垫。因为此后莒国与鲁国的一系列的征伐和冲突说明了这一点。

　　"莒人伐杞，取牟娄"后，便长期占有，使其成为莒国一邑，前后有183年的时间。直到后来莒国内乱，国力衰弱，公元前537年，大夫牟夷背叛了莒国，将牟娄、防、兹三个城邑献给了鲁国，这才结束了莒国对牟娄邑的统治。

6. 莒鲁会盟

莒国自迁都莒县以来，便对邻国大肆发动战争，先"入向"，继而"伐杞取牟娄"，疆域进一步扩大，成为仅次于齐鲁的大国。对此，有人评论说，"莒虽小国，东夷之雄者也，其为患不减于荆吴，自入春秋，未有人人之国者，而莒入向；未有取人之地者，莒伐杞取牟娄，放恣无忌。"[①]杞人被迫抛弃牟娄西迁新泰一带后，鲁国东北边界直接暴露在莒国面前。自春秋初年，鲁莒两国不睦。从《左传》中断续的记载可见，莒虽为子爵之国，但自恃有较强的军事，经常对邻国大肆发动战争。无论是向国还是杞国，都是鲁国的近邻，且都是鲁的附属国。"入向""伐杞"等于间接对鲁国发起挑战。面对莒国肆无忌惮的用兵，鲁国君臣自是很愤怒，也很担忧，但鲁隐公致力于各国"外交正常化"，不愿再生事端。自分封以来，鲁国便以周王室同姓正统国自居，心底里蔑视东夷莒国。如隐公二年"戎

纪国故城遗址

① 顾栋高：《春秋大事表》卷三十六《春秋鲁邾莒交兵表》，中华书局1993年版。

请盟，公辞"，或许鲁国也很想与戎、夷等国结盟，却有夷夏观念作祟，假意拒绝。莒鲁有怨，鲁想与莒和好，却碍于身份不便主动示好，莒却气焰嚣涨让鲁国难堪，处在骑虎难下之势。同时，莒鲁两国边界的摩擦并未停止，《左传》所记载："鲁莒争郓久矣"即是一例，两国为了疆域问题，对立很久了，互不相让。

春秋初年莒鲁北边邻国中还有一个纪国，其位置约在今山东省寿光县纪台乡，纪、齐两国有仇，齐国一直伺机吞并纪国，灭纪是齐国扩张的必经之路。纪国选择与鲁国结好，因齐鲁有怨，想借齐鲁两强国的矛盾而自保。纪国是小国，想通过与大国联姻的方式巩固自己的国家地位，于是纪子娶鲁公长女伯姬为夫人，强化了两国的关系。纪国同莒国关系应该也算融洽，至少从史料中找不到两国发生争战的记载。当莒鲁两国因边境之争兵戈不止的时候，纪国作为鲁、莒两国的邻国，且又与鲁国有姻亲关系，想作为中间人调解鲁莒两国关系。《左传·隐公二年》记载："冬，纪子帛、莒子盟于密，鲁故也。"杜预注："莒、鲁有怨。纪侯既婚于鲁，使大夫盟莒以和解之。"为了调解莒、鲁之间的紧张关系，这年的冬天，在纪子的努力下，"纪子帛、莒子盟于密①"。有学者认为这次会盟是鲁国主动请纪国出面的，为的就是调解莒、鲁两国关系。

鲁隐公二年的冬天，即公元前721年，纪子帛与莒子在密地会盟。史料虽没有过多的记载，但此后发生的事说明此次会盟是顺利的，纪子和莒子达成了初步意向，同意了纪国的调停，停止与鲁国的边界摩擦，开始与鲁国谈判。但两国关系真正落实起来则还有很长的路要走，鲁莒两国多年的对立关系使两国相互猜忌，尤其是在选择会盟的地点上，双方都想在自己的国境之内，互不相让。关键时刻又是中间人纪子起了重要作用，经过

---

① 今昌邑东南。

纪子多年的斡旋，鲁国做出让步，同意在两国交界处的浮来①会盟。

《春秋·隐公八年》曰："九月辛卯，公及莒人盟于浮来。"杜预注曰："莒人，微者，不嫌敌公侯，故直称公……"《左传·隐公八年》："公及莒人盟于浮来，以成纪好也。"杜预注曰："二年（前721年），纪、莒盟于密，为鲁故。今公寻之，故曰以成纪好。"由于纪子居中调解，促成了此次莒鲁的盟会。《春秋》中将这次会盟记为与"莒人"盟，杜注曰："莒无大夫"。莒子派了一位大臣前往，《公羊传》载："公曷为与微者盟？称人则从，不疑也。"意思是说：鲁隐公为什么要与地位卑微的人盟会呢？这里称人表示莒国随从隐公而举行盟会的意思，别人不会怀疑。因为莒为东夷国家，鲁为周王室同姓国，为提升鲁国的地位，故意用此笔法。同样，《谷梁传》中也载："可言公及人，不可言公及大夫。"可以说鲁国和某国会盟，不能说鲁隐公和某大夫会盟，那就降低了身份。鲁国一直视自己为周王朝同宗的正统，而莒为土著夷人，所以在鲁国眼中，莒人虽勇猛好战，但他们始终把莒国当作夷人看待。但为了两国边界争端，屈尊与莒会盟。此时距《左传·隐公二年》："纪子帛、莒子盟于密"已过去近六年时间，在纪国多年来的斡旋下，两国终于同意停战和解。隐公八年九月的辛卯日，即公元前715年九月二十五日，鲁隐公和莒国大夫在浮来这个地方盟会。此次会盟莒子没有亲自参加，只派一大夫官职的大臣前去，不知何故，或是因为莒子身体的原因，也可能是莒国有意如此安排，可见当时莒国之狂傲，同时亦可见鲁隐公在此次会盟一事上做出的巨大让步，体现了鲁国的诚意。《左传》曰："以成纪好也"，因为六年前，"冬，纪子帛、莒子盟于密，鲁故也。"当年在纪国的调解下才促成今日的结盟，所以这次鲁国和莒国的盟会，同时也是为了庆祝和

---

① 又名包来，约在沂源县境内闵仲山一带，一说在今莒县浮来山。

纪国交好。

莒鲁会盟

"浮来"，按《春秋公羊传》作"包来"，杜预注曰："浮来，纪邑。东莞县北有邳乡，邳乡西有公来山，号曰邳来间。"据《水经注》载："其地有浮来山、浮来水，浮来水入沂。"一说莒县西浮丘山，一说在今蒙阴西北。按照春秋时期会盟的特点，鲁隐公跑到莒城边的浮来山会盟似乎不太可能，从谭其骧主编的《中国历史地图集》来看，浮来当处于莒鲁两国边界的沂水西北为是，且正处于纪国边界，符合纪子从中调停的原则。"浮来"在《春秋公羊传》和《春秋谷梁传》中都记载作"盟于包来"，在上古读音中，"浮、伏、包、庖"是相通的，经常存在混用的情况，如伏羲又名庖牺、包牺氏一样，《周易·系辞下》中称伏羲为"包牺"，"浮"和"包"的相近，因此可以相通。

莒鲁两国的此次会盟，在短时间内对两国边界的稳定起到一定的作用，但春秋的社会大变革决定了历史的走向，很快，莒鲁再次陷入战争的风云之中。且终其春秋一代，莒鲁时战时和，战多于和，摩擦一直没有停止。

7. 小白奔莒与齐桓公称霸

　　齐国在齐襄公时国力渐强，曾攻伐卫、鲁、郑等国。但齐襄公荒淫无道，杀戮无辜，甚至与其妹即鲁桓公夫人文姜通奸，被鲁桓公发现后，怕此事传出，又趁鲁桓公醉酒之时命令下臣彭生杀害鲁桓公，而后齐襄公把祸端移加在彭生身上，杀了彭生。周庄王十一年，公元前686年，齐国发生内乱，齐襄公之弟姜无知杀死齐襄公，自己即位为君。《春秋·庄公八年》载："冬十有一月癸未，齐无知弑其君诸儿。"《史记》载："襄公之醉杀鲁桓公，通其夫人，杀诛数不当，淫于妇人，数欺大臣，群弟恐祸及，故次弟纠奔鲁。其母鲁女也。管仲、召忽傅之。次弟小白奔莒，鲍叔傅之。"齐襄公荒淫无道，与妹妹乱伦，杀害妹夫鲁桓公，欺侮大臣，这些都是引来杀身之祸的原因。齐襄公被杀后，其弟公子纠和公子小白预感到

齐长城穆陵关遗址

将要危及自身，为求自保，只好选择出国避难。公子纠的母亲是鲁君的女儿，因此管仲和召忽就保护公子纠逃到鲁国去躲避。公子小白则由鲍叔牙辅佐逃往谭国，但谭国惧怕姜无知，不敢收留小白，无奈之下，鲍叔牙和公子小白只好掉头折向东南，逃奔莒国。

其时的莒国因在春秋初年不断壮大，已成为仅次于齐鲁的大国。对于齐公子小白的到来，莒国虽然没有轰轰烈烈的迎接，但也没有像谭国那样将其拒之门外，而是国门大开的接纳了小白和鲍叔牙。小白在莒国生活的如何，史书没有记载，但从他后来的言行看，虽然在莒躲过一劫，但生活得并不是很如意，甚至是在苦难中度过的。

公孙无知在位仅一年有余，齐国贵族又杀死公孙无知，齐国一时无君，逃亡在外的公子纠和小白，见时机成熟，都想抢先一步回国夺取国君的位子。齐国在公孙无知死后，商议拥立新君的各派势力中，正卿高溪势力最大，他和公子小白自幼相好。于是高溪就同另一位大夫国氏，暗中派人去莒国请公子小白回国继位。公子小白和鲍叔牙仔细分析了国内形势，然后向莒国借了兵车，在莒国军队的护送下日夜兼程回国。

鲁庄公得知公孙无知被杀后，也万分焦急，准备派兵车护送公子纠回齐，想拥立公子纠继位，后来发现公子小白已经先行出发回国，而莒国离齐国较近，于是决定管仲先行，率 30 乘兵车到莒国通往齐国的必经之路上截击公子小白。按照历史地理分析，当时莒国通往齐国最近的路只有穆陵关一条，管仲设伏要在公子小白的必经之路上，只有选择穆陵关下手。穆陵关是沂山东麓古齐长城的隘口①，属齐鲁莒几国的战略要点。管仲日夜兼程，先小白一步埋伏在关前，待小白出现时，管仲趁其不备一箭向小白射去，可惜只射中小白的衣带钩。小白假装倒地而死，管仲误以为小白已死，派人回鲁

---

① 穆陵关，位于潍坊市临朐县大关镇与临沂市沂水县马站镇交界处。

国报捷，公子纠以为没有人跟他争奔君位，于是就放慢了回国的脚步。

当时小白被管仲射中带钩，装死骗过管仲后，立即日夜兼程赶回齐国，在齐国贵族国、高两氏支持下即位为君，是为齐桓公，然后齐桓公发兵讨伐鲁国，在干时①大败鲁军。鲍叔牙给鲁国写了一封信，信中大意说："公子纠是齐君的兄弟，齐君不忍亲手杀他，请鲁国杀了他。公子纠的老师召忽、管仲是齐桓公的仇人，请鲁国把他们送来由齐国亲自杀死，如不从命，将要出兵讨伐鲁国。"鲁人恐惧，只好杀公子纠，召忽也自杀身亡，管仲被囚禁后送到齐国。齐桓公要杀管仲，鲍叔牙劝说齐桓公要受惜人才，因为管仲可当大用。《史记·齐太公世家》载鲍叔牙的话说："臣幸得从君，君竟以立。君之尊，臣无以增君。君将治齐，即高傒与叔牙足也。君且欲霸王，非管夷吾不可。夷吾所居国国重，不可失也。"桓公听从他的建议，《左传·僖公二十四年》载："齐桓公置射钩而使管仲相"，齐桓公抛开当初管仲对他的一箭只仇，试探性的和管仲谈论霸王之术，大喜过望，以其为相，委以政事。此事数年间，齐桓公任用管仲进行改革，一时间齐国大治。

齐桓公五年（前681年），齐国与宋、陈、蔡、郑等国在齐的北杏②会盟，霸业初见。此次会盟，遂国也被邀请，但没有参加，于是齐国出兵把遂国灭了，一时之间，齐国声威大振，鲁国也只好屈服。齐桓公七年（前679年），齐桓公以自己名义召集宋、陈、卫、郑在鄄地会盟，此次会盟，标志着齐桓公将正式登上霸主之位，成为公认的春秋第一位霸主。

对于出奔莒国避难的日子，当年姜小白是否受到莒国的优待，史料缺少记载，但《吕氏春秋·直谏》记载这样一件事：齐桓公、管仲、鲍叔、宁戚相与饮。酒酣，桓公谓鲍叔曰："何不起为寿?"鲍叔奉杯而进曰：

---

① 今山东省桓台县。

② 今山东聊城东。

"使公毋忘出奔在于莒也，使管仲毋忘束缚而在于鲁也，使甯戚毋忘其饭牛而居于车下。"桓公避席再拜曰："寡人与大夫能皆毋忘夫子之言，则齐国之社稷幸于不殆矣！"意思很明显，齐桓公大摆宴席，与管仲、鲍叔牙、宁戚等人齐聚一堂，开怀畅饮。宴饮正欢间，众人纷纷起来祝酒，庆贺齐国昌盛、繁荣。可是在这个时候，有一个人却无比清醒，他就是鲍叔牙，鲍叔牙看到齐桓公和众臣都有些得意忘形，神情严肃而认真地说，"使公毋忘出奔在于莒也，使管仲毋忘束缚而在于鲁也，使宁戚毋忘其饭牛而居于车下"。提醒齐桓公不要忘记出奔在莒国的艰苦岁月和落魄的日子。由此可以看出，当年的齐桓公小白避难莒国时，莒国虽然没有像谭国那样将其拒之门外，但也没有以齐国公子之礼来优待他，其情其景，应该是很狼狈的。但他在莒国的这一次磨难却成就了他日后的霸主之业，他"毋忘在莒"，奋发图强，终成为春秋第一霸主。

8. 谭子奔莒

齐桓公即位后，在管仲的辅佐下，富国强兵，开疆扩土，成为春秋历史上的首位霸主。在发展过程中由于受制于国内资源的贫乏，齐国不断地对外进行军事扩张，其周围的一些小国相继被兼并。公元前 684 年，齐国借口谭国失礼，派十万大军，讨伐谭国。

谭国是诸侯小国之一，本来与齐国没有摩擦，起因是因为当年齐国公孙无知杀齐襄公时，公子小白出奔在外想避难谭国，谭国怕遭到齐国公孙无知的征讨，没有敢收留小白。《左传·庄公十年》载："齐侯之出也，过谭，谭不礼焉。"无奈之下，小白奔莒，避难于莒国，后来小白回国即位，周边各国都去朝贺，谭国又没去。齐桓公记恨在心，寻机报复，于是，齐桓公继位的第二年，即公元前 684 年，便借口谭国失礼，派十万大军，把谭国灭掉了。谭本小国，哪堪齐国威武之师的攻打，瞬间被攻破，史称"齐师灭谭"。谭国存在 700 多年，至此结束。谭子逃奔于莒国。

《左传·庄公十年》（公元前 684 年）载："诸侯皆贺，谭又不至。冬，齐师灭谭，谭无礼也。""谭无礼"，应当是齐灭谭的借口，这里有齐国军事位置上的需要，因为谭国是齐国向西扩展的障碍，也是必经之路。所以齐国迟早会有灭谭的那一天，只是太过于迅速。谭国灭亡后，那么多诸侯国，谭子何以选择奔莒，莒又离谭国较远。《左传》只说："谭子奔莒，同盟故也。"因谭国与莒国为同盟国，所以谭子在灭国后逃奔莒国，求得莒国的庇护，莒齐关系虽不是十分要好，但至少没有发生冲突，齐桓公又曾在莒避难，谭与莒互为盟国，而莒国是齐桓公当年的避难国或"恩人国"，或许谭子想到自己逃奔莒国后，在莒国的帮助下，齐桓公会念及莒国恩情，对自己不加追究，于是选择奔莒。当然这只是猜测，因缺少资料，对于当年那段历史难以全面的还原。据《谭氏家谱序》记载：齐灭谭国后，谭国国君谭子携几名手下逃出，最后只剩下他一人，他逃亡到莒国避难，得以生存下去。而留在故国的子孙就以国为姓氏，是为山东谭氏。

谭国故址所在地

谭子奔莒一事从考古文物中亦得到证实，1930年济南城子崖遗址东北约二公里处的东平陵城，出土过一枚残刀币，上有"谭邦"二字铭文。而1956年在山东莒南县铁钩出土的刀币中，上有"谭邦法化"铭文，与东平陵城出土的基本相同。莒南与济南相隔数百里，而出土同样铭文的刀币，这应该是证明谭子奔莒在莒地生活过的实证。

9. 庆父奔莒与"郦之役"

自鲁隐公八年（前715年）莒鲁两国会盟，到公元前660年的这段时间，莒鲁两国一直保持着平和的关系，虽然不是十分友好的盟国，但两国之间也往来不断，没有大的摩擦和冲突。公元前659年，莒鲁两国终于在郦地[①]发生了一次大规模的战争，持续了五十多年的友好盟约被打破。事情的起因要追溯到一年前的鲁公子"庆父奔莒"事件。

公元前662年，鲁庄公去世后，鲁国因国君人选问题发生了内讧，后来公子般登上了国君的位子。但好景不长，鲁庄公的长弟庆父勾结私通鲁庄公的夫人哀姜，杀死了鲁君子般，赶走了弟弟季友，立哀姜的妹妹与鲁庄公的儿子公子启方继位，这就是鲁闵公。两年后，庆父又与哀姜谋杀了鲁闵公，想自立为君。季友知道后，与闵公的弟弟公子申煽动国人暴动，组织起来要杀庆父，《左传·闵公元年》说："不去庆父，鲁难未已"，可见庆父之祸对鲁国伤害影响之大。面对着兄弟的排斥和国人的反对，庆父恐惧了，为保得性命，无奈之下出逃到了莒国，《左传·闵公二年》载："九月，公子庆父出奔莒"，这一事件在鲁国史上，称"庆父之难"。对于逃奔而来的庆父，莒国开始应该是欢迎的，虽然莒鲁曾盟于浮来，但为了

---

① 杜注：郦，鲁地。

各自的国家的利益，鲁国的内乱是莒国希望看到的。鲁国为了彻底铲除庆父，千方百计想从莒国得到庆父而杀之，以绝后患。于是鲁国向莒行贿，想通过大量的钱财换回庆父，《左传》载鲁人："以赂求共仲于莒"，于是"莒人归之"，在钱财的收买下，莒国归还了庆父。连杀两位国君的庆父知道回国后必死，到了密地①，自缢而死。

鲁国赂莒而获庆父，结局应该是莒国得到了钱，鲁国得到了人，两全其美。但鲁国没有履行诺言，承诺的贿赂没有全部给莒国，莒只好派人向鲁国求赂。也有资料解释是莒人太贪得无厌。《左传·僖公元年》载："冬，莒人来求赂。"莒国不可能无缘无故的去鲁国要钱，应该是当初鲁国承诺过莒国，归还庆父后给莒国一定的钱财，后来鲁国没有实现承诺，所以莒国这才讨债上门。虽然史书没有记载"莒国求赂"内幕，但从莒鲁会盟后两国和平相处的六十年的时间来看，莒国能恪守盟约，并非不义之国。所以在这件事上，肯定是鲁国承诺的事没有兑现，这才出现莒人讨债上门的事。

《东周列国志》中说鲁国因莒国没有亲自押送庆父送到鲁国，所以不同意给莒国钱财，此一说存此备考。由于莒人求赂，鲁国决定教训一下莒国，于是僖公元年（前659年）冬，鲁公子友率军征讨莒国，莒国得知消息后，由莒子之弟挐领兵迎战，双方军队会于郦。杜注："郦，鲁地；挐，莒子之弟。"对于鲁国发兵的事，莒国应该是早有准备，或许莒国军队早已驻扎在鲁国边境上，求赂不成，便出兵讨鲁，否则不可能这么快发兵。《左传·僖公元年》载："公子友败诸郦，获莒子之弟挐。"《春秋谷梁传》载："冬十月壬午，公子友帅师，败莒师于丽，获莒挐。"这里的"丽"和《左传》中的"郦"是同一个地方，两字相通。"败莒师于丽"说明是在鲁

---

① 杜注：密，鲁地，瑯邪费县北有密如亭。

国的丽地打败莒国军队的。莒国大军进入鲁国地盘，不可能一马平川顺利到达郦地，在入鲁国境内之前，应该进行过很多小的战役，或许鲁人开始无法阻挡莒国大军，使莒师长驱直入。之后直到鲁国公子友率师前来迎战，这才大败莒师"获莒挐"，生擒了莒国军队的首领莒子之弟挐。史称此战为"郦之役"。

莒挐被擒后如何，《经》《传》无载。《东周列国志》中对这场战役描写是这样的，两军阵前，季友对莒挐说曰："我二人不相悦，士卒何罪。闻公子多力善搏，友请各释器械，与公子徒手赌一雌雄，何如？"嬴拿（莒挐）曰："甚善。"于是两人对打，不分胜负，季友身上有宝刀名曰"孟劳"，季友之子行父，时年八岁，在旁观斗，见父亲不能取胜，连呼："孟劳何在？"季友忽然醒悟，故意卖个破绽，让嬴拿赶入一步，季友略一转身，于腰间拔出"孟劳"，回手一挥，嬴拿被连眉带额削去天灵盖半边，刃无血痕，真宝刀也！莒军见主将劈倒，不待交锋各自逃命，季友全胜，唱凯还朝。这里的嬴拿即是莒子之弟挐。《东周列国志》中对这场战役的演义非常精彩，因为毕竟是演义小说，史料性不高，我们可以当作资料参考。莒挐被擒后应该是被杀，因为此后莒鲁交恶，大多是这场战事留下的祸根。此战鲁国虽擒获了莒子的弟弟，但迫于当时复杂的社会形势，鲁国并不想将事情闹大，莒国也感到对抗鲁国力不从心，于是莒、鲁关系暂时又趋向缓和。

10. 柱厉叔死报莒敖公

"郦之役"使莒鲁的和平友好关系导致破裂，几十年的同盟被打破，但鲁国忙于应付与周边其他国家的外交关系，与莒国没有连续发生大的冲突。此时的莒国国君莒敖公①却昏庸无能，不借机发展国力，开疆扩土，反而每日游乐，致使朝政荒废。

《吕氏春秋》载，莒敖公时期，当时的史官名叫柱厉叔，此人有见识，能直谏，但却不被莒敖公所看重。柱厉叔是个有骨气的人，他不会去刻意讨好莒敖公，而是一怒之下，弃官而去。他来到东海的一个岛上居住，夏天吃菱角和芡实，冬季就吃橡子和栗子，过着极为艰苦的原始生活。后来，莒敖公因昏庸淫荡，穷奢极欲，国内治理的一塌糊涂，民怨沸腾，最终爆发了内乱，国人造反，驱逐了莒敖公，流浪在外的莒敖公客死他乡。柱厉叔闻知此事之后，就要辞别岛上友人，回莒国为莒敖公殉难。他的朋友说："你是因为国君不欣赏你，不能重用你，然后才离开莒国，现在又要回去，值得吗？"柱厉叔说："不对，我就是要用死来让后世人主因为不能知人善用而感到无地自容，以此为警戒。"柱厉叔毅然辞别岛上友人，回归莒国。他站在国都外吊桥边，见城郭依旧，但敖公已亡，他仰天长叹一声，走上桥头纵身跳到护城河中自尽了。《吕氏春秋·恃君览·第八》载："柱厉叔事莒敖公，自以为不知，而去居於海上。夏日则食菱芡，冬日则食橡栗，莒敖公有难，柱厉叔辞其友而往死之。其友曰：'子自以为不知故去，今又往死之，是知与不知无异别也。'柱厉叔曰：'不然。自以为不知故去，今死而弗往死，是果知我也。吾将死之，以丑后世人主之不知其臣者也，所以敫君人者之行，而厉人主之节也。行激节厉，忠臣幸於得察。忠臣察则君道固矣。'后世之人把柱厉叔投河的桥叫作"国士桥"，称柱厉叔为"千古一士"。

《莒县文史资料》记载，莒城西北护城河上原有石砌五孔桥，桥西侧有古碑两方：一为卧碑，传系唐代所立，碑文模糊不清，仅"国士桥"三

___
① 《吕氏春秋》记载莒敖公的故事，但时间不详，传说在莒兹平公之前，现录于此备考。

字可辩；一为立碑，上面刻有"国士桥"三字，款题：宣德十年（1435年）重修。二碑稍南不远处还有一碑，碑身完好，正面隶书"国士桥"，系清康熙元年（1661年）所立。清初著名诗人王渔洋有这样一首五言绝句咏叹此事："国士桥边水，千年恨未穷。如闻柱厉叔，死报莒敖公。"

国士桥旧址

　　按传说，莒敖公死后，接替莒国君主之位的是莒兹丕公，又称莒平公，其当政时，内修政理，外交邻国，使莒国得以复兴，并开始走向盛世。但从当时的社会环境和莒国都城的地理位置来看，柱厉叔所处时代当为西周时期更为合理，因《吕氏春秋·恃君览·第八》载："柱厉叔事莒敖公，自以为不知，而去居于海上。"从这段话来看，当时的莒国应该还都于计斤，即还没有迁都莒县，只有都于计斤，离海边距离比较近，所以柱厉叔才能居于海上，并且还能随时了解莒城的情况，当听到莒敖公遇难的消息后，可以即刻返回莒城为莒敖公殉难。假若此时莒国已迁都莒县，莒县离海较远，以当时的交通和通信条件，柱厉叔不可能第一时间知道莒敖公遇难之事，更不可能随便就能往来海上和莒城之间。所以，依此推之，莒敖公所处时代当是莒国迁都之前，即当时还都于计斤。至于莒县城内的"国士桥"和石碑，当是后人纪念凭吊所立，且《经》《传》中没有此事的具体记载，难免以讹传讹，将错就错，具体历史的还原，还待以后有新的史料或考古发现来证明。

11. 莒兹丕公时期的莒国发展

"郱之役"以莒国的失败而告终，莒子之弟拏被杀，莒国千方百计寻机报复，莒鲁两国关系进一步僵化。莒敖公死后，其子即位①，是为莒兹丕公，也称莒平公。莒兹丕公延续上一代的对鲁政策，与鲁国关系持续僵化，并且不时地侵犯一下鲁国边境，试图找时机讨伐鲁国。

齐桓公称霸时打出"尊王攘夷"的旗号，对莒国等东夷国家十分排斥，动辄征伐。齐桓公死后，齐国霸主的余威尚在，"尊王攘夷"的政策没有改变。后来晋国的重耳继任晋国国君，是为晋文公，晋国在晋文公的治理下迅猛崛起，势头直压齐国，称霸的时机越来越成熟。当时的社会形势让鲁、卫等小国很恐惧，他们觉得应该团结起来，结成同盟，以防被晋国兼并。于是卫文公准备出面调停莒鲁两国关系，订立盟约，共同抗晋。莒鲁两国接受了调解，但卫文公的愿望没有实现就去世了。卫文公的继任国君是其子卫成公，卫成公继续其父的遗愿，出面调停莒鲁两国关系。《左传·僖公十七年》载："卫人平莒于我，十二月，盟于洮，修卫文公之好，且及莒平也。"卫成公顺利的促成了莒国和鲁国的会盟。

春秋莒叔之
仲子平钟铭文

关于莒、卫两国的交往，此前的史料中很少提及，此次会盟之事是见于《春秋》《左传》中莒、卫两国交往的最早记载。公元前635年冬，卫、

----

① 此处依野史传说录入，不确。莒敖公的具体年代待考。

莒、鲁三国在洮地会盟①。这次会盟是比较顺利的，由于卫国的从中调停，三个国家从当前社会形势和共同利害出发，结成了同盟，莒鲁的紧张关系终于得以和解。为进一步巩固同盟关系，次年，即公元前634年，莒兹丕公、鲁僖公、卫大夫速在莒国的向地结盟。《左传》说："寻洮之盟也"，这次会盟是三方重温洮地盟会的约定。会盟的地点没有设在卫国，也没有设在鲁国，而是选择在莒国的向邑，这说明鲁、卫两国已把莒国看成友好的盟友了。因为有了对莒国信任，所以才不远数百里路程，跑到莒国的境内会盟。

莒、鲁、卫三国的向地之盟非常成功，但却让齐国很不满意。虽然齐桓公已过世多年，但齐国仍以霸主自居，这次莒、鲁、卫三国会盟没有征得齐国的同意，使得齐国怀疑三国有异心，齐国准备敲山震虎，杀鸡儆猴，展示一下霸主的权威。于是这年夏天，齐孝公出兵伐鲁，鲁国向卫国紧急求救，卫国也践行了会盟的承诺，发兵攻打齐国，"攻齐救鲁"，齐国只好退兵保卫国都，鲁国之围自解。

齐国自齐桓公死后，诸侯多不服从号召，霸主地位已名存实亡。齐桓公后宋襄公欲称霸诸侯，奈何能力有限，没成气候。晋国的晋文公拔擢贤能，强大晋国，联秦合齐，保宋制郑，勤王败楚，很快成为继齐桓公后的又一位春秋霸主。在晋文公称霸之前，大国图霸，小国图存，弱国图强。由于莒、鲁、卫向地之盟的成功，使莒鲁关系走向和平友好，两国边境无事，互通婚姻，莒国在莒兹丕公的统治下，国势进一步得到发展和壮大。公元前632年"五月癸丑，鲁僖公会晋文公、齐昭公、宋成公、蔡庄侯、郑文公、卫子（叔武）、莒兹丕公，盟于践土。陈侯如会。"从《春秋》的记载来看，莒国从兹丕公开始，大国会盟中开始出现莒子身影。

---

① 洮，在今河南省濮阳市。

12. 徐国伐莒与公孙敖如莒

公元前 620 年，徐国出兵征讨莒国，《春秋》载："文公七年，冬，徐伐莒，公孙敖如莒涖盟。"经传中只说徐伐莒，没有说徐国因何而伐莒。

徐国是春秋时比肩与莒国的中等强国，在西周时为东夷集团中最大的国家，《韩非子》说其地域五百里。《诗经·大雅·常武》篇说："率彼淮浦，省此徐土"。其国都早先在山东郯城，后迁至下邳①，进入春秋时期，列国争战，徐国反而没落了，国土面积也较西周时期小了许多，但国力却不可小觑。徐国的这次征伐引起莒国朝野的震动，莒国决定向鲁国求援。此时莒鲁关系在莒兹丕公的友好经营下，已走向正常化，接到莒国的求救消息之后，鲁国也毫不含糊，立即派鲁国大夫公孙敖出使莒国，研究抗徐之事。

自从在卫国的调解下，莒鲁关系和好后，两国曾互通婚姻。数年前，公孙敖②从莒国娶了一对姐妹，姐姐名戴己，妹妹名声己；戴己生子文伯，她的妹妹声己生子惠叔。戴己死后，穆伯又想娶莒女为妻，就去莒国提亲，莒国人以"应当扶声己为正妻"的理由拒绝了他。公孙敖面露尴尬之色，只好编谎言解释说，他不是给自己提亲，是给堂弟东门遂③提亲。莒国君臣信以为真，很爽快地答应了这门亲事。事情弄假成真，公孙敖只得把提亲之事汇报给了鲁文公。此次徐国伐莒，鲁文公派公孙敖"如莒涖盟"，一是商讨援莒抗徐之事，二是顺道替东门遂把莒女迎回鲁国。徐国得知鲁国发兵增援莒国，感觉不是莒鲁联盟的对手，只得撤兵作罢。

---

① 今苏鲁交界，东接新沂市，西连徐州，北邻山东省兰陵县。
② 穆伯，庆父之子。
③ 襄仲，鲁庄公之子。

公孙敖来到鄪陵①替兄弟迎娶莒女，当登上城墙见到那位女子时，被她的美貌所吸引，一狠心便把她娶回做了自己的妻子。东门遂得知此事后大怒，请求攻打公孙敖，鲁文公也支持东门遂，大夫叔仲惠伯进谏说："现在大臣想作乱，国君您不制止，恐怕会引起外敌的入侵，那样的话该怎么办呢？"鲁文公觉得朝中大臣不可自乱，接受了惠伯的建议，他从中调解，让公孙敖放弃那位莒国的女子，公孙敖只好把己氏退还给莒国，与东门遂和解。

第二年，即公元前619年，周襄王病逝，公孙敖奉命出使周朝奔周襄王之丧，可他对莒国那位己氏女子还是念念不忘，突然改变了主意，不去吊丧，而是直接卷着吊丧用的财物跑到莒国和莒女己氏团聚，并且在莒国安家住了下来。不知出于什么原因考虑，鲁文公没有深究此事，反而让公孙敖的长子孟孙谷做了孟孙氏的宗主。后来公孙敖又想回鲁国，被鲁国拒之。于是他派人告诉儿子孟孙谷，让儿子出面说情，孟孙谷只好去请求东门遂。东门遂说，公孙敖要想回国可以，必须答应三个条件："不入朝，不参与国政，不携带己氏。"公孙敖全答应了，后来在回国三年内，果然闭门不出，三年之后，公孙敖一时心血来潮，变卖所有家产再次回到莒国。

孟孙谷想念父亲，第二年病死了，临终时孟孙谷请求鲁公说："我的儿子年纪还小，请立我的弟弟难吧。"鲁公同意了孟孙谷的请求。孟孙谷死后不久，公孙敖又想再次回到鲁国，让小儿子以重礼替他求情，得到了鲁国君臣的批准。但公孙敖途经齐国时就病逝了，莒国向鲁国报告了丧事，并请求送回鲁国安葬，没有得到鲁国的批准。有人出主意："鲁国是公孙敖的亲族之国，只要把他的棺材放在齐、鲁交界的堂阜，鲁国一定会

---

① 春秋莒邑，又名安陵，在今山东省沂水县境。

派人来取走。"莒国接受了这个建议并且照着做了。最后，鲁国只得批准了请求，把公孙敖的棺材运回鲁国安葬。

公元前613年，公孙敖和莒女在莒国生的两个儿子来到鲁国，他们的侄子即孟孙谷的儿子孟献子非常喜欢他们，老姪少叔天天在一起玩耍，鲁国都城的人都知道这件事，就有人向孟献子进谗言："这两人想继承祖业，终有一天会杀了你。"公孙敖的两个儿子知道此事后，说："孟献子以喜欢我俩的名声传遍都城，我们却要以杀了他的名声传遍鲁国，这也太有悖于礼了吧？有悖于礼，还不如去死了。"于是两个人又回到莒国，最后死于莒。

春秋时期莒国夔龙纹罍

回过头去看公孙敖抢妻事件，其实是破坏了莒、鲁两国的联盟。公元前619年8月，周襄王逝世。鲁文公派公孙敖前去成周吊丧，可是他却带着吊丧的钱财跑到莒国找莒女。第二年正月，周朝大夫亲自上门来讨要丧仪，鲁国这才重新派人送去助丧的礼钱，并参加襄王的葬礼。《左传·隐公元年》说天子驾崩后七个月下葬，诸侯的助葬礼钱必须在葬礼前送达。这样算来，周襄王将在二月份下葬，可是眼看都到正月了，还没有收到同姓国鲁国的助葬礼钱，所以，周大夫只能亲自上门催讨，可怜的鲁文公还蒙在鼓里。幸好，周王室还认鲁国这个兄弟，没有公开批评。如果周天子布告天下诸侯，发兵讨伐莒、鲁，这不仅让莒国和鲁国的联盟泡汤，更让鲁国处于不忠不义的舆论中。

鲁国之所以没有追讨公孙敖的责任，可能是因为周天子把这事给压了下来，原因首先是当时的社会形势，再就是鲁国毕竟是周王室的同姓兄弟国。当时，南面的楚国正在不停地向东北挺进，进一步控制江淮地区，战车已兵临宋国的城下，离鲁国也不过是百公里之遥，许多诸侯国皆沦为楚国的附庸；而北面的齐国更是步步紧逼，地理上与鲁国犬牙相错。更严重的是，当时齐、鲁两国关系剑拔弩张。在这样的情况下，鲁国和莒国都意识到应当停止干戈，互助互存。鲁国作为周礼执行最好的国度，碍于名声当然希望这件荒唐事尽量不要传出，并且在这当时的社会形势下，对于公孙敖所犯的这点事，鲁国认为只要不引起莒鲁两国争端，还是息事为好，于双方都有利。

第六章　春秋中期的莒国

1. 太子仆弑莒纪公

莒国自兹丕公继位后，在他的内外兼顾、和平稳健的施政经营下，既稳定了国内生产，又友好了周边国家，特别是与鲁国的边境之争得以和解，稳定的社会环境使得国力发展迅速。从史料记载看，从公元前635年到公元前615年左右的这段时间内，莒国无战事。此时正值晋文公称霸时期，虽然晋文公也效仿齐桓公的"尊王攘夷"，但对于夷狄国家首先是以安抚为主，只要顺服晋国，皆视其为同等国家，这对于莒国日后跻身大国之列起到很大的作用。

莒兹丕公去世后，其子庶其继位，是为莒纪公。莒纪公继位后，虽然也延续其父兹丕公的策略，但明显治国能力不足，昏庸有余。在大臣的协调下，对外关系尚能保持兹丕公时友好盟约不变，但在国内莒纪公不听劝谏，为所欲为，对此《左传》记载说："多行无礼于国"，什么是多行无礼呢？应该是莒纪公在国内干了一些违背人伦礼制的事。西周时期最是讲究礼乐教化，春秋时期虽是礼崩乐坏，但基本上的人伦礼节还是要保持的。莒国虽为东夷国家，但多年来与中原国家融和，文化习俗已互相渗透，否则《左传》也不可能如此记载，在礼制和人伦方面显然已不把莒国当成"夷民"看待了。莒纪公"多行无礼于国"，应该是不止一次，这引起了国人的不满，甚至连身边的大臣和自己的儿子都看不下去了。

　　莒纪公有两个儿子，长子仆，次子季佗，最开始是立长子仆为太子的，他后来发现自己越来越喜爱小儿子季佗，于是产生了废黜太子仆的念头。公元前609年，莒纪公正式下令废黜太子仆，准备立季佗为太子。莒纪公的举动引起太子仆的怨恨不满，于是太子仆就鼓动国人造反。加之此前莒纪公在国内干了许多不合礼仪的事情，国人早已怨声载道，太子仆振臂一呼，国人响应一片，于是太子仆借国人的力量杀死了父亲莒纪公。由于朝中季佗的力量还在，太子仆只好拿了国内的财宝连夜逃亡到了鲁国。为得到鲁国的支持，他将钱财送给鲁宣公。《左传·文公十八年》载："莒纪公生大子仆，又生季佗，爱季佗而黜仆，且多行无礼于国。仆因国人以弑纪公，以其宝玉来奔，纳诸宣公。"太子仆用钱贿赂鲁宣公，鲁宣公见钱心动，准备给太子仆一座城邑居住，鲁宣公的做法引起大臣的反对，特别是正卿季文子，他坚决反对给莒太子仆城邑，反而建议应该让司寇把太子仆赶出鲁国。

　　按《左传·文公十八年》原文所载，季文子使大史克对曰："先大夫臧文仲教行父事君之礼，行父奉以周旋，弗敢失队。曰：'见有礼于其君者，事之如孝子之养父母也。见无礼于其君者，诛之如鹰鹯之逐鸟雀也。'先君周公制《周礼》曰：'则以观德，德以处事，事以度功，功以食民。'作《誓命》曰：'毁则为贼，掩贼为藏，窃贿为盗，盗器为奸。主藏之名，赖奸之用，为大凶德，有常无赦，在《九刑》不忘。'行父还观莒仆，莫可则也。孝敬忠信为吉德，盗贼藏奸为凶德。夫莒仆，则其孝敬，则弑君父矣；则其忠信，则窃宝玉矣。其人，则盗贼也；其器，则奸兆也，保而利之，则主藏也。以训则昏，民无则焉。不度于善，而皆在于凶德，是以去之。"意思是季文子让太史克回答说：先大夫臧文仲教导行父事、奉国君的礼仪，行父根据它而应酬对答，不敢丢失。先大夫说："见到对他的国君有礼的，侍奉他，如同孝子奉养父母一样；见到对他的国君无礼的，诛戮他，如同鹰鹯追逐鸟雀一样。"先君周公制作《周礼》说："礼仪用来观察德行，德行用来处置事情，事情用来衡量功劳，功劳用来取食于民。"又制作《誓命》说："毁弃礼仪就是贼，窝藏贼人就是赃，偷窃财物就是盗，偷盗宝器就是奸。有窝赃的名声，利用奸人的宝器，这是很大的凶德，国家对此有规定的刑罚，不能赦免，记载在《九刑》之中，不能忘记。"仔细观察莒仆，没有可以效法的。孝敬、忠信是吉德，盗贼、赃奸，是凶德。这个莒仆，如果取法他的孝敬，那么他是杀了国君父亲的；取法他的忠信，那么他是偷窃了国家宝物的。他这个人，就是盗贼；他的器物，就是赃证。如果保护这个人而用他的宝物，那就是窝赃。以此来教育百姓，百姓就混乱无所取法了。莒仆的这些表现都不能算好事，而都属于凶德，所以才把他赶走。

鲁宣公没有别的嗜好，就是贪，但此时却也听明白了，想到自己一不留神差点成了窝主和强盗，一种被人识破的赤裸裸的感觉油然而生，很不好意思地说："寡人实贪，非子之罪！"于是下令驱逐了太子仆。莒太子仆此后不知所终。

莒纪公被弑后，其次子季佗继位，是为莒厉公。莒厉公季佗从小在娇惯中长大，没有经历过历练，在位期间的行为比其父莒纪公有过之而无不及，再次引发国人暴动，很快被臣民废黜驱逐。关于莒厉公的详细资料，因《春秋》《左传》等典籍中没有详细记载，其他野史传说不足为凭，在此不作过多的论述。莒厉公在位时间大约一年多，其后继位的是莒渠丘公己朱，渠丘公是一位有作为的君主，他借列国互伐，诸侯争霸之机，努力调解国内矛盾，苦心经营对外关系，使得一个屡经内乱的莒国走向发展的正途。

2. 莒郯之争及鲁国取向

莒渠丘公继位后，采取安民抚民的策略，化解国内矛盾，莒国元气得以恢复。史书对莒渠丘公继位之初的事情记载较少，由此也足以证明，在莒渠丘公执政初期，无论国内还是对外应该是没有大事发生。

在西周初期，由于周王朝分封的诸侯国很小，大国不过百里，小国五十里，当时的主要问题是周王朝和诸侯国之间的矛盾，无非是诸侯国朝贡是否及时，贡品是否丰厚等。诸侯国的封国太弱小，没有和周天子抗争的能力，这样也就没有敢发动不义之战的事。降至春秋时期，诸侯国的联盟阵营发生变化，主要矛盾不再同于西周早期，而是变成了列国相争，弱肉强食；各国之间不论是同姓还是邻国，只要有机可乘，就互相征伐吞并。莒国也不例外，莒渠丘公继位后，政权刚稳定，莒国与郯国就发生了冲突。

公元前605年，莒国和邻居郯国发生了争执，此次矛盾的起因，经传之中虽没有记载，但莒郯为邻国，按当时的社会形势，邻国之争，无非土地和人民，为了壮大国力，则需要更多的土地和人口来发展国家。莒郯之争应该也因边境土地问题所引起，郯国在西周的资料非常少，只知其位置在今山东郯城一带，西周时期，周公东征后，郯国降服于周王朝。因为郯国处于山东与江淮之间，东向大海、南面徐国、北控诸夷，地理位置非常特殊，所以成为西周一个重要军事据点。周昭王曾经从郯国出发进攻徐国；卫国国君康伯也长期以郯国为控制东夷的根据地。春秋时期，周朝王室衰败，郯国逐渐沦为北边鲁国的附庸。

对于莒、郯两国的争执，鲁齐两国有意劝解，于是鲁宣公和齐惠公出面，希望莒郯两国讲和，郯国同意了调解，莒国却不想罢手，这引起鲁宣公的不快，决定教训一下莒国，于是发兵攻打处于莒鲁两国边界上的莒国向邑。《春秋·宣公》云："四年春，王正月，公及齐侯平莒及郯。莒人不肯，公伐莒取向。"杜注："莒郯两国相怨，故公与齐侯共平之。"平而不成，所以鲁国伐莒，攻取了莒国的向邑。向邑本是向国，曾经是鲁国的附庸国，公元前722年夏五月，莒人入向，将向国纳入莒国版图。

鲁国因劝和不成，一怒之下对莒国出兵，这从维持了多年的莒鲁同盟关系来看，是有点冒进的。当时晋国称霸，大国之间争战时有发生，处于东南地区的莒、鲁等小国应该互抱共存，这才有利于共同抵御外敌。此次劝和的不只鲁国，还有齐国，为何只有鲁国觉得失了面子，出兵伐莒呢？论军事力量，齐国数倍于鲁，但齐国却没有兴兵伐莒。有两个问题能解释鲁国出兵的原因，首先是鲁、郯两国关系非同寻常，当郯国受委屈的时候，鲁国调解不成，拍案而起，不顾当时的诸侯国形势，出兵为郯平冤。鲁郯两国关系到底如何呢？翻看史料我们找到一点记载，可以作为两国之间关系的推理依据。《左传·宣公十六年》记载："郯伯姬来归，出也。"这似乎可以说明郯国与鲁国通婚，郯国是鲁国的附庸，又是联姻关系；又《左传·襄公七年》载："春，郯子来朝，始朝公也。"《春秋·昭公十七年》："秋，郯子来朝。"郯子朝见鲁公，这是明显的附庸关系了，这两次朝见之事虽发生在"公及齐侯平莒及郯"之后，但并不证明此前两国关系平常，应该是有姻亲关系，而且郯国为了在大国争雄的乱世中生存，一直依附于鲁国，首先离鲁国近，其次鲁国是周王朝的同姓国家，以礼义著称于世，所以郯国选择鲁国作为保护伞。

第二个原因是鲁国早就有伐莒取向邑的想法，奈何没有借口。向邑本是向国，曾经是鲁国的附庸国，公元前722年夏五月，莒国攻取了向，等于从鲁国夺走一邑。鲁国多年来心有不甘，想找机会夺回，一直未得其机，此次借郯莒之事伐莒取向，正是一箭双雕。《左传·宣公四年》进一

曲阜鲁国故城遗址

步解释："四年春，公及齐侯平莒及郯，莒人不肯。公伐莒，取向，非礼也。平国以礼不以乱，伐而不治，乱也。以乱平乱，何治之有？无治，何以行礼？"对鲁国取向，《左传》中是持批判的观点的，《左传》说："宣公攻打莒国，占领了向地，这是不合于礼的。和别国讲和应该用礼，不应该用动乱。讨伐就不能安定，就是动乱。用动乱去平定动乱，还有什么安定？没有安定，用什么来实行礼？"

春秋无义战，莒人入向本不义，鲁人取向自然也属不义，但这合乎当时"春秋无义战"的社会形势。而且经此一战，鲁国既施恩于郯国，又获得了向邑，一举两得之事。从此被莒国统治百余年的向邑划入了鲁国版图，但这事件直接破坏了莒鲁两国同盟关系，可能莒渠丘公从大局考虑，虽然没有正面与鲁开战，但暗中已作计划复仇。比如从此选择投靠依附晋国便是一例，虽然此时晋文公已死，可是晋国的霸主地位没变，莒国想获得晋国的帮助，来提升自己的地位，但这一举动引起了齐鲁两国的不满，特别是"想再度称霸"的齐国的不满，于是齐鲁国两国联合起来打压莒国。

3. 齐师伐莒

自春秋时期进入诸侯争霸以来，许多小国陆续被大国兼并蚕食，而莒国在夹缝中生存，能在大国之间或纵或横，不仅没有衰弱没落，反而借机开疆拓土，空前地发展了莒国的国力。从公元前722年"莒人入向"到公元前720年"莒人伐杞，取牟娄"再到公元前715年"公及莒人盟于浮来"，此时莒国的疆域西接鲁国，北与州、纪二国接壤，南达向国一带，东到大海，拥有大小城邑30多个，已成为山东地区仅次于齐鲁的大国。此时的莒国与西方及北方诸国保持着友好的关系，从《左传》《史记》的记载看，自纪国调停鲁莒关系，与莒盟于"密"，到后来公元前715年，鲁莒两国盟"浮来"，一路走来，莒国在寻求一条跻身于大国之间的道路。

齐桓公称霸后，局面发生改变。公元前685年，齐国内乱，齐公子小白曾到莒国避难，继位为齐桓公后，势力向东方扩张，纪国和杞国首遭征伐。莒国似乎看明白这个形势，以后不再向北发展，转向西、南两个方向。当时，莒是齐国和鲁国之外的东方大国，附近的贵族与国君，在本国有难出逃时，大多投奔莒国。奔莒的外国贵族，除齐国小白之外，还有齐师灭谭后的谭子和鲁国的庆父。后来鲁国赂莒得到鲁庆父，因鲁国不守信用没有兑现承诺，莒鲁两国发生了"郦之役"，结果是莒国被打败。莒、鲁两国"盟友"关系被打破，但是通过这次战争，使鲁国也有了戒心，在鲁庄公二十九年即公元前665年，鲁国在城诸及防筑邑布防，以防犯莒国，即是一例。

　　齐桓公称霸后标榜"尊王攘夷"，莒国作为东夷最大的国家，齐桓公所领导的几次会盟，莒国都不被允许参加。齐桓公死后，宋襄公想效仿齐桓公，会合诸侯，确立霸主地位，但兵弱国小，号召力不足，难以树起霸主的威信。晋文公继之成为霸主，形势有所改变，虽然重举"尊王攘夷"之旗帜，但为了在诸侯国中巩固其霸主地位，并得到戎夷等国的支持，率先实行省刑薄敛、通商礼宾、拯寡救乏的政策。所以对于夷狄诸国，基本上能得到晋国的平等对待。霸主的口号虽然还是"攘夷"，但没有明确的排斥夷人国，所以莒国得以参加了有名的"践土之盟"。

　　后来楚国势力向北扩张，晋、楚、齐都想争霸，接着秦国也卷入争霸的行列。公元前627年秦晋"崤之战"[①]后，秦国选择与楚结盟，共同抗晋。晋国为保持霸主地位，不得不努力交好东边和南边的小国，以抗拒楚国。莒国在这一阶段，历经兹平公、纪公庶其、厉公季陀、渠邱公朱四代君主。他们先后参加了中原各国的几次会盟，外交上初步活跃。此时，齐国继续向东方讨伐，想借机恢复齐桓公时的霸主地位，对于不服从的周边小国，都是伐而取之。记载明确的是公元前600年伐莱国，占领根牟。莱国为东夷，根牟又在莒国的边境，所以齐国下一步的目的很明确，就是莒国。而鲁国刚刚从莒国攻占了向邑，与莒关系破裂，此时的莒国双面受敌，随时有被齐鲁蚕食的危险。为求得立足和生存，莒国只好把求救的目光投向晋国，虽然晋文公已死，但晋国实力犹存，霸主地位仍在。当时除楚国外，包括齐国在内的其他国家尚无力与晋国抗衡。

　　而晋国霸主地位受到楚、齐、秦等国的威胁，急需其他诸侯国的帮助

---

　　①　今河南省洛宁县东宋乡王岭村交战沟。

和支持。对于莒国主动示好，晋国乐意接受。但齐国和鲁国却不高兴了，鲁国的担心是边界之争，鲁国刚刚抢走了莒国的向邑，莒国本来国力不弱，"莒虽小国，东夷之雄者也。其为患不减于荆、吴"①。此时如果晋国帮助莒国，莒国可能会对鲁国造成威胁。而齐国见莒国倒向晋国，对自己争霸不利，于是和鲁国结成统一战线，决定给莒施加压力。

齐国故城遗址

与莒国同时被晋文公邀请参加会盟的小国邾国，本是鲁国的禁脔，此时齐国想要讨伐莒国，鲁国想要吞并邾国，二大国的首领经常派使者来往会晤。公元前599年，鲁国出兵讨伐邾国，第二年，齐鲁两国为了各自的利益，联兵攻打莒国。《左传·宣公十一年》记载："夏，公孙归父会齐人伐莒。"此次伐莒都没有得到好处，加之鲁国三桓在国力乱政，此次战事很快结束。

公元前597年，楚庄王亲率楚军围攻郑国，晋国派荀林父率三军救郑，

_____

① 顾栋高《春秋大事表》。

双方在邲地①展开大战，晋军大败，楚庄王也由此役的胜利而一举奠定了"春秋霸主"的地位。晋国大败后，齐国于公元前 596 年出兵伐莒，《左传·宣公十一年》载："春，齐师伐莒，莒恃晋而不事齐故也。"说出了齐国攻打莒的原因是"恃晋而不事齐"。此次战役莒渠丘公指挥若定，运筹帷幄，齐国又一次无功而返。

此后十年间，齐国自恃强大，又有楚国作后援，不仅欺负莒国，同鲁国的关系也开始发生破裂。晋国见齐国进一步强大，派使臣出访齐国，欲结好齐晋两国关系，但却遭到齐国的侮辱，这一下惹恼了晋国，为齐晋关系埋下了祸根。公元前 589 年，齐顷公率齐军讨伐鲁国及卫国，鲁国及卫国向晋国求援，晋国为报齐国戏辱之仇，借鲁、卫求援之机，发兵攻齐。公元前 589 年六月十七日败齐师于"鞍"②。齐国被迫重新同晋国结盟，承认了晋国的霸主地位，经此战役的冲击，齐国对莒国的军事威胁也随之而解。

4. 马陵之会

晋国败齐师于"鞍"后，北方的诸侯国又重新依附于晋，晋国此时虽然没有晋文公时的霸气和号召力，但也算是小霸诸侯。此时的诸侯国中唯楚、晋、齐、秦四国最强，然秦国远居中原之西，对中原诸国尚构不成大的威胁，而齐国新败于晋，不得不低头事晋。唯居于南面的楚国与晋国南北相抗。

楚国位于长江流域，都于郢③，国君为芈姓，熊氏。周成王时期，封楚人首领熊绎为子爵，建立楚国，楚国发展到楚成王时，楚国在令尹子文

---

① 今河南郑州北。

② 今济南长清。

③ 今湖北省荆州北。

的治理下兴盛一时；到楚庄王时，任用虞邱子、孙叔敖等贤臣，国力达到顶峰，一时之间问鼎中原，称霸诸侯。公元前597年，楚国在邲之战①中大获全胜，使楚国的声威大振，晋国此后对诸侯的控制力渐弱，于是楚庄王采取联齐以制晋的战略。公元前594年，楚围宋，宋告急于晋，晋不能救，宋只得与楚言和，臣于楚。这时北方各国除晋、齐、鲁之外，尽尊楚庄王为霸主，确立了楚庄王春秋霸主的历史地位。公元前591年秋，楚庄王病逝，因国有丧事，楚国无暇北顾，晋国见机会来临，于公元前589年借鲁、卫求援之机，发兵攻齐，楚国不能救，晋国大败齐师，齐国被迫重新同晋国结盟。

在晋楚争霸过程中，介于两强之间的郑国成为双方争夺的焦点，因郑国处于重要的地理位置，既是南北要道，且又四面兼顾，无论哪一方都把争夺郑国当作霸业的重要部分。因此郑国连年遭受两国的交互攻击，致使郑国处于晋来降晋、楚来附楚的被动状态，为求生存不得不首鼠两端。为摆脱这种困境，郑国根据当时楚弱于晋的客观形势，决定诚意附晋。郑国的举动惹怒楚国，楚国于公元前584年出兵伐郑，得知消息后，晋景公率鲁、齐、宋、卫、曹、莒、邾、杞等诸国之师救郑，此次战役中楚国寡不敌众，大败。这年八月，晋景公和鲁成公、齐顷公、宋共公、卫定公、曹宣公、莒渠丘公、邾子、杞桓公在马陵结盟，《春秋·成公七年》记载："公会晋侯、齐侯、宋公、卫侯、曹伯、莒子、邾子、杞伯救郑。八月戊辰，同盟于马陵。"这两次救郑抗楚的战役和马陵会盟莒国和齐国都参加了，这说明莒国不仅与齐国和解，而且跻身于大国会盟的行列。《左传·成公七年》又进一步详载："八月，同盟于马陵，寻虫牢之盟，且莒服故也。"此次马陵会盟是重温两年前"虫牢之盟"②的约定，两年前晋国会

---

① 邲，古地名，在今河南省郑州市东。
② 虫牢，春秋时属郑地，今河南封丘县居厢乡桑村东北牢坑为其遗址。

齐、鲁等八国诸侯盟于虫牢，目的是针对楚国。《左传·成公七年》中特别强调了"且莒服故也"，说明这次会盟因为莒国顺服的缘故，因由观之，莒国此前不仅于与齐国有怨，且并没有真正的臣于晋，追其原因，当是齐伐莒国之时，晋国没有及时出兵相救，所以莒国不再信任晋国。晋国败齐后，莒国又重新回头加入了他们的队伍，和他们统一了战线，在此次会盟中特别提出"且莒服故也"，可见莒国在当时列国争霸中起到了很重要的作用。此次会盟史书上称为"马陵之会"。

马陵之会不仅使莒国在诸侯国中占有重要的一席，在周边国家关系上也得到缓和，特别是同齐、鲁的关系，由此前的对立冲突变成同盟友好。《左传·成公八年》载："春，声伯如莒，逆也。"杜注："自为逆妇"。是说公元前583年春天，声伯（公孙婴齐）到莒国，这是去迎接妻子。声伯如莒迎亲虽然属于他的个人行为，但这也至少说明了莒鲁两国往来、通婚，应该是鲁国与莒国结好的见证。

5. 楚国伐莒

为了同中原之南的一些诸侯国联合，以期达到诸侯联盟共同抗楚的目的，公元前583夏天，晋景公派遣申公巫臣出使吴国。巫臣向莒国借路，莒渠丘公在莒国的渠丘邑接待了他，巫臣和渠丘公站在护城河边上，说："渠丘城太坏了，不利于抗敌。"渠丘公说："敝国虽然偏僻简陋，但处在蛮夷之地，有谁会把敝国作为觊觎的目标呢？"巫臣说："狡猾的人想开辟疆土以利国家，这种人哪个国家没有？就是因为有这种想法，小国被兼并，不过受觊觎的小国有的思虑有备，也有的放纵不备。勇敢的人还要层层关闭好内外门户，何况一个国家？"《左传·成公八年》详细记载了这段对话："夏，晋侯使申公巫臣如吴，假道于莒。与渠丘公立于池上，曰：

'城已恶!'莒子曰:'辟陋在夷,其孰以我为虞?'曰:'夫狡焉思启封疆以利社稷者,何国蔑有?唯然,故多大国矣,唯或思或纵也。勇夫重闭,况国乎?'后来莒渠丘公如何回答,正史中没有记载,但此时的莒渠丘公已近晚年,加之与周边国家结盟友好,边界无事,内政无争,难免慵懒懈怠,莒国城池此前经多年战乱,大多已破败无修,而渠丘城只是巫臣看到的其中之一。莒渠丘公以:"辟陋在夷,其孰以我为虞?"为由,不加整修,这为后来楚国伐莒留下隐患。

春秋莒侯少子簠铭文

《春秋·成公》:"九年春王正月,公会晋侯、齐侯、宋公、卫侯、郑伯、曹伯、莒子、杞伯,同盟于蒲。"即公元前582年,晋侯、鲁公、齐侯、宋公、卫侯、郑伯、曹伯、莒渠丘公、杞伯,同盟于蒲,重温马陵的盟会。此次盟会的真正原因,是晋国作为主盟国在处理其他诸侯国关系上存在不公平的现象,于是有诸侯国表现出对晋国的不满,为挽回主盟国的威信,晋国组织此次会盟,莒渠丘公应邀参加了这次盟会。这年二月,在南方的楚国为了向北发展,用很重的礼物贿赂郑国,因为郑国处于北伐的重要交通要道,郑国君臣见钱心动,郑成公和楚国公子成在邓地[①]相会。郑国刚参加完晋国主导的会盟,转眼与楚公子会面,此事传到晋国,晋景公勃然大怒,想找时机惩罚一下郑成公。这年秋季,郑成公装作若无其事去晋国,晋景公却早有准备,为了惩罚他,在铜鞮[②]绑架了郑成公,然后出兵讨伐郑国,郑国人派遣伯蠲求和,晋国不准,并杀死了伯

---

① 邓,在今河南邓州至襄樊北一带。
② 铜鞮,今山西省沁县南。

142

龋。楚国见有机可乘，为打乱北方诸侯国的格局，楚国的子重率兵入侵陈国。陈国本来就属楚国附庸，早在公元前598年，楚庄王率诸侯联军攻入陈国，诛杀夏徵舒，并将陈国变成楚国的一个邑，但是不久之后楚庄王就在大臣的劝谏下，将陈灵公的太子从晋国接回，恢复了陈国。陈国对楚国早已胆战心惊，此次楚人来犯，如入无人之境。为试探北方同盟国的力量，楚国进一步深入，于十一月初，楚国子重从陈国进攻莒国，一路北上包围了渠丘。渠丘城池本已破败，加之守军不足，在楚国猛攻之下，莒国民众溃散逃亡。到了初五日，楚国进入渠丘，但不小心被莒国人抓住了楚国的公子平。楚国想要用俘虏换取公子平，请求莒人不要杀他，但莒人不听，硬是杀了楚公子平。楚国大怒，调集军队包围了莒国国都莒城。莒城的城墙经多年战乱也如同渠丘邑一样破败不堪。莒渠丘公曾以“辟陋在夷，其孰以我为虞?”的理由不加修整。以为外敌不会入袭，结果到了十七日，莒国溃败，楚军继续北上，攻入郓城。《左传》里评论楚人伐莒一事说，君子曰：“恃陋而不备，罪之大者也；备豫不虞，善之大者也。莒恃其陋，而不修城郭，浃辰之间，而楚克其三都，无备也夫！《诗》曰：“虽有丝、麻，无弃菅、蒯；虽有姬、姜，无弃蕉萃。凡百君子，莫不代匮。言备之不可以已也。”意思是说，君子说：“依仗简陋而不设防备，这是罪中的大罪；防备意外，这是善中的大善。莒国依仗它的简陋而不修城郭，十二天之间而楚军攻克它的三个城市，这是由于没有防备的缘故啊！《诗》说：‘虽然有了丝麻，不要丢掉杂草；虽然有了美人儿，不要丢掉不美的。凡是君子们，没有不缺此少彼的时候。’说的就是防备不能停止。”

莒国连丢城池，元气大伤，而晋国又忙于处理和郑国理不清的关系问题，来不及出兵相救。《左传》中说：“莒溃。楚遂入郓，莒无备故也。”不仅盟国来不及相救，从记载来看，莒国似乎也没有防备。楚国虽然攻占莒国三城，但周围全是晋国的盟国，三城孤立，远离楚国，楚国虽占领却没有能力长期霸占和统治。此时正值楚国攻郑时被俘虏的钟仪被晋国放回，在钟仪的撮合下，同年冬十二月，楚共王派公子辰去晋国，以回报钟仪的使命，请求重温友好，缔结和约。楚晋两国表面上达成协议，停战罢兵言和。楚国借机从莒国退兵，撤出了莒国三城。

这次楚国伐莒对莒国破坏不是很大，除了莒人溃散外，没有大的破坏和掠夺。楚国的目的只是借晋、郑两国不和的机会，对晋国的盟国兴兵，向小国示威，以期达到使小国归附的目的，所以楚国攻城后秋毫无犯。但是楚国此次伐莒不仅没有起到震慑莒国的作用，反而加重了莒人对楚国的仇恨，使莒晋等国同盟关系更加密切。

公元前 577 年正月，莒渠丘公病逝。

6. 莒犁比公继位

公元前 577 年正月，莒渠丘公病逝，其字密州继位，称为莒犁比公。杜预注曰："犁比，莒子密州之号。"莒犁比公接任的是一个正在发展中的莒国，经过莒渠丘公的多年经营，莒国有步骤有计划的走向治世。莒渠丘公通过参加"马陵之会"使莒国跻身到了大国行列，后来又多次参加诸侯之间盟军作战，基本能同周边国家友好相处。虽然有公元前 582 年的"楚伐莒，攻占三城"之事，但对莒国没有大的影响，加之后来几年政治形势的稳定，莒国早已恢复了元气。现在莒犁比公要做的就是继续前任国君打下的良好基础，开创新的盛世。

公元前 572 年正月，莒国参加了由晋、鲁、宋、卫、曹、邾、滕、薛等诸侯国共同组成的联军，包围彭城。彭城原属于宋国，宋国都城为商丘①，春秋时期，宋襄公曾在齐国内乱时帮助齐公子复国，取代齐国霸主地位，小霸一时，后世将其列入了春秋五霸之一。楚国如果要称霸中原，宋国在地理位置上是十分重要的跳板，仅次于郑国。公元前638年，宋、楚泓水之战被楚军击败，宋国不得不臣服于楚国，在晋文公即位之后，宋国开始转投晋国。宋国的背叛直接打乱了楚国进军中原的计划，楚国多次对宋国进行征伐打击，试图用武力夺回宋国这枚"棋子"。公元前573年六月，郑成公和楚共王联兵进攻宋国，攻取了彭城，为了更好地控制彭城，楚国将几年前从宋国逃奔而来的宋大夫鱼石、向为人、鳞朱、向带、鱼府等五人安置在彭城，用三百辆战车留守，以"宋人治宋地"，史称"五大夫治彭城"。

此次诸侯联军围困彭城，目的是为宋国夺回被楚国攻占之地，诸侯联军中，齐国没有参加。齐国没有参加的原因有二：一是晋灵公九年，晋国发生内乱，栾书、中行偃弑晋厉公，改立晋悼公。此时齐灵公认为晋国国力衰弱，齐国欲争奔霸权，开始重新审视与晋国的关系。所以对晋、楚两国持观望的态度；二是齐国国内近年来内乱不止，公元前574年和前573年齐国连续内乱，齐大夫高无咎逃亡到莒国，《春秋》载："成公十七年秋，齐高无咎出奔莒。"这两点都是齐国没有参加此次诸侯联兵的原因。

驻守彭城的五位大夫本来是由宋国投奔楚国的，此时见大军压境，而楚国援军一时难以到达，无奈之下，只好开城投降，"五大夫"复降宋。由于齐国没有参加这次围团彭城的行动，晋国不高兴，于是在攻取彭城后，调转军队讨伐齐国，面对诸侯联军压境，齐国恐惧惊慌了，只得向晋国求和。第二年的二月，齐太子光到晋国作为人质，晋国这才

① 今河南省商丘市睢阳区西南。

作罢。

公元前 570 年春季，楚国进攻吴国，此前吴、晋两国曾多次互相往来，本意就是应付日渐强大的楚国。楚国见吴国通好晋国，于是出兵伐吴。这年六月，晋国组织会盟，会盟的目的是商讨楚伐吴之事。《春秋·襄公三年》载："六月，公会单子、晋侯、宋公、卫侯、郑伯、莒子、邾子、齐世子光。己未，同盟于鸡泽①。"莒犁比公参加了此次会盟。

公元前 569 年，莒国联合邾国讨伐鄫国，《左传·襄公四年》："冬，十月。邾人、莒人伐鄫。"邾国位于今天的山东邹城一带，邾人因出于东夷，一直没得到周天子的封号，故常被旁边的鲁国所威胁，所以一直服服帖帖做着鲁国的附庸。根据《左传》记载，直到齐桓公称霸时，因当时邾国国君大力支持齐桓公，于是齐桓公给邾国向周僖王要了一个子爵的名分，从此在齐国支持下势头渐旺，最后竟然敢与鲁国相抗衡。

鄫国故城

---

① 今鸡泽县吴官营乡旧城营村北，有会盟台遗址。

鄫国源自夏代少康次子曲烈的封国，因始封地名为"鄫"而得国名，历夏、商、周，存世时间约 1400 年，鄫国从建至灭，曾多次迁国。始封地名为今河南省方城县北，最后迁于今山东省临沂市兰陵县向城镇境内。当时为莒鲁两国边界上的一个小国。公元前 641 年，宋襄公欲称霸中原，为了确立自己的霸主地位，他号召邾、曹、滕、鄫等诸侯会盟，因鄫国不配合，宋襄公命令邾文公逮捕鄫国国君并以祭神之名杀掉。公元前 591 年，邾国攻打鄫国，杀死鄫国国君，太子继位后苦于国家饱受战乱，所以主动交好鲁国寻求庇护。因鲁庄公的女儿季姬嫁给了鄫国国君，两国有姻亲关系，尚能保持友好。鲁国出兵相救，其目的是想将鄫国变成自己的附属国。

从史料记载中来看，此次莒、邾两国伐鄫是有重要原因的。鄫国处在莒鲁边界，长期受到莒国、邾国的威胁，所以鄫国想依靠鲁国，附于鲁国作为一邑以求长存。由于鄫靠近鲁，鄫太子巫的母亲与鲁襄公母亲又是亲姐妹，所以鲁国也想将鄫作为自己的附属。为求得晋国的同意，于公元前 569 年，鲁襄公去晋国汇报了此事，晋国觉得鄫国依附鲁国可以让鲁国有足够的财物来进贡晋国，于是就同意了鲁国的要求。鄫国附属于鲁国的消息传出，莒、邾结盟一致反对，就产生了伐鄫的想法。《左传·襄公四年》："冬十月，邾人、莒人伐鄫。"同年十月，莒国、邾国从东西两面出兵进攻鄫国。为救鄫国，鲁国派臧纥救援，结果被邾国打败。此次莒、邾伐鄫，并大败援军鲁国，似乎并没有引起国与国之间大的冲突，从第二年各国又同时参加了戚地会盟来看，莒鲁关系还没有彻底破裂。《春秋·襄公五年》："公会晋侯、宋公、陈侯、卫侯、郑伯、曹伯、莒子、邾子、滕子、薛伯、齐世子光、吴人、鄫人于戚[①]。"莒犁比公、邾子、鲁襄公、鄫

---

① 今河南濮阳。

人能同出现在一个会盟场地，除了晋国的号召力外，也说明莒、邾伐鄫只是局部小规模的冲突。都不想首先挑起大的征伐之战。此次会盟主要为了会见吴国人，同时因楚国人对陈国施加压力，所以晋悼公命令诸侯出兵戍守陈国。

7. 莒人灭鄫

公元前568年的"戚地之盟"，鄫子没有参加，而是鄫国的太子巫以鲁国大夫的名义参加了，这是经晋悼公正式批准，达成的鄫国归属鲁国的协议。《春秋》记载说，早在会盟前的夏季："叔孙豹、鄫太子巫如晋"，如晋的原因是鄫国去年受到邾、莒的讨伐，为了得到鲁国的保护，请求晋国作为霸主允许鄫国附属于鲁，以向鲁国纳贡的方式成为鲁国的附庸。晋悼公开始是没有同意的，鲁国大夫孟献子向晋国解释："鄫为小国，以前这些小国从来不向晋国交纳贡赋，而鲁国地域褊窄狭小，交纳贡赋少，无法满足晋国的要求，鄫国附于鲁国后，会向鲁国纳贡，因此鲁国可以有更多的贡品来贡给晋国。"晋悼公最后同意了鲁国的请求，正式批准达成鄫国归属鲁国的秘密协议。所以这年九月的戚地公盟，鄫国得以参加，但是以鲁国大夫的名义，意思是听命于鲁国。

这年冬天，鲁国主政33年的一代名臣季文子去世，未运至曲阜安葬，而葬于鄫城"西丘"[①]，意思是向诸侯国宣告，鄫国已成为鲁国的一部分。而此时的莒国认为，鄫国附鲁是鲁国的兼并和称霸行为，将会危及莒国安全，于是莒国便于公元前567年秋，在鄫国毫无防范的情况下，突出奇兵袭击鄫国，鄫本小国，民弱兵少，莒师顺利攻于鄫城，鄫人四溃。鄫国甚

---

① 即山东省临沂市兰陵县城西部文峰山。

至来不及求救于鲁国，等鲁国知道这件事情的时候，战争已结束。这次莒国伐鄫，没有占领鄫城，只是杀死鄫君时泰，追杀嫡出嗣君太子巫，太子巫率众投鲁以避难。莒国扶持鄫国之外孙为鄫国国君，从此鄫国改姓易氏，名存实亡。

对于莒人灭鄫这一历史事件，《左传》载："莒人灭鄫，鄫恃赂也。"杜注："鄫有贡赋之赂在鲁，恃之以慢莒，故灭之。"这意思是说，鄫国向鲁国纳贡，总是依靠鲁国而不把莒国放在眼里，所以被莒国所灭。鄫灭国前应该与莒国发生过许多硬性冲突，否则莒国不可能不顾及鲁国和晋国情面，直接灭鄫，惜史书记之甚少，无从详考。《公羊传》对这段历史叙述的较为详细，大意是："太子巫的母亲去世，鄫君续娶的莒国女子很受宠爱，但只生育一个女儿，

鄫国城墙遗址

这个女儿后来又嫁到莒国，生了一个儿子。这个儿子就是鄫国的外孙了。莒国攻入鄫国，杀死鄫国国君时泰，逼走了嗣君太子巫，于是在莒国的操纵下，鄫国外孙就占有了鄫国，当上了鄫国国君，外孙是外姓，所以记载'莒人灭鄫。'"《春秋公羊传注疏·襄公·卷十九》载："莒人灭鄫。莒称人者，莒公子，鄫外孙。称人者，从莒无大夫也。言灭者，以异姓为后，莒人当坐灭也。不月者，取后于莒，非兵灭。"是说莒灭鄫不是军队占领鄫国，而是让鄫国的外甥继任鄫国国君之位，鄫国被异姓取代。按照古代嫡长子继承制原则，外孙不能成为为合法的继承人，所

以史书说"莒人灭鄫"。至此，立国 1577 年的鄫国退出了历史舞台。

8. 莒犁比公之治

莒犁比公继位之初，就表现出了非凡的政治才能。莒国不仅跻身于大国之列，而且多次参加诸侯会盟，如联合诸侯伐楚、出兵灭鄫等一系列的政治和军事行动，这些无疑证实了莒国在犁比公治世下的强盛。

公元前 567 年莒灭鄫后，作为鄫国的姻亲国和保护国鲁国，没有敢轻举妄动，其原因除了惧于晋国的压制外，另外一方面是惧怕莒国的军事实力。邾国和莒国共同伐过鄫，鲁国曾出兵救援，此时鲁国想先结好邾国，再找莒国清算鄫国的归属问题，于是同年冬，派穆叔去邾国聘问。《左传·襄公六年》记："冬，穆叔如邾，聘，且修平。"鲁想与邾国重修友好关系，但莒人灭鄫的事很快被晋国知道了，晋国没有直接追责莒国，反而派人到了鲁国质问。《左传·襄公六年》又载："晋人以鄫故来讨，曰：'何故亡鄫？'"意思是责问鲁国没有保护好鄫国，为什么让莒国把鄫国灭了？晋国刚刚同意把鄫国划入鲁的附属国，接着被莒国出兵给灭了，鲁国的保护伞没有撑好。对于晋国的严词责问，鲁国很尴尬也很恐惧，连忙派正卿季武子去晋国接受批评教育，听候晋国处置。

莒国在灭鄫之后，莒犁比公表现的若无其事，既没有向晋国汇报，也没有向鲁国表态，一如往常。这年十一月，齐灵公灭莱国，莱共公浮柔逃亡到棠地，莱国大夫正舆子、王湫逃亡到莒国，莒国为了表示和齐国的同盟关系，下令将他们杀死。如此一来，莒灭鄫，齐灭莱，如果晋国责问，则莒齐两国站在同一战线上。

公元前 566 年，楚国向陈国进兵，楚国的子囊包围陈国，莒犁比公参加了由鲁襄公、晋悼公、宋平公、陈哀公、卫献公、曹成公、邾子等人组成的在鄢地①会盟的行动，目的是联兵救援陈国。

公元前565年，莒国出兵侵犯鲁国的东部，《左传·襄公八年》："夏，莒人伐我东鄙，以疆鄫田。"杜注："莒既灭鄫，鲁侵其西界，故伐鲁东鄙，以正封疆。"莒虽灭鄫，但因鄫国与莒鲁两国相接，边界归属问题时有问突。此次是鲁国先行挑起的事端，抢占鄫国的土地，于是犁比公下令还击，向鲁鄫边界讨伐，以明确鄫国的边界范围。"封疆"是明确两国边境的界线，封是边界上植的树，疆是边界挖的鸿沟。此次战争很快消停了，没有在诸侯国中造成大的影响。

公元前564年秋，楚、秦两国侵袭晋国，郑国见晋国落单，倒头讨好楚国。此时的晋国正遭受饥荒，听说郑国反目，大会诸侯讨伐郑国。十月，晋、鲁、宋、卫、曹、莒、邾、滕子、薛、杞，小邾、齐等国联兵共同伐郑，郑国大惧请降。十一月初十，齐悼公会鲁侯、宋公、卫侯、曹伯、莒犁比公、邾子、滕子、薛伯、杞伯、小邾子、齐世子光在戏地结盟，《左传·襄公九年》："十一月己亥，同盟于戏，郑服也。"因郑国顺服而会盟，以示庆贺。

进入公元前563年，诸侯间战事不断。这年四月初一日，吴王寿梦与晋交好，于是晋悼公和鲁襄公、宋平公、卫献公、曹成公、莒犁比公、邾子、滕子、薛伯、杞伯、小邾子、齐国太子光相聚在相地②，会见吴王寿梦并结盟。六月，楚国伐宋，卫国救援宋国，刚刚顺服的郑国见楚国来势汹汹，准备再次倒向楚国，于是出兵攻卫，以向楚国示好。其后，晋国为报当年秦伐晋之仇，发兵攻秦，诸侯国之间乱作一团。莒犁比公见有机可乘，再次出兵伐鲁，《左传·襄公十年》："莒人间诸侯之有事也，故伐我东鄙。"莒鲁边界再起争端，然而，此次征伐很快平息。《春秋·襄公》

---

① 鄢，春秋时属郑，在今河南省鲁山县境。

② 相，今安徽省邳县西北。

载："公会晋侯、宋公、卫侯、曹伯、莒子、邾子、齐世子光、滕子、薛伯、杞伯、小邾子伐郑。"原因是郑国倒向楚国，晋悼公会诸侯伐郑。莒犁比公为不得罪晋国，只好停止伐鲁的行动，率师参加了此次伐郑。

公元前 562 年，《春秋·襄公十一年》："四月，公会晋侯、宋公、卫侯、曹伯、齐世子光、莒子、邾子、滕子、薛伯、杞伯、小邾子伐郑。秋七月己未，同盟于亳城北。公至自伐郑。楚子、郑伯伐宋……公会晋侯、宋公、卫侯、曹伯、齐世子光、莒子、邾子、滕子、薛伯、杞伯、小邾子伐郑，会于萧鱼①。"从《春秋》的记载看，这一年莒犁比公参加了两次诸侯间的联军伐郑，然后两次会盟，一次是四月同晋侯、鲁侯、宋公、卫侯、曹伯、齐世子光、莒子、邾子、滕子、薛伯、杞伯、小邾子联兵伐郑，"秋七月，同盟于亳"，② 然后在宋国的亳城会盟③；同时，楚国也出兵进攻郑国，郑简公迫于楚国的军威，前去迎接楚王表示顺服。到了九月，莒犁比公随同诸侯再次伐郑，郑国人派王子伯骈出城求和。十月初九日，郑国的子展出城和晋悼公结盟。十二月初一日，诸侯们在萧鱼会盟。然后莒犁比公顺利班师回莒。

公元前 561 年春，刚刚班师回国的犁比公下令再次伐鲁，包围鲁国的台邑。鲁襄公派季武子援台④，然后乘机进入莒国的郓邑，掠取了郓邑的钟，改铸为鲁襄公的盘。钟为礼器之一，鲁国此举实为对莒国的莫大侮辱。《左传·襄公十二年》记："十二年春，莒人伐我东鄙，围台。季武子救台，遂入郓，取其钟以为公盘。"这场战争由于鲁国及时出兵迎战，莒国没有赚到便宜，只得撤兵回国。

公元前 560 年，吴国伐楚，大败，第二年春，吴国到晋国报告战败情况，晋国的士匄和鲁季孙宿会齐、宋、卫、郑、曹、莒、邾、滕、薛、

---

① 今河南新密尖山乡萧鱼口。
② 《左传·襄公十一年》。
③ 亳，今河南商丘。
④ 台，春秋时鲁邑，今山东费县费城镇东南。

杞、小邾、吴等国的大臣于郑国向地，策划进攻楚国。此次盟会，各国派大臣参加，包括莒犁比公在内的各国君主都没有亲去。而此时，莒国发生的一件事引起晋国的不快，《左传·襄公十四年》载："执莒公子务娄，以其通楚使也。"原因是莒国公子务娄与楚国有所往来，被晋国误以为是莒与楚国暗中通好，晋国逮捕了莒国的公子务娄，公开在诸侯大会上责备了莒国。夏季，晋悼公会诸侯进攻秦国，莒犁比公为表忠心，派军队参加了此次诸侯联军的行动。到了这年秋季，莒国伐鲁，《春秋·襄公》载："莒人侵我东鄙。"原因是晋国逮捕了莒国的公子务娄，莒犁比公怀疑是鲁国在晋国说了坏话，所以讨伐鲁国。到了冬天，晋国召集诸侯盟会，商讨安定卫国，《春秋·襄公》载："冬，季孙宿会晋士匄、宋华阅、卫孙林父、郑公孙虿、莒人、邾人于戚。"莒犁比公没有亲往，派大臣参会。

春秋莒国故城遗址

公元前 558 年，晋悼公生病，不能理政，晋国的在诸侯国中的权威有所削减，齐国开始脱离晋国控制，莒国也借此混乱之机，会同邾国讨伐鲁国南部边境。鲁国派使者向晋国报告，希望晋国出面整治莒、邾二国。但是到了冬季，晋悼公死了。晋平公继位后，于第二年会鲁襄公、宋平公、卫献公、郑简公、曹成公、莒犁比公、邾子、薛伯、杞伯、小邾子于溴梁①，命令诸侯退回互相侵占的土田。鲁国趁机告发莒、邾两国，并且说莒国"使者来往齐国、楚国之间"，晋平公下令拘捕了莒犁比公、邾宣公。莒犁比公无奈之下，答应归还侵占的鲁地并与鲁国交好。同时，由于晋国新君继位，齐国不再听从晋国，齐晋两国矛盾越发尖锐，甚至发展到兵戈相向的地步。公元前555年，晋平公决定发兵进攻齐国，《春秋·襄公》载："冬十月，公会晋侯、宋公、卫侯、郑伯、曹伯、莒子、邾子、滕子、薛伯、杞伯、小邾子同围齐。"十月，鲁襄公和晋平公、宋平公、卫殇公、郑简公、曹成公、莒犁比公、邾子、滕子、薛伯、杞伯、小邾子在鲁国济水上会见，重温溴梁的盟誓，一起合兵进攻齐国。此次伐齐，《左传》记载莒国派出"车千乘"，即派一千辆战车从莒国出发一路往东北进攻齐国，鲁国从国内也出"车千乘"向西北征讨。初八日，诸侯的军队向东边进攻到达潍水，南边到达沂水。齐灵公驾车逃跑。此次伐齐，莒国可以随随便便地出动"车千乘"，可见当时国力之强，车马的数量体现了当时整个莒国的人口和农牧业的发达。

公元前554年春，莒犁比公参加诸侯公盟，《左传·襄公十九年》载："春，诸侯还自沂上，盟于督扬②，曰：大毋侵小。"意思是说："大国不要侵犯小国。"根据盟约，鲁国也主动和莒国讲和，盟会气氛一片和谐。公元前553年春，鲁国大夫孟庄子在向地会见莒人并结盟，再次商定恪守盟约，互不侵犯。《左传》说："二十年春，及莒平。孟庄子会莒人，盟于向，督扬之盟故也。"杜注："莒数伐鲁，前年诸侯盟于督扬以和解之，故二国自复共盟结其好。"莒鲁关系走向友好。这年夏天，晋国为了同齐国

---

① 河南西北部。
② 督扬，山东济南市历城区西南。

讲和，晋平公召集鲁襄公、齐庄公、宋平公、卫殇公、郑简公、曹武公、莒犁比公、邾子、滕子、薛伯、杞伯、小邾子在澶渊结盟。①

公元前 552 年，晋国大夫栾氏作乱，被驱逐出国。这年冬天，晋平公会莒犁比公、鲁襄公、齐庄公、宋平公、卫殇公、郑简公、曹武公、邾子于商任，会上通知各诸侯国，勿接纳栾盈，此即历史上的"禁锢栾氏"。第二年，即公元前 551 年冬，晋平公再会诸侯于沙随②莒犁比公和鲁襄公、晋平公、齐庄公、宋平公、卫侯、郑简公、曹武公、邾子、薛伯、杞伯、小邾子参加盟会，晋平公继续重申禁锢栾氏一事，任何国家不准收留此人。

自公元前 577 年莒犁比继位，到公元前 551 年的二十余年间，莒犁比公参加的诸侯国会盟和晋国组织的军事行动共 20 余次，在此期间莒国不仅跻身于大国的行列，而且在大国中占有相当重要的地位。这一期间，各国虽征伐不断，但莒国太平无事，民生安乐，在犁比公的治理下，莒国国力发展达到顶峰，史称"莒犁比公之治"。

9. 且于之战

公元前 552 年和公元前 551 年，晋平公连续两年组织盟会，通晓各诸侯国，勿接纳晋国的栾盈，各国共同"禁锢栾氏"。公元前 551 年，齐庄公不听晏婴劝阻，执意收留了晋国的下卿栾盈，还暗中将栾盈及其党徒送入曲沃③动员民众叛乱，并欲乘机攻打晋国。

公元前 550 年，这一年是莒国国君犁比公在位的第二十七年。这年秋

---

① 澶渊，今河南濮阳县西。

② 沙随，春秋属宋国，在今河南宁陵东北。

③ 河南陕县南曲沃镇。

天，齐庄公欲雪当年平阴惨败的耻辱，率师先后攻打了卫、晋两国，占取朝歌。收集晋军尸体合于一坑筑成大坟，以雪前恨。晋国大败，向鲁国求援，鲁国叔孙豹率领军队驰援晋国，驻扎在雍榆①，与齐国列阵以待，其时寒冬已至，齐国装备缺少，粮草不足，齐庄公只好下令班师撤离。

此次战役，表面看是齐国战胜了，其实齐军没有赚到太大的便宜，除了坑杀了一部分晋国民众外，自己反而耗费大量的人力物力。但班师途中，齐庄公还是打着大胜的旗号凯旋。回到齐莒边界的时候，齐庄公突然下令征伐莒国。因为在五年前，即公元前555年，莒国也参加了以晋国为主的十二诸侯国联合攻齐行动，并且出动"车千乘"自莒国向东北伐齐，莒国因此与齐结怨。

《左传·襄公二十三年》记载："齐侯还自晋，不入，遂袭莒。门于且于，伤股而退。"意思是说齐侯从晋国回来，没有进入齐国国都，为了报复五年前跟随晋国一起攻打齐国的莒国，他带领一部分军队，突袭了莒国的且于邑，然后驻兵于且于邑，但不小心被莒国的军队射伤了大腿，只好撤退，准备明日再战。接下来《左传·鲁襄公二十三年》云："明日，将复战，期于寿舒。杞殖、华还载甲，夜入且于之隧，宿于莒郊。明日，先遇莒子于蒲侯氏。莒子重赂之，使无死，曰：'请有盟。'华周对曰：'贪货弃命，亦君所恶也。昏而受命，日未中而弃之，何以事君？'莒子亲鼓之，从而伐之，获杞梁。莒人行成。"意思是第二天准备再战，约定军队在寿舒②集结。齐国大将杞梁和华还二人用战车装载甲士夜里进入且于之隧，宿在隧内的莒郊。第二天，先和莒子犁比公在蒲侯氏③相遇。犁比公和他们谈判，许以赠给他们重礼，请他们不要因为战争丢掉性命，并承诺

---

① 雍榆晋地，在今河南浚县西南。
② 春秋莒邑，在今山东莒县境。
③ 莒邑，春秋莒地名。

和他们盟誓。华还回答说："贪得财货丢弃命令，这也是君王所厌恶的。昨天晚上接受命令，今天太阳没到正午就丢掉，还拿什么信义事奉君王？"于是拒绝投降。两军开战，莒犁比公亲自击鼓，追击齐军，杀死了齐国大将杞梁。莒国派人和齐国讲和，齐国袭莒不成，无奈之下只得同意罢战言和。

对于这次战役中，"门于且于"的"且于"的位置，史学界存在很大争议，从《左传》记载并结合当时地理情况来解读，"还自晋，不入"说明齐侯已经回到了齐国境内，没有进入国都淄城。然后掉头攻打莒国。"门于且于"，西晋杜预注："且于，莒邑。"今人杨伯峻注："当在山东莒县境内。"①"莒县境内"这个范围就大了，位置比较含糊；《辞源》的注解也很模糊，只是说："且于，春秋地名，在今山东莒县一带。"也只粗略地说明且于城的大体方位在莒县境内，但均未指出其具体位置。谭其骧主编的《中国历史地图集》虽然在莒县西北部写出"且于"二字，却没有用小圆圈标注②看来也没有找到确切位置。但按照"齐侯还自晋"顺道袭击莒国路线看，且于城应该位于莒县西北部最为可能。如果且于城在莒国东部或南部，齐国要绕莒国疆域半圈，也不符合袭击战术。齐侯袭击莒国，必然要寻找一条最简捷的道路，应该在莒齐之边界，便于齐军突袭。《莒县文物志》从地下考古发现认为，莒县西杨家庄村西的古城遗址"可能是莒国的且于城"③齐袭莒，其道由西北回折而东南，齐莒之交，穆陵关介处其间，当时齐莒北面边界只有这一条道，这条道路通过齐国的南大门穆陵关。穆陵关在今沂水县北与临朐县的交界处，这里是齐国偷袭莒国的最简捷的入口。自穆陵关向南，第一个城邑是"郓"，《左传·昭公元年》有：

---

① 杨伯峻：《春秋左传注·襄公二十三年》，中华书局版。
② 谭其骧主编《中国历史地图集》第一册，地图出版社1982年版。
③ 苏兆庆：《莒县文物志》，齐鲁书社1993年版。

"莒、鲁争郓，为日久矣。"因军事位置十分重要，为莒、鲁两国长期争夺。此次袭莒，齐国为避免与鲁国发生摩擦，绕过郓邑，偷袭了位于莒国西北部的且于城。西杨家庄离莒城约80里，所处的位置与穆陵关、莒城几乎在一条直线上，也就是说，此遗址是齐侯偷袭莒城的最快捷的必经之路。所以，莒县西杨家庄村应为"且于城邑"位置之所在。

且于城遗址

　　另外，从周代建置和古汉语中的地理称呼来看，西周建立后采用"国野乡遂"制度，《周礼》中把周天子直接统治的王畿划分为国与野两个部分。国包括王城及周边四郊之地，野则是郊之外的区域。王城之外、四郊之内设六乡；此外的野则设六遂，是为国野乡遂之制。后来礼坏乐崩，诸侯架空了天子，这种形制普遍用于名个诸侯国中，然后演化成古汉语中的地理称呼的专用名词。《周礼》中记载，国都称为城，与城对应的其他城称为邑；城外为郭，郭外为乡，乡外为野，野外为郊，郊之外为遂。郊内的"乡"，是"国人"居住的地区；郊外的"遂"，为"野人"居住之地。《周礼》云："百里之外为遂""郊，距国百里为郊。"《说文》云："距国百里为郊。"典籍记载虽有不同，但大体相当。按周时距离国都五十里的地方叫近郊，百里的地方叫远郊。杨家庄离莒城约 80 里，符合《左传》载："杞梁、华还载甲，夜入且于之遂，宿于莒郊。"的位置。说明齐军进入了距莒国都百里外的且于遂，夜宿在遂内的莒郊。复遇莒子于蒲侯氏，蒲侯氏应该是距且于不远的一个城邑，或是属于且于之郊的一邑。在今莒县果庄乡茶城村前有一遗址，因处莒县果庄乡茶城村前，故称之为"茶城故城"，经考古判断，当为春秋故城。① 春秋时期的莒国并无"茶城"邑名的记载，因此遗址距杨家庄不远，或为春秋时期莒国的"蒲侯氏"邑之所在。由此推之，《左传》中的且于，指的是莒地边界的一个城邑，而不是莒国的城门，这从多方考释应该是可信的。

在刘向编著的《列女传》中，说杞梁奉齐庄公之命袭击莒国而战死且于城下，杞梁之妻千里寻夫，枕其夫之尸于莒城下而哭，哭声感天动地，道路过者，莫不挥涕，大哭七日而城为之崩。于是把莒城哭倒了，这演变成杞梁妻哭城的故事，也是"孟姜女哭长城"的最早出处。

有周一代，齐国始终都很强大，对包括莒国在内的周边国家构成很大的威胁，但莒国又不愿臣服于齐。《左传》记载，春秋初期莒国虽与鲁有怨，但与鲁国时战时和，两国的关系始终强于齐。经传中也多见莒国常与鲁、纪等国会盟，公元前 690 年，齐国灭纪国；公元前 684 年，齐桓公灭谭国；而莒国却在齐国的威胁下长期立于不灭之地，从此次以弱胜强，以少胜多的且于之战，可见莒国的国力在当时是很强的。莒犁比公将莒国实力推向顶峰，开创了莒犁比公之治，但犁比公晚年好大喜功，在用人及执政方面开始独断专行，性格变得暴虐，国人开始对他产生了厌恶之心，莒国的国力也开始下滑，莒国的衰弱和危机正在酝酿发酵。

①　苏兆庆《莒县文物志》，齐鲁书社 1993 年版。

10. 莒犁比公之死

齐庄公对晋国发动进攻以后又后怕了，担心晋国联合各路诸侯报复，于是决定约见楚康王，齐楚两国结盟抗晋。公元前 549 年，楚康王派太宰薳启彊到齐国聘问，约定会见的日期。同年秋，齐庄公打探到晋国欲出兵报仇，只好先求寻应对晋国之策，就派遣大夫陈无宇跟随薳启彊到楚国，并请求楚国出兵援齐。出行之时齐大夫崔杼带兵护送他们出齐境，在到达莒齐边界时，崔杼乘机进攻莒国，侵袭了莒国的城邑介根①。齐国和楚国联盟之事被晋国得知，晋平公会鲁襄公、宋平公、卫殇公、郑简公、曹武公、莒犁比公、邾子、滕子、薛伯、杞伯、小邾子于夷仪②，商讨准备进攻齐国。但是这年秋天阴雨不止，洪水泛滥，联兵伐齐行动受阻，只得作罢。冬季，楚康王进攻郑国，借伐郑以救援齐国，果然引起晋国警惕，晋平公只好暂时放弃伐齐的打算，联合各路诸侯救郑抗楚。莒犁比公亲自带兵参战，此时的莒国因齐国的数次征伐，对齐怨恨很深，极力靠拢晋国，想借晋国之力抵抗齐国。

公元前 548 年春，齐国的崔杼率领军队进攻鲁国北部边境，南边的楚国也虎视眈眈地注视着北方诸侯国的战况，晋国为商讨应对齐国的计策，于五月会鲁侯、宋公、卫侯、郑伯、曹伯、莒犁比公、邾子、滕子、薛伯、杞伯、小邾子于夷仪。齐庄公因有了楚国作同盟国，并没有因此而胆怯，反而再次出兵进攻晋国，晋国惧怕，这更引起了其他各诸侯国的震惊。消息传到莒国，莒人更是恐惧，莒犁比公觉得应该偷偷和齐国讲和，齐国毕竟是近邻，而且目前齐国的国力明显强于晋国。《左传·襄公二十

---

① 杜注：莒邑。今城阳黔陬县东北计基城是也。
② 夷仪，今邢台市西部浆水镇。

五年》载："夏五月，莒为且于之役故，莒子朝于齐。"这年五月，莒犁比公因为且于之战一事，准备上齐国道歉并朝见齐庄公。还没来得出发，齐国发生了内乱。齐庄公和棠姜私通，棠姜的丈夫崔武子知道了此事，千方百计想杀齐庄公。五月十七日，齐庄公以问候崔武子的名义去他家，乘机又与棠姜幽会。齐庄公刚关上大门，这时候甲士们突然从四面一哄而出向齐庄公杀来，齐庄公登上高台请求免死，众人不答应；齐庄公退一步请求在太庙自杀，还得不到答应。最后无奈之下，齐庄公跳墙想逃跑，这时有人用箭射中他，齐庄公摔落在墙内，被众人杀死。其亲信卢蒲癸逃亡到晋国，王何逃亡到莒国。一代雄主齐庄公就这样稀里糊涂的死去。

莒国内城城墙遗址

　　齐庄公被杀后，其弟杵臼继位，是为齐景公。《春秋左传正义》载："六月辛巳，齐公与大夫及莒子盟。"杜注："莒子朝齐，遇崔杼作乱，未去，故复与景公盟。"莒齐的这次和解，应该是成功的，新继位的齐景公在对莒的政策上有所缓和。晋国得知齐庄公被杀，晋平公渡过泮水，和鲁襄公、宋平公、卫殇公、郑简公、曹武公、莒犁比公、邾于、滕子、薛伯、杞伯、小邾子在夷仪会合，想趁齐国内乱之机进攻齐国，以报齐师伐晋之仇。莒国不敢不从，只得参加，一面偷偷和好齐国，一面还要瞒着晋国。齐景公不想走庄公的老路，准备与晋国讲和，于是齐景公把宗庙里的祭器和乐器送给晋平公，并给各诸侯国都赠送了财礼。礼乐之器代表一个国家的地位尊严，属国之重器，齐国以礼器相赠，表明愿意顺从晋国，于是晋平公答应了齐国的讲和请求。这年七月二十日，诸侯在重丘①结盟，庆贺齐晋和好。这结局应该是莒犁比公所希望的，莒国至少不用在齐晋两国间左右为难了。

由于齐晋结盟和好，莒国又与齐和解，此后几年间诸侯国之间的关系相对较为安定，从《春秋》上看，除了几次小的会盟外，这期间莒国基本无事。《春秋·襄公》载："二十有九年夏五月，仲孙羯会晋荀盈、齐高止、宋华定、卫世叔仪、郑公孙段、曹人、莒人、滕子、薛人、小邾人城杞。""三十年冬晋人、齐人、宋人、卫人、郑人、曹人、莒人、邾人、滕子、薛人、杞人、小邾人会于澶渊，宋灾故。"这是《春秋》所载的公元前544年和公元前543年莒国参加的两次会盟。莒犁比公没有亲自参加，只是派了大臣去。前一次会盟是为杞国修筑城墙；后一次是因为宋国发生火灾，诸侯国商议救助宋国之事，都是友好的会盟。

公元前542年，诸侯国之间再次进入了动荡时期，先是齐国发生内乱，齐国大夫闾丘婴被另一大夫子尾所杀，子尾驱逐了齐公子，其党羽工偻洒、渻灶、孔虺、贾寅为求自保，逃亡到莒国。其后，莒国也进入了混乱的一年，《春秋》载："十有一月，莒人杀其君密州。"这一年的十一月，莒犁比公被国人杀害，关于犁比公被杀的原因，《左传》中有详细的记载，《左传·襄公三十一年》载："莒犁比公生去疾及展舆，既立展舆，又废之。犁比公虐，国人患之。十一月，展舆因国人以攻莒子，弒之，乃立。去疾奔齐，齐出也。展舆，吴出也。书曰，莒人弒其君买朱鉏。言罪之在

①　今山东茌平县广平乡驻地。

也。"杜预注曰："犁比，莒子密州之号。"犁比公生了两个儿子，去疾和展舆，已经立了展舆为太子，又废了他。犁比公暴虐，国内的民众们为此人人自危。十一月，展舆策动国内臣民攻打莒犁比公，杀死了他，自立为国君。公子去疾逃亡到齐国，因为他是齐女所生的，逃到自己的姥姥家避难。《左传》记载说"犁比公虐，国人患之"，杜预注曰："罪在鉏也"，这是说罪过在于莒犁比公。莒犁比公首先性格"虐"，平日脾气暴躁，加之晚年好大喜功，所以莒国的人们"患之"，这已经为他的结局埋下了祸根；然后他又在立太子这个问题上反复无常，已经立展舆，又因为喜欢另一个儿子去疾，又把展舆废掉了。这引起了展舆的怨恨。于是展舆借国人不满犁比公的心理，号召国人讨伐莒犁比公，国人心中本有怨气，一呼百应，借莒国臣民之手杀死了犁比公。

莒犁比公，名密州，莒渠丘公之子，莒国第 17 任君主。前 577 年—前 543 年在位，共主政 35 年。开创了莒国历史上最辉煌的"犁比公之治"，将莒国的繁盛推向了顶峰，是开创了莒国盛世的一代雄主。但晚年暴虐，稀里糊涂的被自己的儿子带领国人杀死。就以这样的方式为自己人生结局画上了句号。他的儿子去疾逃奔到了齐国，展舆继位为君，是为莒废公，从此，莒国开始走向衰落。

11. 莒废公出逃及莒著丘公继位

公元前 543 年，莒犁比公之子展舆因自己的太子之位被废，于是策动国人叛乱，杀死了犁比公，展舆之弟去疾逃到了齐国，展舆自立为君。莒废公主政之初就显出平庸的一面，非但不能继承其父开创的莒国盛世，反而在国内为君不仁，滥杀无辜，弄得国内人心惶惶。从史料中来看，这段时间内，诸侯国之间的交往或盟会中，基本看不到有莒国的位置，可见莒国自犁比公死后，国家形势没落之快。

春秋时期莒国编钟

公元前 542 年，楚国公子围和叔孙豹、晋国赵武、齐国国弱、宋国向戌、陈国公子招、蔡国公子归生、郑国罕虎、许国人、曹国人在虢地会见，重温宋国盟会的友好。这时楚、晋表面上交好，此次是楚国占先组织了这次盟会，晋国不得已只得认同了楚国作为此次会盟的主导国。到了这年的三月，鲁国见诸侯冷落莒国，而莒国正值犁比公被害，内乱刚息，莒废公无能，于是兴起了讨伐莒国的念头。《春秋·昭公》载："三月，取郓。"这年三月，鲁国的季武子进攻莒国，占据了郓地，《十三经注疏》载："传云：莒鲁争郓，为日久矣。"说明长期以来，莒鲁两国为了边界上的"郓地"始终争伐不止。此次鲁国趁莒国内乱之机，袭取了郓地。但是《左传》中杜注进一步解释道："兵未加莒而郓服，故书取而不言伐。"意思是鲁国的军队还没有展开进攻，郓地居民就臣服了，这说明在犁民公晚年的暴虐之治下，莒国民众已经对其怨恨有加，只是未得反叛的机会。所以此次鲁国大军一到，莒国郓地臣民就倒戈投降。

由于莒废公的无能，没有敢对"鲁取郓"做出相应的军事行动，只得求于晋国。从当时的社会形势及莒国的国力来看，莒废公求于晋国之举也是一条正途，毕竟莒国不是鲁国的对手，但前提条件是晋国能主持正义。《左传·昭公元年》记载："莒人告于会"。莒国人向盟会报告了这件事，晋国偏向于鲁，对于莒的告发想置之不理，却被楚国抓住把柄，楚国对晋国说："我们刚刚重温了过去的盟会，鲁国就不守盟约，进攻莒国，请求诛杀鲁国的使者。"在楚国的步步紧逼下鲁国恐惧了，用财物向诸侯国行贿，并且推卸责任说："此次伐莒取郓应当埋怨大夫季孙，是他派叔孙带兵征伐得，鲁国国君有什么罪过呢？"晋国的赵孟也替鲁国说话："莒国边境上的事情，楚国就不要过问了，也不要烦劳其他诸侯。因为莒国、鲁国争执郓地日子很久了。只要对他们国家没有大妨害，可以不必去理会。"北方各诸侯国收了鲁国财物，都站出来替鲁国说情，诸侯国基本一边倒，楚国看清了形势，只得作罢。在晋国的偏袒下，莒废公只能眼睁睁看着郓地从莒国地盘中划归到鲁国疆域中去。

　　莒废公在军事和外交上表现得很无能，但对内在朝中却对自己的臣属们下狠手，对待臣暴戾之极，并利用国君的权力为所欲为。他下令夺去了所有莒国公子们的俸禄，这一下在朝中引起轩然大波，莒国公子和大臣们商议集体反抗，办法就是驱逐莒废公。《左传·昭公元年》载："莒展舆立，而夺群公子秩。公子召去疾于齐。秋，齐公子鉏纳去疾，展舆奔吴。"公子们秘密的去齐国，请齐国出面把去疾送回莒国，让去疾继位为君，驱逐莒废公。齐国从两国关系考虑，觉得此事有利于齐，扶持去疾继位后，去疾一定会感邀齐国，莒国从此可以站到齐国的一边。于是在这年秋季，齐国的公子鉏把去疾护送回莒国，继位不到一年的莒废公闻讯连夜逃亡到了吴国，因为自己的母亲是吴国人。鲁国见莒国内乱一波未止，一波又起，趁机派大将叔弓率领军队到达郓地的疆界划定界线，这时候，莒国的大臣务娄、瞀胡和公子灭明等人怕在国内祸及自身，都逃奔齐国而去，连同自己的封地、城邑、人口名册一并交给了齐国，又有几座城邑从莒国版图上消失。

公元前 541 年，莒公子去疾在齐国的帮助下回国继位，是为莒著丘公，著丘公仍没能复兴其父犁比公在位时的莒国辉煌。自此之后，莒国始终笼罩在周边齐、鲁等国家的威胁和打压之下。

第七章　春秋晚期的莒国

1. 莒著丘公时期的莒鲁交兵

莒著丘公继位后，国内形势渐趋稳定，莒齐关系向友好的方向发展。《左传·昭公三年》载："齐侯田于莒"，即公元前539秋，齐景公在莒地打猎。杜注："莒，齐东竟"。在这里杜注似乎是说此"莒"为齐国的境内东部地区，亦可理解为齐东边境上的"莒地"，杜注太过模糊。从齐莒地理位置及当时的两国关系来看，在这个地方的"齐东竟"应该是齐国东南部的莒国疆域，而不是说此"莒地"属齐国的东境。莒齐关系这段时间内交好，所以齐景公可以到莒国的地域内打猎。莒著丘公能回国继位，完全是齐国作为后台支持，莒著兵公应该对齐国是怀有感邀之心的。而且此时的齐国已成为同楚、晋、秦等大国比肩的诸侯国之一，莒著丘公内心中早把自己的国家当成了齐国的附庸国。

莒著丘公是在动荡、混乱形势下继位的，继位后虽然能交好诸国，稳定朝中局势，殊不如这几年来，莒犁比公的暴虐导致莒国人民怨声载道，后来公子展舆号召莒人暴动，集体弑杀了莒犁比公，再后来展舆也遭受驱逐，连续几年间，莒国因国君继位导致的内乱未曾停止，人民也流离失所，人心尽失，民怨太深。莒著丘公不懂得及时处理莒国内部平民们的矛盾，身边又缺少有能力的辅佐大臣，而此时的边境上又纷争不息，在这样的社会形势下，莒著丘公反而变本加厉的剥削，导致叛乱不可避免的再次发生了。首先发生叛乱的是鄅地的民众，《左传·昭公四年》说："莒乱，著丘公立而不抚鄅。"鄅国自公元前567年被莒国所灭后，立鄅国外孙为君，鄅一直作为莒国的附庸存在。鄅人本就不服莒人，几十年间无时不在伺机摆脱莒国的束缚，这种情况下，莒国又不去积极采取安抚政策，致使鄅莒矛盾日深。直到莒著丘公继位，莒国内乱，鄅人终于有了反莒的机会。公元前538年的九月，鄅人暴动，背叛莒国。此时在一边虎视眈眈的鲁国见有机可图，立刻发兵，鲁鄅两地遥相互应，莒著丘公软弱，莒国的国力也因这几年间内乱损耗巨大，拿不出兵力来和鄅鲁抗衡，只能任由鄅人投靠鲁国。《左传·昭公四年》："九月，取鄅，言易也。莒乱，著丘公立而不抚鄅，鄅叛而来，故曰取。凡克邑不用师徒曰取。"因为鄅国主动投鲁，鲁国没有出兵攻打，凡是攻下城邑，不使用兵力叫作"取"。面对鲁人取鄅，莒国无力征伐，任由鄅地消失于莒国的版图上。

鄅地之乱刚刚结束，莒国内部又生波澜。《左传·昭公五年》载："夏，莒牟夷以牟娄及防兹来奔。"公元前537年夏，莒国的大臣牟夷造反，背叛莒国，带了牟娄邑、防邑和兹邑的地图投奔到鲁国，将这三处城邑献给了鲁，鲁国未出一兵一卒，多出三处城邑，莒国疆域再次缩小。

春秋莒国编镈

　　莒国无力与鲁抗争，但不能眼睁睁看国土失去，于是再次求救于晋国，想请作为霸主的晋国出面主持公道。《左传·昭公五年》载："莒人愬于晋。晋侯欲止公，范献子曰：不可。"晋平公作为盟主，了解情况后想主持公道，而此时的鲁昭公正好在晋国，晋平公和大臣商议扣留鲁昭公。晋国上卿范献子说："不行。鲁昭公是来朝见的，此时囚禁他，这就如同引诱。晋国作为盟主国，讨伐附属国不用武力，而用引诱来取得成功，这是怠惰。做盟主犯了这两条，恐怕不行！还是让他回去，等有机会时再用武力去讨伐他们。"于是就放鲁昭公回国了。

　　莒著丘公见晋国似乎在有意偏袒鲁国，感觉有失颜面，大怒之下决定出兵伐鲁，虽然不敌，也要一争，这次的著丘公终于表现了一次勇敢和坚强。公元前537年七月，莒著丘公下令出兵伐鲁，向鲁国讨要牟夷等地，两军相会于蚡泉①。七月十四日，莒国全部军队开出，决定与鲁国一较高下。鲁国巧用计策，趁莒国不注意，袭击了莒国军营，莒军大乱。《左传》中就此战的说法是："莒人来讨，不设备。戊辰，叔弓败诸蚡泉，莒未陈也。"莒国军队刚一上阵就乱了阵脚，他们在出师伐鲁时，军营没有设防，不留驻守，也没有摆开阵势，被鲁国突袭，莒师大败。这一战没有在诸侯国中引发影响，应该说是作为盟主的晋国故作不知，放任莒鲁两国去厮杀。《左传·昭公六年》载："夏，季孙宿如晋，拜莒田也。晋侯享之。"公元前536年夏季，鲁国的季孙宿到晋国去，拜谢晋国。因为鲁国得到了莒国的城邑土地，又打败了莒国的进攻，晋国没有按照盟约的规定处罚鲁国，而且晋平公还设享礼招待他。

　　晋平公的举动更使得鲁国有恃无恐，莒著丘公无奈，只得努力想法缓解矛盾。首先讨好晋国，将莒国制作精美的两个鼎送给晋国，然后与齐、

---

　　① 春秋鲁地。在今山东沂南县西南。

楚等国往来，寻求庇护。鲁国得知消息后，也决定交好楚国，公元 535 年三月，鲁昭公亲自到楚国去，想与楚结盟，途经郑国，郑简公在师之梁慰劳鲁昭公。因郑国处于晋楚之间，兵家必争之地，多次遭到晋楚征讨，此次鲁昭公赴楚，郑简公前来打探各国形势。鲁昭公走后，郑国派子产到晋国聘问，此时正好晋平公有病。韩宣子迎接他，私下说："寡君卧病，到现在三个月了，所应该祭祀的山川都祈祷过了，但是病情只有增加而没有好转。现在梦见黄熊进入寝门，这是什么恶鬼？"子产回答说："以君王的英明，您做正卿，哪里会有恶鬼？从前尧在羽山杀死了鲧，他的精灵变成黄熊，钻进羽渊里，成为夏朝郊祭的神灵，三代都祭祀他。晋国做盟主，或者没有祭祀他吧！"韩宣子祭祀了鲧，晋平公的病果然逐渐痊愈，为感谢子产，就把上次莒国送来两个方鼎赏赐了他。子产将鲁昭公出使楚国的事偷偷告诉了晋平公，晋平公心中不满，对鲁国多了一份戒心。

鲁昭公不知自己出使楚国的事被晋国知晓了，还以为有了晋国的支持，又与楚国交好，可以有恃无恐了，于是就越发嚣张。《春秋·昭公》："十年，秋七月，季孙意如、叔弓、仲孙玃帅师伐莒。"公元前 532 年七月，鲁国再次伐莒，鲁国季平子率师进攻莒国，占领郠地。"郠地"杜注："莒邑"。应该在莒鲁边界，今沂水县北部。《左传·昭公十年》载："秋七月，平子伐莒，取郠，献俘，始用人于亳社。"杜预注："亳社，商社，诸侯有之，所以戒亡国。"鲁国不仅攻取了莒国的郠地，而且奉献俘虏，杀了郠地的莒人，在亳社开始用人祭祀。鲁国的人祭行为传出，引起其他诸侯国的声讨，《左传·昭公十年》："臧武仲在齐，闻之，曰：'周公其不飨鲁祭乎！周公飨义，鲁无义。'《诗》曰：'德音孔昭，视民不佻。佻之谓甚矣，而壹用之，将谁福哉'？"译成白话是说臧武子在齐国，听到了这件事，说："周公大约不去享用鲁国的祭祀了吧！周公享用合于道义的祭祀，鲁国不符合道义。《诗》说：'那德行声誉特别显明，让百姓不要轻佻随便。'

现在鲁国的做法可以说轻佻随便得过分了，而把人同牲畜一样使用，上天将会降福给谁呀！"

同年七月初三，晋平公死。九月，莒著丘公派大臣前往晋国，参加晋平公的安葬仪式并借机寻求晋国的庇护和支持。

2. 平丘之盟

晋平公死后，其子姬夷继位，是为晋昭公。公元前530年，诸侯国都去晋国朝贺，晋昭公新君继位，朝气蓬勃，他明白诸侯之所以前来朝贺，是惧于晋国先君们几十年来树立的威信，自己想继续号召诸侯，必须树立自己的威信。莒国看准了时机，趁机在晋昭公面前将鲁国多次伐莒，并且攻占了郓地的事告诉了晋昭公，晋昭公正愁找不到树威立信的办法，莒国就送上门来了。于是晋昭公决定为莒国主持公道，拿鲁国在诸侯国中立威。但按照礼制，此时的晋国正在晋平公的丧事期内，只好先搁置一段时间。鲁昭公本准备去晋国朝见晋昭公，已经在路上了，听闻莒国告发之事后，到达黄河边又返回鲁国了。此次莒国的告发，为此后晋鲁关系埋下了伏笔。

公元前529年秋，晋昭公采纳韩起、叔向的建议，出动倾国之兵，召集列国诸侯在平丘①会盟。会盟的第一要事就是商议鲁国侵伐

古平丘遗址

---

① 平丘，今河南新乡市封丘县东部黄陵镇平街村。

171

莒国、邾国的问题。齐景公拒绝参加会盟，因为此时楚国继续向北扩张，军事行动不断，而晋国主导平丘会盟显然是借鲁莒之怨达到号召诸侯争夺霸权的目的。齐国与晋国本来就是北方两大霸主国，为争霸主之位互不相容，现在晋平公已死，齐国更不把晋国放在眼里。

为了能让齐国参加，晋昭公故意打出周天子的旗号。在取得周天子的同意后，派上卿叔向亲自去齐国，向齐景公发出邀请。文献是这样记载的，上卿叔向说："诸侯们都请求与您结盟，已经全部集合，现在只有您没到，晋侯想知道您的理由。"齐景公命人答复："只有当惩处叛离的国家，诸侯们才需要寻盟。现在并没有人背叛，大家很和谐啊，这个盟有什么好寻的？"叔向回道："国家之败坏，就在于有事业而没有贡赋，这样事业便缺乏支持；有支持而没有礼仪，支持就缺乏秩序；有秩序而没有威严，秩序就缺乏敬畏；有威严而不昭示，敬畏就难以彰显。不能彰显，敬畏就会被抛弃，百事都难以完成，最终将导致国家的倾覆。因此，周王的制度规定，令诸侯每年聘问一次，进献贡赋，以实现自己的支持；三年朝见一次，以讲习礼仪；六年集会一次，以昭示威严；十二年结盟一次，以使诸侯更加明白。使盟友记住职责，按等级修明礼仪，向诸侯昭示威严，向神明昭告信义，自古以来都是如此，没有谁敢疏忽大意，这是国家存亡的关键，国家的兴盛，无不由于遵守以上法则。现在晋国依照礼仪主盟，很担心事情不能办好。盟誓所用的牺牲都为齐侯准备好了，就是为了事情能圆满结束。现在齐侯却废除这一规矩，认为结盟没用，请君王认真考虑一下。"齐景公迟疑了，因为其他诸侯国都参加了这次会盟，一言不合，晋国可能带诸侯联军伐齐，于是只好回复："小国说了话，大国加以决断，岂敢不听从？已经知道了你们的意思了，我们齐国会恭恭敬敬地前去，时间迟早听任君王的决定。"

八月初四日，晋昭公检阅军队。初六日晋昭公正式接受诸侯们朝见，

《左传·昭公十三年》："邾人、莒人言斥于晋曰：'鲁朝夕伐我，几亡矣。我之不共，鲁故之以'。"莒邾两国一起向晋昭公控诉说："鲁国经常进攻我国，我国快要灭亡了。我国不能进贡财礼，是由于鲁国的缘故。"晋昭公表现出对鲁国很愤怒的态度，不再接见鲁昭公，派叔向去下达通知："诸侯将要在初七日结盟，晋侯不能接见鲁侯，请鲁侯不要参加此次会盟了。"晋昭公想借处理莒、邾控诉鲁国一事立威，鲁国虽然心里恐惧，但颜面上过不去，只好装出一副硬气的嘴脸，派大夫子服惠伯回复晋国叔向："莒、邾及蛮夷之国，如果晋侯非要采信蛮夷的投诉，和我们兄弟之国绝交，抛弃周公的后代，那就随您的便吧，鲁侯知道了！"

叔向作为晋国老臣，自然不甘示弱，他说："晋侯有装载甲士的战车四千辆在那里，即使不按常规办事，又能怎么样？何况鲁国无故伐莒是事实，现在晋侯是主持正义，有谁能抵挡？牛虽然瘦，压在小猪身上，难道怕小猪不怕死？对南蒯（费邑宰）、子仲（公子憖）之忧，难道忘记了吗？如果凭晋国之众，使用诸侯的军队，依靠邾国、莒国、杞国、鄫国的愤怒，来讨伐鲁国的罪过，利用你们对那两个人的忧虑，什么要求得不到？"鲁国恐惧，担心一言不合，晋国召集诸侯联军共同伐鲁，只好默认听从晋国发落。

八月初六日，正式结盟。《春秋·昭公》："公会刘子、晋侯、宋公、卫侯、郑伯、曹伯、莒子、邾子、滕子、薛伯、杞伯、小邾子于平丘。八月甲戌，同盟于平丘。公不与盟。"八月六日（甲戌），晋昭公会刘献公、宋元公、卫灵公、郑定公、曹武公、莒著丘公、邾庄公、滕悼公、薛伯、杞平公、小邾穆公在平丘结盟。为惩治鲁国侵略莒国的罪过，此次会盟不仅取消了鲁昭公参会的资格，而且拘捕了当时主导伐莒的鲁国执政季平子，用幕布遮住他，让狄人看守。会盟结束，晋国人带了鲁国季孙回到晋国处置。

这年十月，鲁昭公想到晋国去，对鲁国伐莒一事作些解释，与晋国修好。已到达黄河边上，晋国因鲁国季孙尚在晋国没有处理，认为囚禁别国大臣再会见其国君，与礼不合，于是派人到黄河边上辞谢了鲁昭公，鲁昭公只得半道返回。

此次平丘之盟是晋国借莒鲁之怨而主导，参加人数之多，规格之高，应为历次会盟之最。按《左传》所载："寡君有甲车四千乘在，虽以无道行之。"兵车4000乘，按当时兵车计算，兵力当在30万人以上，因此，平丘之会应该春秋时期出动兵力最多、规模最大的一次。此次会盟，晋国显然想借"莒鲁之怨"重立霸主地位，在处理莒鲁两国之争上，首先取消鲁昭会参加会盟的资格，进而拘禁了鲁国执政季孙，最后迫使鲁国就范，作为一个霸主，晋昭公做到了公平与公正。此后莒鲁关系得到缓解，加之齐、楚不断壮大，严重的威胁到周边小国，鲁国的注意力也从莒鲁边境之争转移到对齐楚的防范上了。

3. 莒郊公和莒共公君位之争

公元前528年，莒著丘公去世，太子己狂继位，是为莒郊公。自犁比公后，继任的几位莒国国君皆昏庸之辈，能力平平。莒郊公继位之前应该也是一位不务正业的纨绔子弟，在著丘公还在世的时候他就盯上父亲的国君之位了，盼望其父尽早死去，他可以早日登基。著丘公生病后，他更是开心不已，日思夜想的君主之位终于要到手了。没有几个月，著丘公果然死去了，太子狂喜悦的表情毫不掩饰，不仅不悲伤，反而在大庭广众之下开心的大笑，《左传》中明白地记载道："莒着（著）丘公卒，郊公不戚。"新继位的莒郊公沉浸在至高的国君权力之乐中，连父亲的葬礼都置之不理，他的表现让臣民们很是愤怒，纷纷指责莒郊公。臣属们也为自身担忧，既然莒郊公连对自己的父亲都这样的无情无义，那日后为君，对臣民的态度更是可想而知。于是有的大臣建议驱逐莒郊公，立著丘公的弟弟庚舆为君。这时朝中分为两派，大臣蒲馀侯讨厌公子意恢而和庚舆要好；郊公讨厌公子铎而和意恢要好。于是公子铎找到蒲馀侯和他商量说："你去杀死公子意恢，我赶走国君，我们接纳庚舆，扶庚舆为君，这样我们可以得到善终。"蒲馀侯答应了这件事，开始密谋行动。

太子狂和庚舆是叔侄关系，狂是莒著丘公去疾的儿子，庚舆是莒著丘公的弟弟，叔侄本应该互帮互辅，由于君位之争，此时却成了对立关系。莒郊公为了稳固自己的君位，想杀了自己的亲叔叔庚舆以绝后患。得知消息的庚舆，为求自保只好跑到了齐国避难。赶跑威胁王位的叔叔后，莒郊公更是觉得没有忧患了，整日不理政事，荒淫无道，莒国被他搞得乌烟瘴气，国民怨声载道。"自作孽，不可活"，不久，祸事终于找上门来。《左传·昭公十四年》记曰："冬十二月，蒲余侯兹夫杀莒公子意恢，郊公奔齐。公子铎逆庚舆于齐。齐隰党、公子锄送之，有赂田。"是说十二月，大臣蒲馀侯兹夫杀死了莒国的公子意恢。驱逐莒郊公，莒郊公只得逃亡到齐国。

莒郊公奔齐后，公子铎奔赴齐国，求得齐国的帮助，护送庚舆回国继位，齐国命令隰党和公子鉏送庚舆回莒。庚舆在齐国的帮助下回国继位为君，是为莒共公，这是继莒著丘公后，又一位被齐国扶上莒国国君的君主。为感谢齐国的帮助，莒共公向齐国贿赂土田，将莒国靠近齐国的一部分土地割让给齐国。莒国的疆域在著丘公在位时，因鄑人背叛及鲁国多次讨伐，已失去几座城邑。现在莒共公又割让部分土地给齐国，莒国疆域再次缩小。

4. 齐国伐莒与莒共公"南都纪鄣"

公元前529年的"平丘之盟"，鲁国因无故讨伐莒、邾两国，被晋昭公排斥在外无缘与会，这对鲁国的震慑和打击是巨大的。鲁国是周公之后，一向以礼仪著称于世，在平丘之会上，当着众诸侯国的面被晋国取消了参会资格，鲁昭公心中羞怒却又不敢言。此后，鲁国曾多次想讨好晋国未找到机会。自平丘之盟后，鲁国在对外军事上基本收敛住了，特别对莒国的军事讨伐和两国边境之争，从史料上来看很难找到了。公元前527年冬，鲁昭公亲自到晋国去，陈述莒、鲁关系，汇报当年平丘之盟的盟约在鲁国的落实情况，这次晋昭公对鲁昭公依礼进行了接见。晋国之所以要这样做，是有自己的打算的，不是因为鲁国气势收敛了，主要是看到齐国壮大，威胁到了晋国的地位，如果再不拉拢鲁国，鲁国就会跑到齐国一边。

平丘之盟中晋国打压了鲁国，给了莒国应有的公道和地位，虽然莒著丘公去世，但莒国老臣们尚在，他们提醒莒共公不能只顾靠笼齐国而忽视了晋国，毕竟现在大多数的诸侯国还是站在晋国一边。莒共公是个没有主见的人，觉得大臣们的话有道理，就直接撇开齐国调头倒附晋国。齐国得知情况后怒不可言，意欲伐莒，但碍于平丘之盟的约定，不能无故的欺负其它小国，但又心有不甘，齐国想到徐国没有参加平丘会盟，就决定攻打徐国，然后从莒国借道，用武力震慑一下莒国。公元前526年春，齐景公发兵进攻徐国。二月十四日，齐国大军刚至蒲隧，还未进入徐国境内，徐国就遣使求和。莒共公也深感恐惧，生怕徐国已服，齐兵会调头攻击自己，后悔自己弃齐事晋的决定，赶紧也派使者表示臣服。《左传·昭公十六年》："二月丙申，齐师至于蒲隧。徐人行成。徐子及郯人、莒人会齐侯，盟于蒲隧①。"齐、徐、莒、郯四国在蒲隧结盟，这次蒲隧之盟，晋国没有任何表态。从当时的社会形势来看，齐国的这次军事行动是表面伐徐，目的为了威胁震慑莒国；并且想试探一下晋国的态度，晋国的沉默表

---

① 在今江苏睢宁县西南。

明了齐景公与晋国争夺霸主的初步胜利。

纪鄣城遗址

公元前 526 年八月晋昭公死，子晋顷公继位，晋国威信进一步减弱。齐景公愈加大胆地干预起别国事务，行使起盟主才能行使的权力。此时的莒共公还是没有看清形势，虽然蒲隧之盟臣于齐国，但仍以晋为盟主，与晋国来往不断。公元前 523 年，齐景公派军队讨伐莒国，《左传·昭公十九年》："秋，齐高发帅师伐莒。莒子奔纪鄣。"杜注："莒不事齐故。"因为莒国不事齐，所以齐国兴兵伐莒，莒国没有防备，加之国力不足，根本没有办法抵抗，莒共公只好弃城南逃纪鄣。齐国一路追赶而来，《左传》记载这样的一个故事："莒有妇人，莒子杀其夫，已为嫠妇。及老，托于纪鄣，纺焉以度而去之。及师至，则投诸外。或献诸子占，子占使师夜缒而登。登者六十人。缒绝。师鼓噪，城上之人亦噪。莒共公惧，启西门而出。"意思是说莒子逃亡至纪鄣，齐国军队又继续追击。当初，在莒国有一个女人，莒子杀了她的丈夫，这个女人便迁至纪鄣，以搓麻绳为生。齐国军队攻城时，她便将搓好的绳子顺着城墙扔到城外，协助齐军攀绳攻城。待 60 人登上城头时，绳子断了。这时，进入城内的士兵与城外的大部队一同大声呼喊。莒子闻风丧胆，从西门逃奔。七月十四日，齐军进入莒国纪鄣城。

此次齐人伐莒，只是想教训一下莒国，按当时的实力，齐国完全可以灭莒。但如果齐国灭莒，不仅违背了平丘之盟，成为众诸侯国的公敌，而且即使灭了莒国，因夷人好斗，齐国也没有足够的精力来统治莒国，反而乱上加乱。所以此次伐莒，齐军一路追赶莒共公到纪鄣，只是想展示一下国力，以教训莒"恃晋不事齐"的行为，齐国撤退后，莒共公才敢偷偷地潜回纪鄣。

纪鄣作为莒国的重要城邑，设施应该是相当完备的，所以齐国一攻进莒城，莒共公就选择南逃纪鄣，纪鄣城应该是莒子早就留好的后路或陪都。因为纪鄣城距离齐国较远，为防止齐国偷袭，莒共公不敢返回国都，就一直在纪鄣城住了下来，纪鄣成为莒国的南都。史料中虽然没有详细记载"莒国迁都纪鄣"，但我们可以猜测，莒国应该就是从这个时候开始，把纪鄣作为陪都的。《太平寰宇记》记载："纪鄣古城在怀仁县东北七十五里，今赣榆县柘汪镇东近海。为西周纪子帛之国，为莒国都城之一。"可见，史书中是把纪鄣作为莒国都城之一记载的。从《左传》的记载推测，至少从莒共公奔纪鄣的公元前 523 年起，因他惧于齐国的威胁，不敢还于旧都，所以就暂时都于纪鄣。齐军撤退后，旧都莒城虽然又恢复了秩序，但莒共公应该没有迁都回莒，只是派大臣或公子镇守。

公元前 520 年春天，齐国的大将北郭启再次领兵进攻莒国，因为此次齐国兵力很少，莒共公得知后认为可以一战，高估了自己的能力，并且没有考虑到后果。大臣苑羊牧之劝谏说："齐国的将领地位低下，他的要求不多，不如向他低头求和，大国是不能激怒的。"莒共公不听，只考虑到眼前的战局，于是出兵和齐军作战，果然在寿馀打败了齐军。但麻烦来了，齐景公得知情况后，亲自领兵再次讨伐莒国。大军压境之下，莒共公恐惧了，只好向齐国求和。齐景公本无意灭莒，于是就答应了，派司马灶到莒国参加结盟，然后莒共公亲自到齐国朝见，并与齐结盟，在齐国稷门外边盟誓，莒共公臣服。此时的齐国虽没有灭莒，但莒国完全是在齐国的掌握之中。此次莒齐会盟后，莒共公以为天下太平，大概就是在这一年，才敢把国都从纪鄣迁回莒国旧都莒城。统之，莒国在莒共公时都于纪鄣城约不足三年时间，现在当地人尚传纪鄣为莒国故城之说，结合史料和遗址来看，莒国曾都于纪鄣是可信的，但也仅仅莒共公的三年时间。莒国晚年为避强齐依附于越国，或许也都于纪鄣一段时间，但没有史料和考古发现来佐证，只能作为猜测待考，我们后文再说。

莒共公当年扔下百姓，狼狈的弃城而逃，此次与齐盟誓又低头臣服于齐国，让国人很不耻，而他却不思悔改，依旧为所欲为，一场祸事正在酝酿。

5. 莒郊公复位

莒共公亲自赴齐朝见并会盟，在臣于齐国后，从纪鄣还于旧都莒城，从当时的社会形势及莒国实际情况来讲，莒共公选择附于齐国的战略是正确的，莒国当时的国力已经不是犁比公时的莒国了，不仅国力没落衰微，而且疆域面积大大减小，连鲁国尚且不敌，何况齐国。附于齐后，既避免了被鲁国侵犯的危险，又免于齐国的武力威胁。莒国本来可以借此机会休养生息，发展国力，安定国民。但莒共公不思进取，同被驱逐的莒郊公皆昏庸之辈。莒人赶走莒郊公，迎立莒共公，如同赶走狼迎回了虎，在荒唐和暴虐上，莒共公较莒郊公有过之而无不及。好在他选择臣于齐国，周边国家惧于齐国，也不敢对莒国贸然发动战争，莒国尚能苟存。

然而，莒共公残暴不仁，在国内滥杀无辜，国人情绪此起彼伏，随时有暴动的危险。莒共公看不清形势，依旧我行我素，终于在莒共公在位的第八年，即公元前519年，莒国大臣乌存带领国人发生暴动，意欲赶走莒共公。据《左传·昭公二十三年》载："莒子庚舆虐而好剑，苟铸剑，必试诸人。国人患之。又将叛齐。乌存帅国人以逐之。"莒共公庚舆性格残暴，他喜欢剑，每铸好一把剑，必要在活人身上试剑，国内的人们都惧怕他。"又将叛齐"，莒共公是齐国扶上台的，此时却又想结好晋国，背叛齐国，在忍无可忍的情况下，国人暴动了，莒国的大臣乌存率领国内的人们驱逐他。莒共公在国人的暴动中下台，被迫逃离莒国。将要出国界时，听说乌存拿着殳在路边站着等他，他心中恐惧，担心乌存会把他扣留杀死；另一位大臣苑羊牧之说："君王过去吧！乌存由于勇力过人而出名就行了，何必用杀死国君来成名？"莒共公就逃出国门。《春秋·昭公》载："秋七月，莒子庚舆来奔。"因此前出奔得莒郊公尚在齐国，莒共公不敢逃奔齐国，只好奔鲁国而去。齐国闻听莒共公被逐的消息，为更好的控制莒国，趁机把当年逃奔在齐国的莒郊公己狅又送回莒国即位。莒郊公本是著丘公之子，著丘公死后继位，由于行事荒唐，昏庸无能，在鲁昭公十四年，即公元前528年被驱逐出国后一直躲在齐国生活。他应该想不到，事隔八年多后，当年发生的他身上的事会在他叔叔莒共公身上重演，他稀里糊涂的又被送回莒国继位，恢复当年的莒郊公称号。一切仿佛历史在倒带，变得那么的荒唐。

重新继位的莒郊公在暴虐上较之前有所收敛。但他没有治国理政的能力，不会知人用人，身虽在君位，却难以根据当时的社会形势灵活的掌控莒国的走向，庸庸碌碌地待在国君的位子上一事无成。就这样，莒郊公在位统治莒国27年，一直到公元前481年去世，《春秋·哀公》记载："五月，莒子狅卒。"在这 27 年间，莒国的国力如秋风落叶，摇摇欲坠。

6. 莒郊公统治下的莒国

莒郊公当年因"无礼于国"，众叛亲离，被驱逐出国，此次虽在齐国的扶助下回国复位，但是失去的人心难以挽回。加之此时的莒国已是风雨飘摇，并且当时整个社会形势已由单一的诸侯争霸转换为列国强食的局面，莒国作为没落的小国，能在乱世下自保，不被大国吞并已是万幸了。

从史料中可以看出，在春秋末年的诸侯国会盟中，已经很少看到莒国的身影，早被排斥在大国之外了。《春秋·昭公》载："二十有六年，秋，公会齐侯、莒子、邾子、杞伯，盟于鄟陵。[①]"这次会盟是齐国主持的。原因是公元前516年春，鲁国内乱，鲁昭公避季氏之难被迫出逃奔齐，齐国帮鲁昭公讨伐季氏，先取郓地让鲁昭公居住。这年夏天，齐国使公子鉏率军送鲁昭公回国，鲁国季氏得知后用钱财重赂齐将，然后派公孙朝佯在炊鼻[②]抗拒护送鲁昭公的齐师，结果是齐国大败，鲁昭公没有能够回国，让齐国颜面大丢。以齐国的实力不至于败给鲁国，应该是齐国将领受了鲁国季氏的贿赂，故意败给了他。齐国答应鲁昭公的事没有办成，脸面放不下，而且霸主地位受挫，为了谋划送昭公回国，召集附近的诸侯国会盟研究此事。于是在这个秋天，齐景公召集鲁昭公和莒郊公、邾子、杞伯在鄟陵结盟，此次会盟之所以莒郊公能够参加，是因为莒国与鲁国地理位置上属近邻，齐国有用得着莒国的地方，所以才给了莒国一席之地；再者，齐国想称霸，晋楚等大国与他相争，他必须拉拢小国依附，得到小国的支持，这也是其中重要的原因之一。但这次会盟没有成效，最终没能想出让

① 今山东省临沭县石门乡。
② 今宁阳。

鲁昭公回国的办法，齐国的威信大减。其后数年鲁昭公先后逃亡到齐国、晋国，最后死在晋国。

公元前510年八月，周敬王派人到晋国去，让晋国主持增筑国都的城墙，虽然此时周天子名存实亡，但整个国家体制尚在，为天子办事，可以借此号召诸侯，重树霸主权威。于是在这年十一月，晋国的魏舒、韩不信到京师，然后在狄泉①会合诸侯的大夫，重温过去的盟约，命令增筑天子所居国都的城墙。《春秋·昭公》曰："三十有二年冬，仲孙何忌会晋韩不信、齐高张、宋仲几、卫世叔申、郑国参、曹人、莒人、薛人、杞人、小邾人城成周。"这次会盟莒郊公没有亲自参加，而是派大臣参加，从《春秋》的记载来看，此次响应晋国号召参加为周天子修筑城墙的仅北方几个小国而已，周边大国及南方几个国家都没有参加。《左传·定公元年》记载："城三旬而毕，乃曰诸侯之戍。"增筑城墙的工程三十天完工，然后诸侯的戍卒分别回国。

此时，南方吴、楚等国正征伐不止，楚国继续向北扩张，对中原一带的诸侯国造成严重的威胁。公元前505年，蔡侯到晋国去，请求进攻楚国。《春秋·定公》："四年三月，公会刘子、晋侯、宋公、蔡侯、卫侯、陈子、郑伯、许男、曹伯、莒子、邾子、顿子、胡子、滕子、薛伯、杞伯、小邾子、齐国夏于召陵②，侵楚。"这是发生在公元前504年的一次会盟，史称"召陵之盟"，莒郊公应邀参加，盟会的主要议题是讨伐楚国。因楚国对北方诸国有很大威胁，所以此次会盟北方主要的几个国家都参与了。

公元前490年，齐景公死，临终命上卿国夏与高张辅佐幼子吕荼即位。齐国大夫陈乞、鲍牧借机发动政变，掌握了齐国大权，国夏、高张二人被迫外逃，国夏奔莒避难，齐国政权落入陈氏之手。就在这一年，各诸侯国

---

① 今河南洛阳市东北汉魏故城内北隅。

② 今河南省漯河市东郡。

之间又乱作一团，南方楚、越、吴等国互相征讨；北方齐鲁、鲁邾、宋曹、晋卫等国相互征伐，诸侯国互相兼并，春秋霸主的社会格局已被完全打破，战国形势开始形成。公元前481年，齐国田乞、田恒在民众的支持下，以武力战胜齐简公亲信监止，齐简公出逃后被杀死。田恒从而掌握了齐国的大权。

同年五月，莒郊公死。《春秋·哀公》："十四年五月，莒子狂卒。"莒郊公作为一位昏庸之主，能在乱世中平静的死去，已是不易。

莒国同其他小国一样，处处小心翼翼事奉齐、晋等国，直到莒郊公死去，莒国也没能重新崛起。司马迁说："春秋之中，弑君三十六，亡国五十二，诸侯奔走不得保其社稷者，不可胜数。"[1] 此时的莒国，如秋风中的落叶，基本退出了历史的舞台，在诸侯兼并中慢慢被蚕食分解。

7. 莒鲁关系综述

莒、鲁两国的关系，从《春秋》《左传》的记载来看，自莒国从计斤迁都莒县开始就不和睦。由于莒国是东夷土著国，而鲁国既是周王室的兄弟同姓国，又是分封于鲁负责监督商后裔及东夷国家的权力执行国，对于东夷的莒国自是看不入眼。莒人好战，迁都于莒县后物质贫乏，为解决生计需要，只好侵占掠夺周边国家。鲁与莒相临，边界摩擦时有发生。

公元前715年，即鲁隐公八年，莒鲁"盟于浮来"。此次会盟可以说在短时间内为两国关系的缓和起到一定的作用。但两国此前结怨甚深，因边界之事不止一次的互相征讨，鲁莒为近邻，两国都想谋求发展的空间，从《左传》《史记》等史料中的记载看，始而争向，继而争郓、争鄆，且连续

---

① 《史记·太史公自序》中华书局，1972年版。

数次"莒伐鲁之东鄙"。从鲁文公到鲁襄公年间，鲁莒军事冲突互有胜负，但总的来说，鲁并不占绝对优势。直到鲁昭公以后，莒国内乱不止，国君频繁更替，鲁国借机多次伐莒，使莒陷入"鲁朝夕伐我，几亡矣"的困境。自此，莒再也没有军事能力与鲁抗衡。

鲁国在春秋之初以王室正统自居，与周边国家往来甚少，唯与同姓兄弟国卫国交好。自鲁隐公元年开始，鲁国改变周王族同宗的高傲态度，开始交好各国。鲁与各匡交好的同时，莒国却对邻国大肆发动战争。隐公二年"莒人入向"；四年"莒人伐杞，取牟娄"。对此，后人评价："莒虽小国，东夷之雄者也，其为患不减于荆吴，自入春秋，未有入人之国者而莒入向，未有取人之地者，莒伐杞取牟娄，放恣无忌。"① 在此之前，诸侯国间依礼交往，未有灭人国或无故入侵别国土地者，莒国开此先河，是"春秋无义战"之始，可见莒国在当时的嚣张气焰。面对莒国肆无忌惮的用兵，鲁国也很担忧，但鲁隐公致力于结好各国，不愿再动刀兵，于是在纪国的调解下，于隐公八年"公及莒人盟于浮来"。此次会盟后，莒鲁关系开始缓和，此后在五六十年间莒鲁基本无战事。可见莒人虽好战，但也是守盟约重信义的国家。

《左传·桓公十二年》载："夏，盟于曲池，平杞、莒也。"自公元前720年，莒伐杞后，莒杞关系一直处于紧张的状态，杞国被迫西迁，念念不忘莒人"取牟娄"之仇，伺机报复。鲁国本与杞国交好，后又于莒国"盟与浮来"，于是想借杞、莒交恶之机，施恩于二国，以体现自己的正统大国的地位，于是在公元前700年盟于曲池，为杞国与莒国说和。这时的莒鲁两国关系表面上应该还是友好的。

齐桓公称霸后，鲁国屈服于齐国，诸侯国之间很少无故兴不义之兵，

---

① 杨善群：《莒国史诸问题探讨》，载《莒文化研究文集》山东人民出版社2002年版。

虽然齐桓公"尊王攘夷"，但莒齐无怨，齐对莒没有施压。此后数十年间，莒、鲁关系平和，关于莒鲁的交往，《春秋》《左传》记载不断：

"庄公十九年（前675年），夫人姜氏如莒。"

"庄公二十年（前674年），春王二月，夫人姜氏如莒。"

"闵公二年（前660年），公子庆父出奔莒。"

关于"庄公十九年，夫人姜氏如莒。"此姜氏即鲁桓公夫人文姜，她是齐僖公之女，齐襄公之妹，对于文姜出使莒国的原因，有学者认为鲁"欲与莒国联合叛齐"，也有学者认为"欲与莒国作媒联姻"，但皆无实据，从后来的发展看，似乎都讲不通。文姜为齐女，以她出使莒国联莒背叛自己的娘家似乎有悖常理，更何况此时齐国势头正旺，叛齐没有好处可得，亦行之不通。但对于姜氏的来访，莒国应该是欢迎的。

鲁庄公去世后，鲁国因国君人选问题发生了内乱。公元前660年，鲁庄公的长弟庆父与哀姜谋杀闵公，想自立为君。其弟季友知道后，与闵公的弟弟公子申联合鲁人要杀庆父。庆父害怕，逃到莒国避难，鲁国承诺用钱财向莒国换回庆父，莒接受鲁国的贿赂，把庆父遣回鲁国，庆父半路上自杀。《左传·闵公元年》载："庆父不死，鲁难未已。"庆父自知罪孽深重，回到鲁国肯定没有好下场，便在途中自杀了。庆父死后，鲁国承诺给莒国的钱财没有落实，于是在鲁僖公元年（公元前659年），莒人发兵向鲁国索取财物。《左传·僖公元年》："公子友帅师败莒师于郦，获莒拏"。鲁国没有兑现承诺，反而出兵抗莒，莒鲁交兵，莒国大败，由此莒鲁再次结怨。

卫国见莒鲁不和，想出面调解两国关系，在卫国的努力下，促成了会盟。《左传·僖公二十五年》："公会卫子、莒庆，盟于洮"，此时是公元前635年，到第二年，僖公二十六年"公会莒兹公、甯庄子盟于向，寻洮之盟也。"此使盟会，便莒鲁两国二十多年的对立关系再次得到和解。《左传

185

·文公七年》："冬，徐伐莒。莒人来请盟，穆伯如莒莅盟，且为仲逆"。

对于徐国的这次进攻，莒国请求鲁国支援，鲁国很痛快的答应，这种友好的关系一直持续到鲁宣公四年。公元前605年，《左传·宣公四年》载："公及齐平莒及郯。莒人不肯，公伐莒，取向"。莒国与郯国有摩擦，鲁与齐从中说和，想化解两国矛盾，但莒人不肯，鲁国于是借机讨伐莒国，"取向"，莒鲁关系又僵化。

莒国为得到大国的庇护，倒向晋国。引来齐鲁两国的不满，公元前598年，鲁齐联合伐莒。《左传·宣公十一年》："公孙归父会齐人伐莒"。原因就是因为齐晋争霸，而"莒恃晋而不事齐"。莒国恐惧，只得调过头来臣服于齐，由于齐国处在莒、鲁之近邻，莒鲁都惧于齐，这让莒鲁关系得以缓和。公元前583年，到了莒渠丘公时期，鲁国公孙婴齐如莒迎亲，可见这段时间内，莒鲁两国正常通婚，关系是和睦的，这种关系大约维持了十多年，其后因为鄫国问题，莒鲁关系再次破裂。

公元前569年，"邾人，莒人伐鄫"。两年后，即公元前567年，莒国灭鄫国。对此事，《左传·襄公六年》的记载说："莒人灭鄫，鄫恃赂也"。鄫国依仗送给鲁国财物，认为鲁国会保护自己，所以不把莒国放在眼里，结果被莒袭灭。鄫国附属于鲁国，莒国肯定是知道的，既然如此，那这次灭鄫应该是赤裸裸的对鲁国的藐视和挑战。此后莒国对鲁征伐不断，从《左传》中可见当时莒国之雄：

《左传·襄公八年》（前565年）："莒人伐我东鄙，以疆鄫田。"

《左传·襄公十年》（前563年）："秋，莒人伐我东鄙。"

《左传·襄公十二年》（前561年）："莒人伐我东鄙，围台。"

《左传·襄公十四年》（前559年）："莒人侵我东鄙。"

当时的莒国在位国君是莒犁比公，在犁比公的统治下，与晋国关系交好。此时的莒国已进入国力最强盛的时期，甚至不把鲁国放在眼中。莒国肆无忌惮的多次伐鲁，主要也与晋国纵容有关。公元前 567 年，"莒人灭鄫"后，晋国派人去鲁国责问鲁国为什么没有保护好鄫国，把责任推给鲁国，却没有对灭鄫的莒国加以责罚。由此可见，晋国明显偏袒莒国。

公元前 557 年，溴梁会盟，因莒国和邾国多次无故伐鲁，鲁国将莒、邾二国告到盟会之上。正值晋悼公死，晋平公即位，对莒国的态度大变，晋平公下令将莒犁比公拘捕以示惩戒，莒国这才认错罢兵。公元前 553 年，鲁襄公二十年，"及莒平，孟庄子会莒人盟于向"，莒鲁两国讲和，关系恢复。但这种表面友好的关系只维持十几年，由于齐晋两国为争霸而交恶，莒国后台不稳，加之公元前 542 年十一月，莒犁比公被弑，莒国内部混乱，给了鲁国可乘之机，鲁国调头开始对莒国发动征伐。

公元前 541 年，鲁国伐莒。《春秋·昭公元年》："三月，鲁取郓。"莒国告于盟会，楚国主张惩罚鲁国，晋力主不予干涉，《左传》载晋国态度："莒鲁争郓，为日久矣，苟无大害于其社稷，可无亢也。"晋国放任鲁国，鲁国更有恃无恐《左传·昭公元年》"秋，叔弓帅师疆郓田"。莒国此时内乱，无力反击。

《左传·昭公四年》（前 538 年）："九月，取鄫。"

《左传·昭公五年》（前 537 年）："七月，叔弓帅师败莒师于蚡泉。"

《左传·昭公十年》（前 532 年）："秋七月，平子伐莒取郠，献俘。"

鲁国连续几年伐莒，莒国多处城邑被鲁侵占。主要原因是此时的莒著丘公无能，对内不能安抚百姓，对外不能结好盟国，导致国力衰弱，鲁国才有机可乘。公元前 529 年，莒国向晋国告了一状，《左传·昭公十三年》载："莒人塑于晋曰：鲁朝夕伐我，几亡矣。"此时晋平公去世，新继任的晋昭公意气风发，很想干一番事业。同年，晋国召集诸侯盟会于平丘，借处置鲁国伐莒之事以立威，"平丘之盟"取消了鲁国的参会资格，公开责罚鲁国，鲁国恐惧，停止对莒国的用兵。此后数十年莒鲁关系相对较为平稳。

春秋末年，齐晋争霸，楚国伺机向北扩张，霸主盟会的格局被打破，小国时刻面临着被蚕食吞并的危险，莒、鲁两国内乱不断，国力都变得衰弱。同时，战国争雄的格局已初步形成，鲁莒等小国只求自保，再也顾不得互相讨伐了。

8. 莒齐晋关系综述

齐、晋两国是春秋时期的大国，曾先后称霸诸侯达百余年之久，周武王初封齐国之目的就是为了监视并控制以莒为首的东夷诸国，西周中前期，莒国应该说是完全在齐国的监视控制之下。西周末年，周王室衰落，无力号召诸侯，而诸侯国之间为了各自的利益开始征伐不断，莒国借机扩大自己的势力，最终迁都于莒县，但还是没有摆脱齐国的威胁。自莒国迁都莒县，就与周边国家冲突不断。公元前 722 年"莒人入向"，公元前 720 年"莒人伐杞"，征讨对象都是鲁国的盟国或姻亲国。莒国虽然没有与鲁国发生正面的冲突，但此时的鲁国也感受到了莒国的威胁，于是在纪国的从中斡旋下，于鲁隐公八年即公元前 715 年"公及莒人盟于浮来"①。经过这次会盟，莒鲁两国关系或战或和，虽有缓解，但小的冲突未曾停止。其后齐、晋争霸，莒国始终依附与齐国和晋国之间。

到了公元前 686 年，齐莒关系见于史册，《左传·庄公八年》记载："初、襄公立，无常。鲍叔牙曰：君使民慢，乱将作矣。奉公子小白出奔莒。"这年的十二月，齐国发生内乱，齐襄公被姜无知杀死，公子小白奔莒避难。小白在莒国的生活情况史册无载，但莒国是冒着被齐国姜无知讨

---

① 《春秋·隐公八年》。

伐的危险收留了姜小白，单单这一点，莒国就是小白的恩人。公元685年，齐大夫雍廪杀死公孙无知，小白从莒国抢先回到齐国继位，是为后来的齐桓公。齐桓公继位后利用管仲为相，大胆改革，国家迅速壮大，成为春秋第一霸主。史书记载齐桓公称霸后有些骄傲，鲍叔牙曾劝他"毋忘出奔于莒"，可见当年小白出奔在莒国的日子是相当难过的，至少莒人没有给他特别的优待。这从齐桓公称霸后，一再号召"尊王攘夷"的政策就可以看得出，齐桓公称霸，推行"尊王攘夷"的政策，莒为东夷土著国家，所以为盟国所排斥，齐桓公在位时所组织的会盟，莒国始终未能允许参加。齐桓公死后，齐国霸业衰落，其后晋国崛起，晋文公称霸，齐国只得屈尊于晋国，这时候的莒国看清社会形势，积极向晋国靠拢。

侯马晋国遗址

晋国自晋文公称霸之后，凭借其雄厚的国家实力和其后几代国君的努力，百年间几乎一直处在天下霸主的地位。齐国数次与其争锋，虽互有胜负，但始终无法逾越晋国这道屏障。晋国的强大是因为其独特的国家政治环境和人才简拔制度所决定的，"惟楚有才，晋实用之"。充分说明了当时

189

的天下，晋国的发展环竟和灵活的用人体制是非常吸引天下人才的，故而其长期处于领先状态也是情理之中的事。晋文公死后，齐国觉得自己再次复兴霸业的机会来了，于是和晋国展开了明争暗斗的较量。

公元前605年，因为莒国与郯国有矛盾，鲁宣公和齐惠公共同出面想促使莒国和郯国讲和，但莒国不肯，鲁国就出兵攻打莒国，占领了向地。鲁强于莒，莒国觉得必须依靠一个有力量的国家，才能与鲁相抗，齐国与鲁国交好，且一直排斥夷族，于是莒国就选择依附于晋国，想得到晋国的支持。莒国的举动惹怒了齐国，齐国出兵伐莒。《左传·宣公十一年》："公孙归父帅齐人伐莒"，《左传·宣公十三年》："春，齐师伐莒，莒恃晋不事齐故也。"公元前596年即宣公十三年，齐国进攻莒国，《左传》中解释是由于莒国依仗晋国而不奉事齐国的缘故。莒国迫于齐国的压力，只得与齐讲和。

公元前591年，晋、卫两国共同发兵进攻齐国，齐国恐惧，齐顷公被迫与晋景公在缯地订立盟约，并派公子彊到晋国作人质，齐国败于晋，只得承认晋国的霸主地位。公元前588年，齐顷公朝于晋，莒国也再次结好于晋国。公元前584年秋，楚国攻打郑国，晋景公组织诸侯盟国联军救郑，其后盟于马陵，莒国和齐国共同参加了这次的马陵之盟，此时的莒齐是共同臣于晋的。其后，晋国组织多次盟会或联军作战活动，莒国基本都能参加：公元前572年，联军围彭城；公元前570年，盟于鸡泽；公元前568年，会于戚……晋国称霸虽也效仿了齐桓公打出了"尊王攘夷"的政策，但相对宽松，几乎晋国号召的每次盟会，都给了莒国一席之地。

公元前557年，因莒、郯两国多次侵鲁，晋国拘留了莒犁比公。但教训一顿后很快放回了。同时齐国也发兵攻鲁，对于齐国的举动，晋国没有像对待莒国那样简单，晋国组织诸侯联军伐齐，齐国被迫再次臣服，但这次联合伐齐为日后种下了祸根。很快，祸事来了，公元前550年齐国借机伐晋、卫，晋卫不敌，齐国得胜而还。《左传·襄公二十三年》载："齐侯还自晋，不入。遂袭莒。"齐师回国途中顺道袭击了莒国，原因就是莒国是晋的盟国，曾出兵一起伐齐。此次"且于之战"莒齐两国都没有赚到便宜，第二年，齐国再次伐莒，莒国无奈只得请和。《左传·襄公二十五年》载："夏五月，莒为且于之故，莒子朝于齐。"莒犁比公亲自到齐国去打通关系。"朝于齐"很明显莒国是把自己当作臣属事奉齐国的，这样终于使得齐国收手罢兵。这段时间内，齐强晋弱，齐国保持了几年的霸主权。莒国虽然也与晋国往来，但主要是依附于齐国。

公元前542年，莒国发生内乱，莒犁比公被弑，新任莒废公昏庸无能，莒国整体形势急剧下滑。莒著丘公继位后，虽然也想振兴莒国，但因其治理不当，国人离心，周边叛乱。鲁国见有机可乘，出兵伐莒，取莒多处城邑。而此时的齐国也内乱不止，晋国乘势再次取得北方诸侯国的霸权，莒国求助于晋国，将鲁多次侵袭之事告之于晋。《左传·昭公十三年》记载："邾人、莒人言斥于晋曰：鲁朝夕伐我，几亡矣。我之不共，鲁故之以。"莒国联合邾国一起向晋昭公控诉说："鲁国经常进攻我国，我国快要灭亡了。我们不能进贡财礼，是由于鲁国的缘故。"前529年秋，晋昭公召集多国诸侯在平丘会盟，商议鲁国无故侵略莒、邾的问题。齐景公开始不想去参加会盟，后在晋国的威胁下，齐景公惧怕诸侯联合伐齐，只得参加。会上，晋昭公给莒国主持了公道，取消了鲁国的会盟资格，这次会盟无论对于齐国还是鲁国，打击都是非常大的。晋国借平息莒鲁之争，展示了权威，巩固了霸权。

齐国表面顺服平丘之盟的约定，暗中一直寻机反出。公元前526年春，齐景公发兵进攻徐国，借道莒国，徐国遣使求和，莒国恐惧，深怕齐兵会调头伐莒，赶紧也派使者表示向齐臣服。《左传·昭公十六年》："二月丙申，齐师至于蒲隧。徐人行成。徐子及郯人、莒人会齐侯，盟于蒲隧。"

齐、徐、莒、郯在蒲隧结盟。这次蒲隧之盟，正值晋昭公病重，晋国没有任何表态。

公元前526年晋昭公死，晋顷公继位，晋国国力开始衰弱。齐景公开始行使起霸主的权力。此时的莒共公还是没有看清形势，虽然蒲隧之盟臣于齐国，但仍以晋国为主要依附国，与晋国来往不断。公元前523年，齐景公派军队讨伐莒国，《左传·昭公十九年》："秋，齐高发帅师伐莒。莒子奔纪鄣。"杜注："莒不事齐故"。因为莒国不朝于齐，所以齐国兴兵伐莒，莒国根本没有能力抵抗，莒共公只好弃莒城而南逃纪鄣。此后为了远离齐国的威胁，莒共公暂时迁都纪鄣。公元前520年齐国再次伐莒，迫使莒共公前去齐国朝见并订立盟约，莒国与齐国的争战终于得以和解，但莒国也因此失去了尊严，被迫朝于齐。大约在此次"莒齐会盟"后，昏庸的莒共公又把国都从纪鄣迁回莒国旧都莒城。

春秋中期后，齐晋两国国力基本相当，但晋国明显开始走向衰弱，其后晋国虽又多次召集诸侯国会盟，只有很少几个小国参加，霸主地位再也没能重新树起，而莒国始终徘徊于齐、晋两强国之间。春秋末年，社会形势再次发生巨变，诸侯争霸的格局被打破，继之而来的是大国政权分裂，诸侯国互相吞并，最终形成了战国争雄的社会形势。

第八章　莒国的衰落和灭亡

1. 春秋末年的诸侯国形势

经过春秋二百多年的争霸战争，许多小诸侯国被兼并，有的大国内部发生了政权分化，国家大权渐渐落在大夫和士手里，社会形势再一次发生大的变革。而周天子已经名存实亡，北方晋、齐、秦，南方吴、越、楚等国征伐不断。莒、邾甚至包括鲁国等这类的小国夹在中间，时刻有被吞并的危险，自保尚且困难，再也无力向外征讨和扩张了。

公元前506年，吴王阖闾派伍子胥、孙武率军攻打楚国，在柏举之战①中大败楚军，吴军攻占了楚国的都城郢②，楚几乎覆亡。这时的越王勾践趁机攻打吴国，秦国又出兵帮助楚国。在这样形势下，楚将子西趁机率领楚军回击吴军，接连取得胜利，光复了楚国。

公元前496年，吴伐越，吴师战败，吴王阖闾负伤而卒。两年后的公元前494年，吴王夫差败越于夫椒③，乘胜而攻入越都，越王勾践向吴求和。吴胜越以后，想到中原一带与齐、晋争雄，随着吴国的强大并将势力向北延伸，北方的鲁、莒、邾等国都屈服于吴国。吴为了征服齐国，于公

---

① 今湖北麻城市境内。
② 楚国的都城，在今湖北省江陵县附近。
③ 今江苏苏州。

元前 485 年，派舟师从海上伐齐。次年，吴再次兴兵伐齐，大败齐师于艾陵[①]，齐军主帅国书被杀，吴俘获齐兵车达八百乘。

公元前 482 年，吴王夫差与晋、鲁、周等国会于黄池[②]。在会上吴与晋都想争做主盟国，晋由于国内内乱未止，故不敢与吴力争，吴夺得了盟主的位置。《左传》载："吴日敝于兵，暴骨如莽"，又说他不恤民力"视民如雠"。吴在争霸方面虽有所得逞，但连年劳师动众，造成了国内的空虚和民众的不满。

越王勾践战败以后，不忘会稽之耻，卧薪尝胆，"十年生聚而十年教训"，越的国力渐渐恢复。而吴对此毫不警惕。吴王夫差为参加黄池之会，竟率全国精锐而出，使太子和老弱留守国内。越王勾践发兵乘虚而入，大败吴师并杀死吴太子。由于吴的长期穷兵黩武，民力凋敝不堪，难以和越对抗，吴王夫差与越议和。公元前 473 年，越灭掉了吴。勾践灭吴后，也步吴之后尘，出兵北渡淮水，会齐、晋诸侯于徐州，越兵横行于江淮以东，"诸侯毕贺，号称霸王"。莒、鲁、邾等小国皆臣服于越。而楚国长期受累于吴的局面，即告结束。

公元前 472 年，越王勾践率领大军北渡淮水，再会齐、晋等诸侯国于徐州[③]，并向周天子进贡。周元王派遣使臣册封勾践为霸主。越王勾践号令齐、楚、秦、晋共同辅佐周天子，众诸侯与他歃血结盟，服从号令。勾践经长期奋斗，终于以弱胜强，兴越灭吴，成为春秋时期最后一位霸主。随后开始兴建琅琊，准备迁都。他把淮水上游划给楚国，把吴国侵占的宋地归还宋国，把泗水以东百里土地赠送鲁国，体现霸主的胸襟。当时，越军在江淮耀武扬威，宋、郑、鲁、卫、莒、陈、蔡、邾等君主纷纷前来朝

---

① 今山东莱芜。

② 今河南封丘。

③ 此徐州当为今山东滕州。

贺。前471年四月，邾隐公无道，越王勾践发兵将他俘虏，立其次子为君。公元前468年越王勾践迁都琅琊①，莒、鲁、邾等国纷纷朝贺，表示臣于越国。

此时的晋国内乱不止，走向没落。此前晋国的宗族以韩、赵、魏、范、中行、智等六家势力为主。然而随着时间的推移，到了春秋末年，晋国的宗族血亲观念已非常淡薄，这就使得远亲公族势力逐渐强大起来。而后赵氏打败范、中行两大家族，变成了韩、赵、魏、智四家并立，尤以智氏的势力最大，且掌握着晋国的政权。韩、赵、魏三家心中不满，便联合起来于公元前453年灭智氏。前434年，晋哀公死，晋幽公即位。韩、赵、魏三家瓜分晋国土地，只有绛与曲沃两地留给晋幽公。从此韩、赵、魏称为三晋。

公元前487，宋国灭掉曹国，同年，楚国灭掉陈国。

此时，一向与晋国争夺霸权的齐国也是大权旁落，早在公元前489年，齐景公病重时曾遗命大夫国夏、高张扶立少子荼为太子。不久，大夫田乞发动宫廷政变，灭高、国两家，高张被杀、国夏奔莒。田乞立年龄较长的公子阳生为国君，是为齐悼公。公元前485年，田成子、田恒唆使大夫鲍息弑杀齐悼公，立公子壬为国君，是为齐简公。公元前481年，田恒发动政变，杀死了阚止和齐简公，拥立齐简公弟弟公子骜为国君，是为齐平公。自此之后，田氏独揽齐国大权。

越灭吴后，勾践称霸诸侯，势盛一时。莒国和其他小国一样，依附于越国。勾践为了缓解与楚国的矛盾，主动以淮上地与楚，这对楚国此后的向东发展提供了便利。其后，楚通好于秦。楚惠王执行安邦定国、伺机发展的方针，在对外征讨中，取得了重大的进展。公元前445年楚国北伐灭

---

① 今江苏连云港锦屏山。

掉了杞国；公元前432年，楚惠王卒，其子继位为楚简王，楚简王继承父志，继续向北扩张疆土。

2."楚灭莒"及莒国的复国

公元前465年十一月，越王勾践去世，其后二十年间，越国一步步走向衰弱。楚国为了争夺越国的土地和霸权，双方矛盾不断加深。从公元前448年开始，双方连年在长江发生舟战，楚人虽然顺流而进容易，但是逆流而退困难；越人则柁反，虽然逆流而进困难，但顺流而退容易，极易脱身，因此，越国水军灵活作战，能够多次战胜楚国。公元前447年，楚惠王灭掉蔡国，蔡侯出逃，蔡国从此灭国。公元前445年，楚惠王出兵灭杞国。是时，越王朱句未能及时控制江淮以北地区，楚国趁机向东扩张，势力达到越都琅琊附近，对越国构成了严重地威胁。

公元前432年，楚惠王去世，当时，楚国已经复兴，占领南方各地。越国虽然走向没落，佢余威尚在，依然称霸东部，势力强盛。晋国大权为赵、魏、韩把持，控制北方地区。齐国由田氏执政，称雄中原以东。墨子曰："今天下好战之国，齐、晋、楚、越……今以并国之故，四分天下而有之。"可见，当时中原诸侯以齐、晋、楚、越等四国为强者。

公元前432年，楚惠王去世后，其子楚简王决心继续沿着其父谋划得战略目标奋进，开始走上了武力扩张的道路。他选择的第一个打击目标就是莒国，公元前431年，楚简王北伐莒国。此时的莒国依附于越国，应该早在数年前，莒国为了避开北方齐国的打压和威胁，或者已将都城迁于纪鄣，因为按照《左传》来看，历代的莒子经常出现在不同的城邑中，所以在莒国，莒子有在不同的城邑中生活的习惯。楚简王北伐的目的就是要将楚国的版图扩展到东海之滨，之所以选择在此时向东北方向用兵，是因为此时大国争锋的势力都在中原一带，在这里出现了空白。只要占有了莒国，就可以建立起与齐、晋等国较量的前哨阵地。此时的越国势力已弱，无力与楚相抗，虽然莒国依然选择依附于越国，但在楚伐莒的关键时刻，越国却未能及时地出兵相救。由于史料的缺乏，这次楚国伐莒的战争记载很少，《史记·楚世家》载："简王元年，北伐灭莒。"《汉书·地理志》载："莒传三十世为楚所灭"。

自公元前481年莒郊公死后，关于莒国的记载就少见于史书，这也从侧面反映了莒国在春秋末期已经没落衰弱，没有资格参加大国之间的会盟等。面对楚国的大军压境，莒国无力抵抗，莒子和大臣们只得弃城而逃。楚军顺利地进入纪鄣城，也就是《史记》中所说的"灭莒"。但是关于莒国是否为楚所灭，历来的专家学者们存在争议，由于史料的不足，我们只能从片言只字中略作推论。

《史记·楚世家》："简王元年，北伐灭莒。"

《左传·隐公二年》孔颖达疏引《世本》《汉书·地理志》都说莒国是"楚灭之""为楚所灭"。

《战国策·西周》载宫他谓周君曰："郑、莒亡于齐。"

《墨子·非攻中》曰："东方有莒之国者，其为国甚小，间于大国之间，东者越人夹削其壤地，西者齐人兼而有之。计莒之所以亡于齐越之间者，以是攻战也。"

《战国策·齐五》云："莒恃越而灭。"

从史料中的记载我们逐一略作推论。《史记·楚世家》："简王元年，北伐灭莒。"楚简王元年即公元前431年。《左传·隐公二年》孔颖达疏引《世本》《汉书·地理志》都说莒国是"楚灭之""为楚所灭"。可见公元前431年，楚国伐莒是没有争议的，不仅伐莒，且侵入了当时的莒国国都。问题之处在于此时的莒国都城在什么地方？是都于是莒县呢还是都于纪鄣？如果此时的莒国都于莒县，那么楚国灭莒必须深入到莒国内部，一路北上，要穿越多处城池才能最终到达莒都。如果莒城被攻破，莒国肯定灭亡无疑，但史料来看，此次楚国"灭莒"后，莒国似乎仍然在史料中出现。那么我们有理由怀疑此时的莒国为了依附于越国，远离齐国，早已将都城从莒县迁到了纪鄣。只有这样，楚国攻入纪鄣后，莒国君臣北逃旧都，才能重新复国。

《战国策·齐五》云："莒恃越而灭"。因为越国自勾践称霸后，莒、鲁、邾等国都是依附于越国的，但在公元前431年，楚国伐莒的时候，越国没有出兵救援，莒国被楚国攻破。《墨子·非攻中》曰："东方有莒之国者，其为国甚小，间于大国之间，东者越人夹削其壤地，西者齐人兼而有之。计莒之所以亡于齐越之间者，以是攻战也。"越国于公元前468年迁都琅琊，其后一直在今山东东南部开拓疆土。所谓"莒之所以亡于齐越之间者，以是攻战也"，从字面解读，并不是莒国灭亡，丧失土地可称"亡"。莒"亡于齐越之间"，是指莒国的土地大量被齐国和越国所兼并。《战国策·西周》载宫他谓周君曰："邾、莒亡于齐"，鲍彪注："邾，曹姓国，楚灭之；莒，故盈姓国，楚灭之，盖恃齐也。"因《战国策》一书历来不被当作正史看待，所以不为史家所引。孙诒让《墨子间诂》有："诒让案，《战国策·西周策》云：'邾、莒亡于齐'亦其证。"可见，孙诒让是主张莒亡于齐，而非亡于楚。孙诒让的意见也未引起史学家们的重视，原因也是所据的《战国策》多不可信。

蒙文通先生《越史丛考》一书，对莒国之灭亡作考证。他列举大量证据证明《史记·楚世家》"简王元年，北伐灭莒"是司马迁误记。蒙文通先生认为："是莒恃越为援国而终为齐所灭也。此以齐为近敌，当在越王翳徙吴之后。越既徙吴，则莒之去越远而去齐近；若越犹都琅琊，则当为齐远而越近也。"据此，蒙先生推断应为齐灭莒，时间应为齐威王九年至十四年，即公元前348年到343年。蒙文通先生认为《史记·楚世家》"简王元年，北伐灭莒"是司马迁的误记，这论点值点商榷。但公元前431年"楚伐莒"，"莒恃越而灭"的记载应该没有错误。这里有一个重要的问题限制了一些史料的印证，那就是楚国伐莒的时候莒国国都到底在什么地方？公元前523年齐伐莒，莒共公曾逃奔纪鄣，并都于纪鄣。后来虽然还于莒县旧都，那是因为与齐国盟好。后来莒国依附于越国，不可避免的惹怒齐国，为避齐国之锋芒，迁都于纪鄣是很有可能的，目的是为了远离齐国的威胁。越国称霸后，莒臣于越国，所以才有了"恃越而灭"的事，这样能与史料相印证。也正是因为莒国末年都于纪鄣，楚伐莒之时攻入纪鄣灭莒。但楚国没有北上，因北有齐，南有越，楚国选择了保守的态度，灭莒后退兵。莒国君臣北逃旧都，重新建国。这才有了后来史料有再次出现的莒国。

另外，莒地出土的青铜器铭文也印证了莒国在公元前431年之后还存在的证据。1970年春，山东诸城臧家庄莒国墓葬发现一批青铜器，这批青铜器的编钟、编镈上有铭文。专家隶释如下："陈竨立事岁，十月己亥郚（莒）公孙淖（潮）子造器也。"编镈七件，铭文相同。出土铜器铭文明确写明"郚（莒）公孙淖（潮）子造器器"，说明器物主人是莒国公族后裔。因为各国公族之后，方可自称"公子、公孙"，"陈竨立事岁"，这是战国时代以某一重大历史事件作为纪年的一种方法。此种方法，以齐国最为多见。铭文言"陈竨立事岁"，则是田齐纪年的明证。莒国器物用齐国纪年，说明当时的莒国已在齐国的统治之下，但还能自称"莒公孙"，说明还保在一定地位，也就是说离莒国灭亡时间不是很远。另外，墓葬中发现墓主生前享有成套的钟、镈、石磬等乐器，死后还拥有两个陪葬坑，其中一个陪葬坑随葬的青铜器竟达40件以上。这说明莒公孙淖子拥有一定的封地，并拥有稳定的财赋收入，同时更表明莒国尚灭国不久，拥有此器者，当为末代莒子的子孙。

此墓藏的时间经相关专家断代，认为出土铜器风格与信阳长台关一号墓和江陵望山一号墓出土铜器有近似之处，遗留春秋风格，钟镈铭文的"土陈"字从"土"，是战国时田齐的专用字。"立事岁十月己亥"的行文风格，流行于春秋晚期到战国中期。战国晚期虽有"立事"，但多不书日月，据以上来看，此墓的年代以定在战国中期为宜。黄盛璋先生认为公元前431年莒灭于楚。他说："莒虽灭于楚，但莒国故地与齐近，而去楚较远，故楚灭莒后，仅能迁其宝物重器，其土地和人民仍留故地。因于齐邻，不久皆入于齐，其公孙贵族亦皆入仕于齐。"此一说法有一定道理，但这与《史记·六国年表》中在公元前431年之后再次出现的"齐伐鲁莒"相矛盾。

结合以上资料论述，我们试着做出这样的猜测：莒国末年为避齐国锋芒，更近距离的依附于越国，选择南下迁都于纪鄣。公元前431年，楚国伐莒，莒国求援于越国，但越弱楚强，越国不敢出兵相救，或是莒国来不及求援，楚国就已攻入莒国纪鄣城。城内民众四散，莒子和大臣们来不及携带宫室贵重物品，仓皇出奔。君臣一行向北逃奔，回到了原来的都城莒县，在莒县重新复国。但莒国的南部疆域已全归楚国所有。楚国攻入纪鄣后，见莒国君臣出逃，但国之礼仪重器一件也没有带走，在"国之大事，唯祀与戎"的年代，丢弃礼器和抛弃国都，就意味着亡国。所以《史记》以史家正统笔法记载"楚简王元年，北伐灭莒"是正确的。后来莒国复国的事司马迁没有详细记载，因为在司马迁笔下，莒国是一个不重要的国家，所以在整个史记中也没有为莒国立"莒世家"。

莒国君臣北逃莒县，此地距离齐国较近，如楚国深入追赶，南有越国，北有齐国，西边诸国多与楚国有仇，如一起发难，楚国进退两难，所以攻入纪鄣后，楚国占据了莒国南部土地，所以就有了楚国北伐灭莒的说法。而莒国从纪郭逃出的君臣们北还旧都，重新建国，但土地已只有莒城周边的几个城邑了，随时会被周边大国所灭，已名存实亡，兴国无望了。

3. 莒国的灭亡

司马迁的《史记·楚世家》载"楚简王元年，北伐灭莒"，上文我们假设性的作过论述，即公元前431年，楚国伐莒，攻入莒国南都纪郭，莒国君臣丢下礼器，抛弃国都，仓皇出逃。从学术上来说，此时莒国已经灭亡了，我们不妨把这个莒国称为"南莒"。但莒国君臣尚在，应该是逃回了旧都莒县，依靠残兵败将在莒国的旧都莒城重新建国，也就是复国了，这个莒国我们可以称为"北莒"。这如同后世的西汉、东汉以及北宋、南宋，虽是一脉相承，但因国都迁移，宫室更换，礼器丢弃，从后世史学观点上来看，等于已经灭国。当时宗室后人"重新建立的国家"或"迁都复建的国家"虽然仍沿用旧国号，但后世史家从学术上要对其有所区别，一般要在国号前冠以"前、后、南、北、东、西"等字，以区别于前朝，意思是前朝已亡国。

所以司马迁在《史记》中说："楚简王元年，北伐灭莒"，这是没有问题的。我们应该相信《史记》记载的真实性和太史公对待史学态度的严肃性。况且，在春秋时期，诸侯灭国后又复国重建的事例很多，如陈国都曾多次被灭国，后来又重新建国。此时的莒国应亦是如此，莒国被楚所灭后，莒子及臣属逃出纪郭城，还于旧都，重建"北莒国"。楚国限于当时的社会形势和地理环境，攻入纪郭后没有进一步北伐。因莒县的位置北靠齐国，西有鲁国，而楚国旁边有越国虎视眈眈，楚国考虑到自身的安全，占领纪郭城就退兵了。

《史记·六国年表》中也有公元431年后，莒国尚存的证据："齐宣公四十四年，齐伐鲁、莒。"齐宣公四十四年是公元前412年，这时莒国又在史记中出现了，将鲁与莒并列记载，说明此时的莒肯定是和鲁一样是并列的诸侯国，显然莒国尚存。肯定不是《史记》记载矛盾。司马迁是以史学的观点来写作的，在史学家眼中，此时的"莒国"已不是原来的"莒国"，而且当时战国争雄，小国存亡复兴都是很正常的事，司马迁对这些小国之事都没有详列，不止莒国如此。而《史记》中又未立《莒世家》，可见在司马迁眼中，莒国不是一个非值得记载不可的国家。

莒国北迁复国后，疆域面积应该仅剩国都莒城周边的几个城邑了，或许仅有国都周围几十公里的面积。这时莒国国力衰弱，难以自保，恃晋而晋乱，恃越而越弱，多处城邑被齐国占领，向、鄅等地又被鲁国侵占，在南边大部土地也已归楚国。想依附于齐，但对齐国起不到政治上的作用；想依附于晋，晋国此时也不比从前；依附于鲁国，鲁又没有实力，而且鲁国一直是依附于晋国的。从史料中看，这一时期，鲁国为加深与晋的关系，于鲁元公八年，即公元前的421年，鲁季孙与晋幽公会于楚丘。但是不久后的公元前416年，晋幽公被弑，其后韩、赵、魏三家分晋，鲁国也失去了后台。此时的齐国由田氏专政，田氏为扩大势力，以战邀功。于是打起了征伐邻国的主意。

据《史记·六国年表》载："穆公四年，'齐伐鲁、莒及安阳'"，齐田氏趁"三家分晋"，鲁国失援的机会伐鲁；而此时的莒国南部被楚所占，还于旧都后复国不久，国力衰弱，疆域已十分狭小。齐国在这种情况下，于公元前的412年出兵伐鲁、莒。莒国面对强大的齐军，无力抵抗，瞬间被齐攻破。鲁国虽失去晋国支援，但国力不减，疆域未变，命吴起为将，打败了齐军。有的学者认为史记中的"齐伐鲁莒及安阳……"的鲁莒及安阳应该是鲁国的莒地和安阳，而不是莒国，因为此时莒国已被楚所灭。但考诸资料，不符合史记笔法，如果莒及安阳属鲁，应该记作"齐伐鲁之莒及安阳",而不是"齐伐鲁莒及安阳"。此处显然鲁与莒是并列的关系,安阳此时当是孤立的一城。因战国争雄,许多国家被灭后,有的城池尚孤立存在。在这种情况下,《史记》笔法没法再直书国名,只能单列城池记之。此说为笔者个人一家之言,存此待考。

应该说此次齐国伐莒,彻底灭亡了莒国,抑或是莒国主动请降。因为在第二年,齐又伐鲁国,史书载"取一都";到公元前408年,齐国再次伐鲁,《史记》中均已不见关于"莒"字的记载。可见公元前412年的那一场战争,齐国灭莒,从此莒国南部归楚国,北部归齐国,莒国亡。

4. 莒国疆域

据《汉书·地理志》载:"莒,故国,嬴姓,三十世为楚所灭。"又《重修莒志》载:莒国"二十三传为楚所灭"。莒从封国到被灭国存在时间长达600多年,其间都城多次变迁,疆域面积也发生着不同的变化。莒国自周初始封,至春秋鲁隐公元年的历史空缺。而司马迁在《史记》中未立《莒世家》,所以这一段历史比较模糊。我们只能从其他国家的沿革和体制中对这一段时期的莒国情况进行大体的猜测。自鲁隐公二年(前722年)后,经传中始见莒国之事迹,其后近三百年间莒与周边邻国关系时战时和,很不稳定,边界之争导致着疆域面积不停地发生着变化,

在牧野之战周灭商后,周天子分封天下,将土地连同人民,以公、侯、伯、子、男五等分别授予王族、功臣,让他们建立自己的国家,拱卫王室,此为封建制之始。《荀子·儒效》记载:"兼制天下,立七十一国,姬姓独居五十三人。"最开始分封的诸侯国面积都不大,根据公、侯、伯、子、男五等分封土地,最高的公爵诸侯国封地只有百里,侯、伯爵七十里,子爵五十里。比如楚国被封在丹阳,领土只有五十里,为子爵,号为

楚子。因此天下"八百诸侯"①，每个诸侯国仅 50 里到 100 里领土，也就是说现在的一个县域就相当于当时的一个诸侯国。后来各个诸侯国相互兼并，又在抵抗四夷入侵的战争中开疆拓土，各国疆域开始发生大的变化。

莒国属子爵国，在周公东征时被降服，周为安抚莒国臣民，对莒国进行了分封，都于计斤，所以莒国初封面积不过国都周边的 50 里地。但是，周王室分封的诸侯国，基本上都是封到无主之地，甚至是没有征服的地方，让他们自己开拓，所有的诸侯国还只是一个一个的据点，并没有连成片。到了西周后期，才慢慢形成了后来的诸侯国疆域。《续山东考古录》载："计斤县故城在（胶州）西南五里，今城子村。"《大清一统志》注明："计斤故城在胶州西南，古介根邑。"这就是莒子封国后最早的都城所在。既然莒国初都的计斤城至今胶县西南五里城子村，那么，莒国的东北疆界应该在计斤以北的几十里内。

在西周初，莒国应该是趁着各部族或小的方国混乱之机向外扩张土地的，使得莒国疆域不断扩大。齐、鲁两国当初分封的目的虽然是奉周天子之命监视东夷和商代遗民，但经过几代国君的更替，其后继位的君主为了自己的利益，早已把初衷抛弃于脑后。齐国向北、向西扩张；鲁国向南、向西扩张。东部地区没有兼顾，这给了背靠大海的莒国向外扩张的提供了有利时机。

西周末年，平王东迁，莒国应该也是在这一时间内决定迁都的，何以要从计斤迁到莒县。史书无载，只能猜测当时莒县有利的位置，充足的水源，平整的土地吸引了莒人。在从计斤到莒的过程中，因受当时交通和供给等条件的限制，莒国君臣不可能一次直接迁到莒县，在迁都过程中应该是战争不断，在与各方国的征伐中一步一步地来到莒县的。自迁都莒县

---

① 此数为小说家演义，不是实数。

后，莒国就迎来了国力的持续上升。《左传·隐公二年》载："莒人入向"，将向国纳入了自己的版图。《春秋》隐公四年（前720年）记载："莒人伐杞，取牟娄。"杜注："牟娄，杞邑，城阳诸县东北有娄乡。"孔疏："牟娄，杞邑，莒伐取之。自是以后常为莒邑。"还有昭公五年（前537年）夏，"莒牟夷以牟娄及防兹来奔"。杜注："城阳平昌县西南有防亭，姑幕县东北有兹亭。"可知牟娄、防、兹俱曾经皆为莒国土地。《大清一统志》云："娄乡城在诸城县西南四十里""兹乡故城在诸城县西北"。《续山东考古录》又谓"牟楼故城在（诸城县）西十五里，今董家崖头村""防邑故城当在（诸城）县西"。按牟娄所在应从叶圭绶氏之说。由牟娄、防、兹之所在，可知今诸城县地俱在莒国疆域内。[①]

《左传》中有莒鲁争郓的记载，《春秋·文公十二年》："季孙行父帅师城诸及郓。"说明郓地此时属鲁。《春秋·成公九年》："楚公子婴齐帅师伐莒。庚申，莒溃，楚人入郓。"《左传·昭公元年》："莒、鲁争郓，为日久矣。"即指此邑，亦称东郓。其址当在今沂水县沂水镇东北徐家荣仁村一带，因郓邑处莒国与鲁国边界，所以常发生争战。可知莒鲁边界在郓邑。从郓邑往南，莒鲁之边界应该在沂南西部一带，据《左传》湣公二年（前660年）八月，庆父逃奔莒国，鲁国以贿赂求莒送归，"及密，使公子鱼请，不许。"杜预注："密，鲁地，琅邪费县北有密如亭。"《大清一统志》："古密如亭在费县北"。据此可断，莒国西南疆不及今费县北境。《水经注》沂水条记载："沂水南迳东安县故城东，而南合时密水。水出时密山，春秋时莒地。"《左传》："莒人归共仲于鲁，及密而死是也。密水东流，迳东安城南。密水又东南流入沂。"《沂水县志·舆地》有："密山，县西南四十里。"史料所记有所不同，一说密在费县北，一说为沂水西南四十里。

---

① 尹钧科：《春秋莒国三都及疆域略考》，载《莒文化研究文集》山东人民出版社2012年版。

根据地图测量，两地交接处当在今沂南县境内，《中国历史地图集》标注：东经 118 度 19 分，北纬 35 度 37 分。其方位就在今沂水县城西南约四十里处崅山西南麓一带。方位与史书记载吻合。由此可知莒国西部到达今天沂南县西郊位置。

其后莒国继续向南部一带扩张，《左传·襄公四年》十月，"邾人、莒人伐鄫"，鲁襄公六年秋"莒人灭鄫"。《太平寰宇记》云："故鄫城在县东八十里。"《大清一统志》云："鄫县故城在峄县东八十里。"按照今天的位置，当在今临沂市苍山县西境。这说明在鲁襄公六年，这一地方已归莒国所有，也是莒国西南部边界所及的地方。莒国东南疆界应该到达江苏赣榆县一带，《左传·昭公十九年》秋"齐高发帅师伐莒，莒子奔纪鄣，使孙书伐之。"公元前 523 年齐国伐莒，攻破莒城，莒子逃奔纪鄣城，杜预注："莒邑也。东海赣榆县东北有纪城。"《清一统志》云："怀仁故城在赣榆县西"，又"纪鄣城在赣榆县东北"。由纪鄣之所在，亦说明今江苏赣榆县亦在莒国版图之内。

由以上论据我们得出，莒国最强盛时期，其版图拥有鲁东南的一大片土地，疆域东北至胶州市，北至今昌邑东南，西到沂南西部，西南到临沂苍山，南至江苏赣榆县，东到大海，皆为莒国所有。

5. 莒国国都变迁史

据史料记载，西周初年周天子封兹舆期为莒国国君，四等子爵，初都计斤[①]，春秋初徙都于莒，即今莒县。那么，春秋之前莒国国都又在何处呢？

---

① 有的书中注：计斤，又称介根。

一是初都费县。前文中有论述过，夏商时期就有莒部落或莒方国的存在。1975 年在莒南 2 号墓出土的《莒叔仲子平钟》有"央央雍雍，闻于夏东"的铭文，[①] 铭文中的夏当指中原王室一带，亦说明莒国当时影响之大。殷墟出土的甲骨卜辞中，也找出有"莒"字，由此证明莒方国在商代已存在，或许当时的莒方国就是商王朝册封的方国之一。1981 年北京市文物工作队从北京铜厂拣选出一组 28 件商代晚期铜器，多数有铭文"举（莒）"，经调查，这些青铜器出自山东费县。有学者考证，商代、西周初期莒方国应该在今费县的祊河流域，但因缺乏文字史料的记载，只能根据出土器物和当地仅存的文化遗址作此推断。

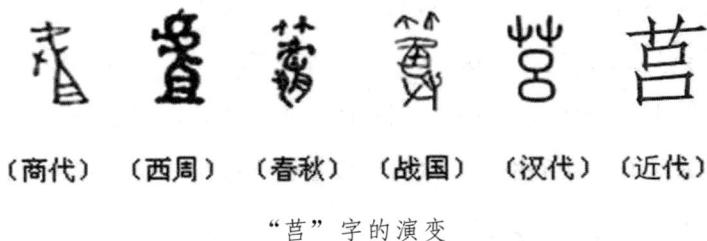

（商代）　（西周）　（春秋）　（战国）　（汉代）　（近代）

"莒"字的演变

二是西周时都于计斤。古籍的记载，基本都说莒国是周初武王时期所立，这是不对的。有周之初，周王室在山东所立诸国确有文献可证者，仅齐鲁而已。莒为周初武王分封之说并无所本，只是后世方志家们的一种附会。武王伐纣时，莒国等东夷国家虽然也出兵相助，但并未臣服于周。武王死后，成王即位，后来武庚叛乱，东夷诸国也随之反叛，莒国应该也在此次叛乱国之中。后来周公东征，鲁国出兵相助，东夷各国大败，而莒国所处的费县是距离鲁国最近的位置，所以首先受敌。西周军队乘胜追击，莒国君臣被迫一跑东逃，最终逃到计斤城，再向东即是大海，无奈之下莒国向周请降。为更好的安抚东夷诸国，西周采用恩威并施的方法，对战败

---

① 山东省博物馆等：《莒南大店春秋时期莒国殉人墓》，《考古学报》1978 年第 3 期。

的东夷国家进行册封，承认了这些诸侯国的合法地位。《春秋地名考略》云："莒，初封介根，即计也。"应劭曰："周武王封兹舆期于此，即莒之先也，春秋初徙于莒。"襄公二十四年，齐侯伐莒取介根，杜注："介根，莒邑，今城阳黔陬县东北计基城是也。"颜师古曰："计斤即介根。今胶州西南五里有介根城。"因《史记》中未立《莒世家》，其他史料也缺少对莒国这一时间的记载，我们只能根据当时的社会形势结合现有零星记载来推断。这应该就是莒国都于"计斤"的缘由。

三是西周末年或春秋初年迁都莒县城阳。根据文献记载莒国在春秋时期是都于莒县城阳的，目前学术界普遍认为，莒国是在西周后期厉王时，由计斤南迁入莒的，但却找不到相应的资料和出土器物来证明。西周末年礼崩乐坏，"礼乐征伐自诸侯出"，在这种环境下，莒国乘机崛起，疆域随之向西南扩张，与周边邻国进行频繁的军事斗争，许多小国被吞并，各国之间也形成犬牙交错的格局。莒国应该是在向外扩张的过程中，发现莒县这片地方水源充足，地势较为平整，四面环山，适宜建都，于是在征服这一带的民众后，把国都迁到莒县。《春秋大事表》中有曰："莒虽小国，东夷之雄者也。其为患不减于荆、吴。"莒国应该就是在一步步的扩张中从五十里的小国，变成东夷大国。"莒人入向"即是一旁证，清人顾栋高《春秋大事表》云："自入春秋，未有入人之国者，而莒人向。未有取人之地者，而莒取杞牟娄。放恣无忌。"这段叙述指出了莒国主要的特点为"东夷之雄"，国力强盛方为"雄"，春秋初期的山东地区除齐、鲁之外，小国也有十余个，能称"雄"者只有莒国。所谓"春秋无义战"，此为无义战之始。"莒人入向"的时间是公元前721年，即《左传》中所说的隐公二年，此时，莒国的国都应该已经迁于莒县了，并且从计斤到莒县这一片区域都纳入莒国的疆域版图之内。向国在今莒南县，如果当时莒国尚都于计斤，两国相隔数百里，以当时的道路及交通条件，莒国是不可能顺利

"入向"的。何况当时的向国附属于鲁国，如果莒国不远数百里讨伐向国，向国定会向鲁国求救，在向国准备充足的情况下，又有鲁国相助，"入向"应该不是一件容易的事。莒国只有此时已经迁都于莒县，离向国只是几十里的路程，在向国毫无防范的情况下突袭，向国来不及求救于鲁，故被莒国攻破。目前学术界也普遍认为，莒是在西周后期厉王时由计斤迁都莒县的，因没有更为准确的证据，暂依此说。

四是南都纪鄣。公元前 523 年，齐景公派军队讨伐莒国，《左传·昭公十九年》："秋，齐高发帅师伐莒。莒子奔纪鄣。"杜注："莒不事齐故"，因为莒国不臣于齐国，所以齐国发兵伐莒，莒国没有防备，且国力兵力不足，根本没有办法抵抗，莒共公只好弃国都南逃到纪鄣。纪鄣作为莒国的重要城邑，设施应该是相当完善，甚至莒国早就有所准备，长期以来一直是把纪鄣作为陪都来建设的。所以齐国攻进莒国都城时，莒共公就直接南逃纪鄣。因为纪障城距离齐国较远，而莒国此时又依附于越，此地距离越国较近，为防止齐国偷袭，莒共公就在纪鄣城建都，于是纪鄣就暂时成为莒国的南都。史料中虽然没有详细记载莒国迁都纪鄣，但我们可以猜测，莒国应该就是从这个时候开始，把纪鄣作为陪都的。《太平寰宇记》记载："纪鄣古城在怀仁县东北七十五里，今赣榆县柘汪镇东近海。为西周纪子帛之国，为莒国都城之一。"可见，史书中是把纪鄣作为莒国都城之一记载的。从《左传》的记载推测，至少从莒共公奔纪鄣的公元前 523 开始，到公元前 520 年，这三年间，莒国迫于齐国的威胁，在还没有同齐国讲和之前，应该是一直都于纪鄣的。但故都莒县并没有为齐国占领，此次齐人伐莒，只是想教训一下莒国，没有灭莒之意。依齐的国力完全可以灭莒，但如果齐国灭莒，不仅违背了此前平丘之盟的约定，而且成为众诸侯国的公敌。所以此次齐国伐莒，只是想展示一下国力，以教训莒"恃晋不事齐"。直到莒共公后来亲到齐国，同齐国讲和，订立盟约后，确定安全的前提下，才于公元前 520 年还都莒县。

五是灭国前的莒国都城。《史记·楚世家》载："简王元年，北伐灭莒。"公元前 431 年，楚简王北伐灭莒。此时的莒国臣于越国，为避北方齐国的威胁，或许已经迁都于纪鄣，因纪鄣城距离越国较近，可以更近距离的得到越国的保护。楚简王北伐的目的就是要将楚国的版图扩展到东海之滨，所以选择在此时向东北方向用兵，是因为这个时候，诸侯国争锋的中心点基本在中原地区，山东沿海一带出现了空白，只要占有了莒国，就可以建立起与齐、鲁等国较量的前哨阵地。面对楚国的大军压境，莒国无力抵抗，莒子和大臣们只得弃城北逃。楚军顺利地攻入莒国国都纪鄣城，占领纪鄣。也就是史记中所说的"灭莒"。莒国君臣丢下礼器，抛弃国都，仓皇出逃，在"国之大事，唯祀于戎"的时代，从学术上来说，此时莒国已经灭亡了，我们不妨把这个莒国称为"南莒"。但莒国君臣尚在，应该是逃回了旧都莒县，依靠残兵败将在莒国的旧都城重新复国，这个莒国我们可以称为"北莒"。前后虽是同姓一脉相承，但因国都迁移，宫室更换，祖庙礼器丢弃，史学观点上来看，等于已经灭国；而重新建立的国家在当时虽然仍以旧国号命名，但在后世史家记载上已经不是一回事了。所以司马迁在《史记》中说："楚简王元年，北伐灭莒"，这是没有问题的。

莒国北迁复国后，疆域面积应该仅剩国都周边的几个城邑了。莒国晚期国力衰弱，又南都纪鄣，北方难以控制，多处城邑被齐国占领，向、鄑等地又被鲁国侵夺，南边大部土地已归楚国。此时的齐国由田氏专政，田氏为扩大势力，以战邀功。于是打起了征伐邻国的主意。公元前的 412 年，齐国出兵"伐鲁莒"，莒国亡于齐。至此，我们可以理出莒国国都变迁的历史：

夏商时期或都于费县一带；

西周时封兹舆期于莒，都于计斤；

西周末年到公元前 523 年，都于莒县城阳；

公元前 523 年到公元前 520，都于纪鄣；

公元前 520 年回迁故都莒城，都于莒。

春秋晚期或迁于纪鄣。公元前 431 年楚国北伐纪鄣灭莒后，逃亡的君臣还于旧都莒县复国，公元前 412 年，齐国灭莒。

6. 莒国国君世系

莒国自周初始封，至春秋鲁隐公元年的历史空缺。而且司马迁著《史记》时，没有为莒国写一卷"莒世家"，就目前现存的资料和考古发现来看，春秋之前的莒国国君名号及生卒无从查考。现在，仅知自兹舆期始封，至鲁僖公年间的莒兹丕公，中间历十一世。自鲁隐公二年后，《春秋》《左传》等史料始见莒之事迹，到战国时期的公元前 431 年楚简王灭莒，在这 290 年间，莒国发生了很多大事，国君名号常见于经传中。莒国承袭了东夷风俗，国君无谥号，只在名字上冠以地名，用作在世时的称号。《史记·楚世家》谓："简王元年，北伐灭莒"；《汉书·地理志》记载说莒传"三十世为楚所灭"，由此得知莒国传三十世。下面就经传及其他史料中证得的莒国国君世系及称号分列于下（按莒国国君姓嬴，己氏）：

己兹舆期周初封，约前 1046 年—?

（其后有十一世不详）

莒敖穆公（吕氏春秋有此号，传为兹丕公之前的君主，存此备考）

莒兹丕公 己期

莒纪公 己庶其? —前 609 年

莒厉公 己季佗 前 609 年—前 608 年

莒渠丘公 己朱 前 608 年—前 577 年

211

莒犁比公 己密州 前 577 年—前 543 年 在位 34 年

莒废公 己舆 前 543 年—前 542 年 约在位 1 年

莒著丘公 己去疾 前 542 年—前 529 年 在位 12 年

莒郊公 己狂 前 529 年—前 528 年 约在位 1 年

莒共公 己庚舆 前 528 年—前 519 年 在位 9 年

莒郊公 己狂 前 518 年—前 481 年 复位，在位 27 年

（按《汉书·地理志》记载说莒传"三十世为楚所灭"，此后尚有七世不详。）

第九章 莒国政治制度

1. 国君继承制

西周初年，周公制礼作乐，始行嫡长子继承制。在这种制度中，统治阶级内部划分为天子、诸侯、卿大夫、士四个等级，财产和地位世世相传，实行世袭制。在各个等级中，继承财产和职位者，必须是嫡妻长子；如果嫡妻无子，则立庶妻中地位最尊的"贵妾之子"。所谓"立嫡以长不以贤，立子以贵不以长"[①]。这种继承制度有效地避免了统治阶级内部兄弟之间为争夺权位和财产继承权而引发的祸乱，从而维护了权位的威严和社会的稳定。莒国属于东夷国家，虽然在与其他诸侯国长期的交往中，互相融入了不同的文化风俗，但在国君的继承上，似乎与中原国家稍有不同。

据史料记载，在夏朝，父死子继的身份继承制度已经出现，到了商朝，前期实行的是兄终弟及的继承制度，后期实行的是父死子继的继承制度。据考，商族的祖先是东夷部落，西迁后在长期的征讨中建立了商王朝，建国后的制度有所改革，但其风俗不可避免的留有东夷的痕迹。其中君位继承制应该就是其中之一。从《春秋》《左传》等史料中我们发现，莒国的国君虽然也是父死子继，但是并没十分严格的规定，且在礼法方面

---

① 《春秋公羊传·隐公元年》。

更是没有约束，甚至混乱得很，所以才出现"莒人弑其君庶其"①，"展舆因国人以攻莒子，弑之"② 等这样的臣弑君，子弑父的情况。

　　而"子弑父"的原因是莒犁比公已经立了太子展舆，又废了他，想立另一个儿子去疾，这才导致展舆为了争夺君位杀了父亲犁比公的事情。西周时周公制礼作乐，是礼法最为严格的时期，虽然春秋时期礼崩乐坏，可是各诸侯国对于《周礼》中规定的最基本的底线还是遵守的。特别是为了政权稳定，一些关于土地和权力的继承制度和约束制度反而更加完善。但是在莒国却多次发生弑君夺位的事，且有多位国君被杀或被驱逐，这说明在当时礼法森严的社会形势下，莒国世俗礼法是在周礼约束之外的，人们仍以东夷风俗来套用生活关系。所以在国君继承上，不以长幼为序，至于太子的人选，全凭国君的指定。虽然没有充足证据来印证这一观点，但从史料中点滴的记载透露的信息来看，应该是这样的。

2. 采邑制及国君谥号

　　西周时期的分封大多是先有爵后有地，分封制大多有两个基础，一是与王室有较近的渊源，二是有较大的功绩，这些具备了，就封给一个适当的爵位，然后指给一块土地建国，有爵者互不从属。莒方国在商代已经建立，后来参加了武王戈纣的战争，但并没有封国，其后殷商遗民及东夷部族发生叛乱，周公东正，将以莒为首的东夷国家赶到山东东部沿海一带，为了安抚他们，于是更"以夷制夷"，册封莒国成为周朝诸侯国之一，都于计斤。西周的分封制是层层从属，从礼制上讲，诸侯效忠于天子，大夫效忠于诸侯，这样大夫也要效忠于天子，即效忠于上级的上级直至天子。

---

① 《左传·文公十公年》。
② 《左传·襄公三十一年》。

莒国虽为东夷之国，风俗上有异于中原国家，但西周实行封建之初，莒国是被征服后又加封的，在封建的制度上应该是依周礼而行的。

依《礼记》所记，在封国之内，国君同样也可以把土地分赐给自己的子弟、属臣，作为他们的采邑。但这类采邑并不称国，而只称邑，受赐者只是采邑主，属于封国之大夫，一般不是王室的大臣。由此就可以明白《礼记》所说"天子有田以处其子孙，诸侯有国以处其子孙，大夫有采以处其子孙，是谓制度"的道理所在了。爵位关系和从属关系的不同，在继承上就有了不同。西周的土地继承是严格按照宗法制的男系继承，女系及外戚无权继承，而且理论上讲诸侯的继承都要受到王室的节制，王室有权否认继承。

莒国在国内应该也是实行的分封子弟的采邑制，至少在国君子弟们的身上是实行这一制度的。史料所载，莒国国君无谥号，一般以地名为号，如《左传》中记载的莒犁比公的"犁比"，莒渠丘公的"渠丘"，著丘公的"著丘"，这些应该都是地名，属于莒国之邑，以地名为号，这是东夷莒国的传统。我们可以猜测，在他们还没有继任国君之前，应该被封在这些城邑的，然后将这些城邑作为贡养他们的采邑。如犁比公在太子之时被封于犁比，渠丘公在未继任国君前被封在渠丘。这些采邑分封给他们后，成为终身制，归他们所有，有的城邑在他们继位后甚至还作为陪都存在。如《左传》中所记，渠丘公在位时，并不是一直住在莒国城中，而是常出现在渠丘邑，《左传·成公八年》载："夏，晋侯使申公巫臣如吴，假道于莒。与渠丘公立于池上，曰：'城已恶！'"莒子曰："辟陋在夷，其孰以我为虞？"曰："夫狡焉思启封疆以利社稷者，何国蔑有？唯然，故多大国矣，唯或思或纵也。勇夫重闭，况国乎？"这段话译成白话是说，晋国巫臣出使吴国，借道于莒，巫臣和莒国国君渠丘公站在护城河上，巫臣说："渠丘城墙坏了。"渠丘公说："敝国偏僻简陋，又身处蛮夷之地，有谁会打我们的主意呢？"巫臣说："哪个国家不想扩大领土？国家越大这种人越多，有些小国却不加防备。勇士尚且层层关闭好门户，何况国家呢？"巫臣发现了莒国城墙应该列入改造工程，但是渠丘公却不以为然。果然第二年，楚国子重带兵从陈国出发突袭莒国，首先攻破莒国渠丘城，然后围攻莒国的莒城。可见，此时的渠丘公居住在渠丘城而不是国都莒城，猜测应该是他在太子时或在他出生后就被封在渠丘，所以渠丘就成为他兴起的根据地，生前常常光顾，死后以封地命名。甚至死后还要葬于生前封地。现今已发现的莒国国君墓，都葬在国都很远的地方，因古今地名和地理位置存在很大差异，难以详细举例证之，我们只能略作推论。但莒国风俗不同于中原国家，这应该不错的。

所以说，莒国在国内对于国君的子弟应该是实行采邑制的，只要不犯错，分封的采邑应该是终身的。太子继位后，他的采邑仍归他所有，甚至可以作为他的陪都和死后埋葬地，莒国的国君没有谥号，都是以封邑为号，死后应该都葬于自己的封邑，所以这就形成了莒国国君无号，称号多冠以地名，且墓葬多远离国都，形成了环都而远葬的风俗特点。

3. 官制

周代官制的基础是出于分封制，国家制度受宗法制度的严格约束，带着浓厚的宗法色彩。周代之前的国家机构分工不细，权限不明，职官制度相应的也不够完善。《礼记·王制》孔颖达疏云："官者，管也。"说官是管理别人的人。相传，在尧、舜、禹做部落联盟首领的原始氏族社会晚期，曾设有"百官"，例如尧曾以"四岳"为部落酋长，以"羲和"管历法；舜以"八元"管教化、"八恺"管土地等，这些"百官"也都是氏族社会的各种管理者。这时期，各个部落常把自己所崇拜的某种事物作为图腾来崇拜，于是就用这些事物来称呼当时的管理者们。周代行分封，周公"制礼作乐"后，等级制度有了明确的规范，各诸侯国都依周礼行之，莒国受周王室分封后，当时的官制，除宗法范围内的分封外，其他的官制是与中原国家不同的。

　　莒为少昊之后，少昊氏以鸟名官，莒国与郯国同出一脉，莒郯同姓，史料中记载，孔子曾经带着弟子拜见了郯子，《左传·昭公十七年》载："秋，郯子来朝，公与之宴。"昭子问焉，曰："少皞氏鸟名官，何故也？"郯子曰："吾祖也，我知之。昔者黄帝氏以云纪，故为云师而云名；炎帝氏以火纪，故为火师而火名；共工氏以水纪，故为水师而水名；大皞氏以龙纪，故为龙师而龙名。我高祖少皞挚之立也，凤鸟适至，故纪于鸟，为鸟师而鸟名。凤鸟氏，历正也。玄鸟氏，司分者也；伯赵氏，司至者也；青鸟氏，司启者也；丹鸟氏，司闭者也。祝鸠氏，司徒也；鴡鸠氏，司马也；鳲鸠氏，司空也；爽鸠氏，司寇也；鹘鸠氏，司事也。五鸠，鸠民者也。五雉，为五工正，利器用、正度量，夷民者也。九扈为九农正，扈民无淫者也。自颛顼以来，不能纪远，乃纪于近，为民师而命以民事，则不能故也。"仲尼闻之，见于郯子而学之。既而告人曰："吾闻之：'天子失官，学在四夷'，犹信。"

莒侯簋铭文

　　这个故事是说，昭公十七年（前525年），秋季，郯子来鲁国朝见，鲁昭公和他一起饮宴。席间鲁昭公询问他，说："少皞氏用鸟名作为官名，这是什么缘故？"郯子说："他是我的祖先，我知道。从前黄帝氏用云记事，所以设置各部门长官都用云字命名。炎帝氏用火记事，所以设置各部门长官都用火字命名。共工氏用水记事，所以设置各部门长官都用水字命名。太皞氏用龙记事，所以设置各部门长官都用龙来命名。我的高祖少皞挚即位的时候，凤鸟正好来到，所以就从鸟开始记事，设置各部门长官都用鸟来命名。凤鸟氏，就是掌管天文历法的官；玄鸟氏，就是掌管春分、秋分的官；伯赵氏，是掌管夏至、冬至的官；青鸟氏，是掌管立春、立夏的官；丹鸟氏，是掌管立秋、立冬的官；祝鸠氏，就是司徒；鴡鸠氏，就是司马；鸤鸠氏，就是司空；爽鸠氏，就是司寇；鹘鸠氏，就是司氏。这五鸠，是鸠聚百姓的。五雉是五种管理手工业的官，是改善器物用具，统一尺度容量的；九扈是九种管理农业的官，是制止百姓不让他们放纵的。自从颛顼以来，不能记述远古的事情，就从近古开始记述，做百姓的长官而用百姓的事情来命名，那已经是不能照过去办理了。"孔子听到了这件事，拜见郯子并向他学习古代官制。不久以后告诉别人说："我听说，'在天子那里失去了古代官制，官制的学问还保存在远方的小国'，这话还是可以相信的。"

《世本》载："莒，己姓，子爵，少昊之后。"《汉书·地理志》也记载："莒，故国，盈姓，三十世为楚所灭。少昊后。"杜预《春秋释例》也认为"莒，嬴姓，少昊之后。周武王封兹舆期于莒，初都计，后徙莒，今城阳莒县是也。"众多史料记载大致相同，都认为莒为少昊之后，"皞"与"昊"相通，这个不作过多解释。莒国虽无详细的官制资料记载，但莒郯同出一脉，两国同姓，我们可以从《左传》中记载的郯子的这段话，看出莒国及整个东夷国家的上古时期的官制特点，莒国官制亦应如同郯国官制一样，都是承袭了先祖的旧制。从出土的陶器和青铜器物中，亦多见莒人鸟图腾崇拜的纹饰。

商人也为东夷之后，商代的官制应该继承了东夷的风俗，商建国后的几百年间，他们的官制可能会随着现实社会问题而有所改制，但总体的框架应该是继承东夷官制，与东夷相通的。二十世纪七十年代，曾发现一批莒地商代青铜器，据传在山东费县出土，多以礼器为主，从其器物的组合来看，与殷商出土的青铜器基本没有差别。青铜器是礼器，礼制与官制不可分，这可以从另一方面反映了商代莒地的官制与商王朝几乎是同出一源的。①另外，在出土的甲骨文中，有"虘又、虘又方"的记载，按照蔡运章先生的意见，"虘"就是"莒"，卜辞中还记载商王朝屡遭征伐"虘又方"的记录，后来莒臣服于商。还有两条卜辞材料提到"小臣虘又、虘又令"，"小臣"作为商王室的职官，具有重要的地位。商初，伊尹尝为小臣，后升至太宰。孙敬明先生指出，这位名"虘又"的小臣，其可能是"虘又方"在商王室的服务者。张亚初先生曾经考察过商代的职官制度，以为商王以下，主要设有卿事寮、太史寮和宫廷史吏等几个职官系统。我们对照郯子所言的少皞氏以鸟名官，惊奇地发现两者之间基本框架是相同的。②因此，我们有理由说，这个时期莒国的官制，总不会超出这个范围的。出土的礼器，包括相关的兵器，以及生产用具等等，也说明了这个问题。③

周代建立后，实行封建制度，即封邦建国。莒国官制虽异于中原其他国家，但在分封和采邑制度上应该是受周王朝影响很大的，在上面的采邑制中我们有所论述，这里不再重复。

首先是莒国国君的称呼，从《春秋》《左传》中多次提到的"莒子"我们知道，莒国属四等子爵国，周代分封是公、侯、伯、子、男。在西周时期礼乐文化严格的情况下，各等级的诸侯国是依礼而行的，但到春秋时期，礼崩乐坏了，于是就是出现了天子被架空，诸侯争霸的情况。这个时候，僭越"周礼"的事就在各诸侯国发生了。从考古可以发现，1975年

① 参见孙敬明《莒之青铜文化研究》。
② 张亚初：《商代职官研究》，《古文字研究》第13辑，中华书局1986年版。
③ 宫长为：《莒国官制考略》，载《莒文化研究文集》山东人民出版社2002年版。

春，莒南大店老龙腰发掘了两座莒国大墓。1号墓殉葬10人，出土铜器上百余件，其中有鼎、敦、壶、盘、舟、兵器和乐器等，以及其他车马器80余件；2号墓也是殉葬10人，出土铜器30余件。[1] 再比如，1977年冬，在沂水刘家店子又发掘了两座莒国大墓。殉人35至39人不等，出土器物竟多达470余件，主要有鼎16件、鬲9件、簋7件、壶7件、盆2件、盘1件、舟2件等；2号墓也出土鼎9件、罍2件，以及壶、罐、盘、匜、编钟等。其中1号墓铜器7件，均自铭"公簋"；戈1件，也自铭"莒公"，这应该是春秋时期莒国国君的墓地。[2] 对比《周礼》我们发现，无论从丧

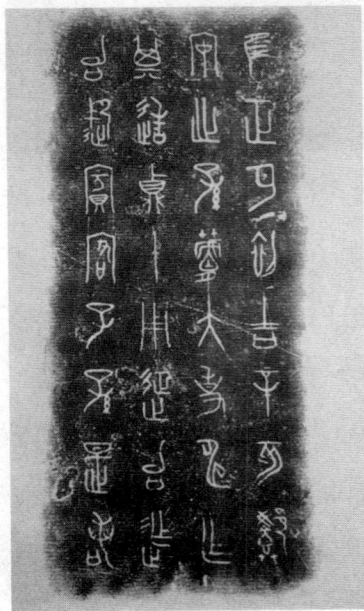

莒太史申鼎铭文

葬礼制，铜器陪葬数目上，都已经僭越"周礼"，已经不再遵守西周王朝的典章制度了，这是公然的越礼行为。春秋初年的《莒大史申鼎》铭文有："莒大史申作其祛鼎十"，包括《莒侯簋》铭，其文曰："莒侯少子祈乙孝从作皇妣吴君中妃祭器八簋"，两相对照，十分清楚。所谓"鼎十、八簋"，这不应该是诸侯享有的数量。从铜器铭文我们可以得看出，春秋初期，莒国国君已公然自称"莒公"或"莒侯"了。

其次是莒无"大夫"，《左传》中多次记载"莒人"参与诸侯会盟的情况，当莒子没有参加的会盟，都是"莒人"代为参加，周代等级制度是天子、诸侯、大夫、士。国君不去参加会盟，最能代表国君是国君的下一级"大夫"。所以，关于"莒人"杜预注："莒无大

---

[1] 山东博物馆等：《莒南大店春秋时期莒国殉人墓》，《考古学报》1978年第3期。

[2] 山东省文物考古研究所：《山东沂水刘家店子春秋墓发掘简报》，《文物》1984第9期。

夫"，因为莒国不设大夫一职，所以《左传》中记载的时候只以"莒人"代替。由此看，在"大夫"这一官职上，莒国是异于其他国家的。再看《莒大史申鼎》铭文："莒大史申作其祰鼎十"，莒国应该是有"大史"一职的，古汉语中"大"与"太"相通。此大史或许是就太史。这样的话，那么这里的"大史"等同于其他国家的"大夫"一职。在天子、诸侯、大夫、士的等级下，此"大史"应该不是《周礼》中所谓的掌"建邦之六典"的"史官之长"，从太史申一次能造鼎十件来看，应该具有很高的政治权力。因莒国无大夫一职，大史应该就是仅次于国君的官职，平级于其它诸侯国的"大夫"。

再者就是"小子"，上海博物馆藏的西周铜器《筥小子簋》，底有铭文4行25字，铭文内容为"筥小子返守弗俘获，用作厥文考尊簋，其万年子子孙孙永宝用。"共存世两件，记载莒小子作此簋，没有记载当时的铸造数目。虽数量不明，但存世两件，说明至少两件以上，"莒小子"能用簋，说明权威不小。"筥"在汉代则作"莒"，临沂金雀山汉墓出土漆耳杯朱书"莒盇"。西周史密簋铭文莒国之名从"膚"从"竹"，与春秋时代齐国庚壶铭文之"莒"形体相近。[1] 因此推论，"筥"既是"莒"。从出土资料看，商代就有"小子"的记载，如"商小子省壶"铭文中有"小子"，还有商代晚期的"小子夫尊"，其铭文曰："商小子贝二朋用乍父乙彝"，亦有"小子"。在商周时期，小子有几种含义：一是认为"小子"是商代的爵称，到周代一直沿用；二是认为"小子"系属官无疑，为佐其长以为治者；三者认为"小子"当为与"子"相对应的一种称呼，表示一种特殊身份，表示小宗之子；四是西周金文中的"小子"有职官和非职官两种解释；五是"小子"是军队中掌管祭祀的神职官员。[2] 从莒小子簋的形制来

---

① 孙敬明：《两周金文与莒国官制研究》，载《古莒新论》中国文史出版社 2015 年版。
② 陈光田：《上古文献之"小子"考释》，载《集美大学报》2017 年 1 月第一期。

看，结合铭文含义，此"小子"当为官职，虽没有注明簋的数量，但至少存两件，且形制相同。按照《公羊传》何休注说："礼祭天子九鼎，诸侯七、大夫五、元士三也。"能有权享有鼎的，必定居于重要官职。士居于最下层，最高可享有三鼎，此莒小子簋虽只存两件，我们不能将其定为只有两件，至少两件以上。所以，按等级看，此莒小子应该等同于"士"的一级。

结合上述资料，莒国官制可以试作如下总结：周代之前，莒国以鸟名官，进入周朝以来，莒国官制融入了部分中原文化，并受"周礼"影响，有所改变，但其东夷鸟图腾崇拜的风俗并没有改变。从西周末年，随着社会的大变革，莒国官制结构也在发生新的变化，有了僭越"周礼"的行为，随后，春秋争霸，莒国也不甘落后，自称"莒公"或"莒侯"，加入了大国争霸的行列，官制也逐渐完善。虽然在称呼上还是沿用夷礼夷名，但其对应的官制是同中原大国相同的。即莒国的"莒公、太史、小子"对应中原国家的"诸侯、大夫、士"等官职。

莒小子簋铭文

222

4. 兵制

莒为东夷国家，"夷"字在《说文解字》中谓："夷，东方之人也。从大，从弓，会意，弓所持也。字亦作巳。"原意为"一人负弓"，似乎是武力的象征。因资料的缺乏，上古时期至于夏商西周的莒地兵制不可考，但可以明确的是，先莒之民有好战之风。

夏初，启与后益争夺共主地位的斗争以及从仲康失国到少康复国，中间经后羿代夏，直到后杼灭有穷氏，前后经历半个世纪的斗争，都是东夷部落与中原王朝的斗争。出土的商代甲骨文中也多见"伐莒方"的记载，莒为商代方国，商朝建立后，莒人一直没有屈服，与商王朝的斗争始终未曾消停。从出土卜辞可知，夏、商时期军队组织有旅、师的建制，商人原出东夷，应该与莒国在兵制方面有着共同的地方，莒能与商长期作战，这也说明莒方国有强大的军事实力，而且有完善的军事组织，也就是兵制制度。只有这样，才能长期的对商王朝用兵，并且在互相征伐中积累并吸取经验教训，逐渐强大。

西周建立后，兵制是贵族武士制度。周王室之军队皆为王室贵族子弟。王室军队最大的编制为师。有西六师、殷八师、成周八师。国有大战，则诸侯国有出兵勤王事之义务。这个时期，莒国发展的强势由于受到西周王朝的制约，特别是连年用兵，国力兵力有所削弱。从周公东征以后，西周中后期出土的《保员鼎》《史官簋》等铭文中发现，当时莒国还不时地兴兵西向，与周王室对抗。因"夷礼"与"周礼"不同，兵制自然也不相同，也许正是礼制的不同，才是引起莒人臣服于周后，又反叛的主要原因之一。但西周晚期，莒国国势日强，向西发展并迁都到莒县城阳，这与强大的国力和完善的兵制是分不开的。

西周末年，随着周王室的衰弱和一些诸侯、卿大夫势力的专权，"礼乐征伐自天子出"，变为"自诸侯出"和"自大夫出"①，主权分解而下移。周王室军力弱于诸侯，较大的战争几乎都由诸侯国的军队承担。带兵的多数为卿大夫，他们掌握了军权，导致卿大夫的势力迅速发展，他们也仿照国都的制度在自己的封邑上设置军队，即世族军队。其从军人员也以封邑及其周围的士和农为主。此外，某些较大的城邑还有"邑甲"，有的属于国君，有的属于卿大夫，是公室军队与世族军队的补充。周代作战方式以车战为主，贵族驾驭之战车是主要兵种。各诸侯国兵力的强弱，往往以战车的多少衡量。诸侯国一般不超过1000乘，所谓"千乘之国"当为诸侯大国；卿大夫一般不超过100乘，所谓"百乘之家"。其后，军事编制扩大，出现了军，各侯国基本上都是三军建制。三军中每军为一万人，共三万人。每军置一军将，二千五百人为师，有师帅；五百人为旅，有旅帅；百人为卒，有卒长；二十五人为两，有两司马；五人为伍，有伍长。军将为卿爵，师帅为中大夫，旅帅为下大夫，卒长为上士，两司马为中士。中军主帅为司马或元帅，统帅、指挥三军。中军为主力，其他两军协同中军作战，这是周代中原国家兵制的主要特点，也是后来中国兵制的祖型。

应该说在分封之初，莒国的兵制还是商代流传下来的夷人制度，但是经过西周两百年来的演变，加之期间征伐不断，兵制自然会向着有利于战争和管理的方面调整。进入春秋后，由于莒国常年同周边国家或征伐或会盟，还多次参与诸侯国联军作战，在此过程中兵制方面会产生融合，莒国兵制自然也受到其他国家的影响，不知不觉地学习了中原国家适时的军队制度。进入春秋时期，与中原国家应该无异。如公元前555年，以晋为首的十二国伐齐，莒曾要求以"车千乘"从东南方向攻齐。那个时候莒国可

---

① 《论语·季氏》。

以随便的出动"车千乘",可见国力之强。同时莒国之兵制有"车千乘"之称,可知此时莒国兵制与其他国家的建置大致是相同的。

莒国在春秋前期和中期,曾入向、取杞、灭鄫、伐鲁,还能与齐国较量。《左传·襄公二十三年》载:"齐侯还自晋,不入。遂袭莒,门于且于,伤股而退。明日,将复战,期于寿舒……"《左传》中在记载这段战事的时候,与其他战事所记无异,可见其时作为东夷的莒国,除习俗不同于中原外,在地理建置和军队战备上应该与齐国无异。另有《昭公·二十二年》记:"齐北郭启帅师伐莒",莒"败齐师"。没有强大的兵力,是难以战胜强齐的。

从出土兵器来看,沂水刘家店子春秋墓中,出土过带有铭文的"莒公戈";莒县西北沈刘庄莒国春秋墓中,出土了铜剑2件、铜戈6件、矛1件,不仅形体硕大,且饰有几何花纹,锐利典雅,其器型与其他地方出土的兵器大致相同,可知春秋莒国之兵器亦是与中原诸侯国无异了。

莒国在西周时期应该是保有夷人之风,并且有善用"弓箭"的习俗,与周礼中规定的兵制是不同的,但在其后长期的与周王室及诸侯国的征讨中,逐渐地融入了中原国家的军制行列中,采用了中原诸侯国中更完善的军队管理制度,统一改进了兵制和战术,使得莒国军事迅速强大。到西周末年或春秋初年,莒国迁都于莒县城阳后。由于更近距离的接壤纪、鲁等国,此后在"入向、取杞、灭鄫、伐鲁"的过程中,与周边国家更多的融合,从而影响了原有的东夷兵制,采用了上述所说的各国通用的车兵制和邑军制。这些从《左传》记载中可以看出,如上面所举例的莒国参加晋国组织的联军伐齐,曾出动"车千乘",在"且于之战"中齐侯袭莒时,莒国且于城中的军队能立刻出兵应战。这些都可以看出,至少到春秋时期,莒国的兵制已与其他国家无异了。

5. 赋役

赋役是赋税和徭役的合称。国家的强大体现在军事力量的强大，强大的军事必须依靠经济力量的支撑，因此赋税和徭役是军事服务的后盾。莒国的赋税制度史料无载，出土器物里也没有相关的实物相证，但有一点可以肯定，在以农业为支撑的古代社会，土地和人口是衡量一个国家强弱的根本。只有土地和人口的增加，这个国家才能更多的敛赋收税。

三代田赋中，夏代行贡法，商代行助法，属劳役地租性质；至周朝革除前代田赋之弊，推行税率为什之一的"彻法"。贡的起源较早，在新石器时代，部族首领已部分的靠落族成员缴纳的贡物如家畜、谷物等来生活。当国家产生以后，贡税更成为居民的一种固定和强制性的责任。《考工记·匠人》郑玄注："贡法，税夫无公田"，"贡者，自治其所受田，贡其税谷。"相传"禹别九州，随山浚川，任土作贡"，"禹平水土，定九州，四方各以土地所生贡献，足以充宫室，供人生之欲。"这种根据土地状况不同或随乡土所宜的贡纳制度，在夏代已经存在。"助者藉也"，助法即籍法，是驱使"农夫"耕种"公田"的一种制度。助法以井田下的"公田"和"私田"的划分为前提。农夫自耕其"私田"，以维持自己及一家的生活；共耕"公田"，为国家所有，殷商和西周都实行过与井田制相联系的助法。关于"彻"法，赵岐《孟子注》有："彻，犹人彻取物也。"许慎《说文·支部》释："彻，通也。"因"彻"有"通"义，故对于彻法有"为天下通法""耕则通力合作，收则计亩而分"的解释。史料载："彻与助无别，皆什一法，改名彻者，以其通贡、助而言也"，有专家认为彻指实物地租而言，与古代的"什一之税"的制度是一致的，跟作为劳役地租的"助"有很大不同。彻法是西周春秋时代推行于王畿和各诸侯国的一种普遍性的赋税制度，当然也不排除贡、助两法并存。

有周一代，目前所能见到的赋税资料主要出自《尚书》《周礼》《孟子》《春秋公羊传》《管子》《史记》《汉书》等经史典籍。除《周礼》对财税制度的记述较完备外，其他文献语焉不详或仅为只言片语。我们先对周代赋税制度略作介绍。

《谷梁传》载："鲁宣公十五年（公元前594年），初税亩。初者，始也。古者什一，一夫一妇，佃田百亩，以供五口：父母妻子也。"颜师古注："敛财曰赋，敛谷曰税，田税曰租。"

周代土地归"王有"或"国有"，有采邑制、授田制、井田制、公社土地制等多种形态。《孟子》曰："井九百亩，其中为公田。八家皆私百亩，同养公田。"此谓井田制，即是井田中九块土地的中间地块，由八家佃农合耕，其余八块称私田，由佃农各自耕种，公田收成归王室，私田收成归农户。《周礼·地官司徒第二·遂人》记载："辨其野之土：上地、中地、下地，以颁田里。上地，夫一廛，田百亩，莱五十亩，余夫亦如之。中地，夫一廛，田百亩，莱百亩，余夫亦如之。下地，夫一廛，田百亩，莱二百亩，余夫亦如之。凡治野，夫间有遂，遂上有径，十夫有沟，沟上有畛，百夫有洫，洫上有涂，千夫有浍，浍上有道，万夫有川，川上有路，以达于几。以岁时登其夫家之众寡，及其六畜、车辇，辨其老、幼、废、疾，与其施舍者，以颁职作事，以令贡赋，以令师田，以起政役。若起野役，则令各帅其所治之民而至，以遂之大旗致之，其不用命者，诛之。"意思是说将土地分为上中下三等，分配给成家的男人，户以一夫一妇为标准，一家之中正夫一人，余夫指的是家中正夫外的成年男子。廛指五亩住宅用地，亦可以认为是日常生活用地。人口、六畜、车辆数目每年按季清查登记，确认辨别老幼、残疾和那些应当免除赋税徭役的人口，从而公平下达管辖区域内各家缴纳贡赋任务；确保征调民众参加征伐、田猎以及服劳役。

军赋是因战备需求而向所属臣民征发的力役和军需品。西周时期，军赋根据井田制规定，以井为单位，每井缴纳一定数量之军粮草料等实物，分摊到各家各户。《汉书·刑法志》谓之"因井田而制军赋"。负责组织纳赋者主要是居住于国中的卿、大夫、士，因其从天子处取得土地故有出军赋之义务。"庶人"负有纳粮的义务，"国人"则承担军赋，即《汉书·刑法志》所谓"有税有赋，税以足食，赋以足兵"。周代服役者，通常一家一人，即"凡起役者，毋过家一人"，年龄按城郭和郊野之地由十五岁至六十岁夫男承担，并据年成好坏一年役使三日或免役，但不包括统治者临时加役和延长役期。

莒为商代方国，有商一代，莒国与商王朝或战或和，莒国虽行夷礼，但在与商王朝及中原地区长期的交往中，吸取了他们的先进文化，这就包含赋役制度。西周时期，莒国虽臣服于周，但其实行的制度仍是的夷礼夷俗。莒国在西周时期，甚至包括西周建国之初，都应该是沿用商代的助法来行赋役制度的。其后周王朝大行改革，推出彻法。在诸侯国统一推行之，在这一时期，莒国土地不断扩张并且迁都于莒县城阳，先后入向、取杞、灭鄫、伐鲁。取得了他国的土地后，为稳固统治根基，莒国不可能强制推行"夷礼夷俗"，何况攻取一个城邑后，为的是得到更多的赋税，那么就应该保持原有的制度不变，只要得到贡赋即可。

进入春秋时期，随着土地私有制的发展，各诸侯国先后进行了赋役制度的改革。例如鲁宣公十五年（公元前594年）推行的"初税亩"，就是最著名的赋税制度改革。据《公羊传·宣公十五年》的解释："初者何？始也。税亩者何？履亩而税也。"就是说"初税亩"就是开始按亩征税。这一时期不论公田私田，一律按亩征税。其税率为收获量的十分之一，也就是所谓"什一之税"。在鲁国进行赋税制度改革之后，各诸侯国都先后进

行了赋税改革。楚国在公元前 548 年"书土田",量入修赋；郑国于公元前
538 年"作丘赋"；秦国于公元前 408 年"初租禾"。《左传》中记有"齐侯
还自晋，不入。遂袭莒，门于且于……杞殖、华还载甲，夜入且于之隧，
宿于莒郊。"地记载，由此可知莒国在建置上有"隧、郊"，所行乃周朝建
置中的"国野乡隧制"，此制度所为就是更好的划分乡野，管控臣民，而
其主要目的是为了更规范土地制度和赋税制度，可见此时的莒国赋税制度
已同中原国家相同。

　　整个春秋时期，莒国与周边国家来往不断，或盟会联军，或争征伐夺
地，许多城邑失而复得，有的得而复失。比如"莒鲁争郓""入向""灭
鄫"，其后鲁国又从莒国手中把这些城邑抢去。在你来我往的争夺之间，
各种赋役的制度难免混合，制度的混合是一种进步，可以取长补短。所以
到了这一时期，莒国的赋役制度应该与周边国家无异了。其后，莒国为了
更好地发展，必须依附于晋、齐等大国。作为附属国，要向霸主国进贡、
朝见，而进贡朝见就不能再用夷礼和夷俗了，须以周礼行事。这样，在这
种社会形势下，莒国被迫抛弃了夷礼，慢慢得融入了华夏礼仪之中。这同
样也包括赋役制度在内。只有这样，莒国才能更好的发展，更平等的与中
原各国交流。

第十章　莒国的社会经济

1. 陶艺

　　从考古发现中我们了解到，在距今7000多年前，莒地先民就已掌握了"陶"这门手艺。根据出土的陶片分析，当时的人们已会制作一些简单的陶器，这可能是莒地先民们在生产和生活中无意间的发现。在远古时期，人们在生活中逐渐发现"凹与凸"的道理，因为生活的需要，他们会随手取一块泥，捏造一个凹形的物品，用来饮水或盛放食物。我们可以想象，也许某一日，一场自然的火灾烧毁了它们的居所，大火过后，在灰烬中捡到自己捏造的"泥器"，却发现这种"泥器"经火一烧，变得坚硬异常，于是"烧陶"的概念产生了。后来，随着日常生活中慢慢地琢磨与研究，莒地先民对制陶工艺越来越趋向于成熟。

　　自二十世纪中期开始，莒地陆续发现人类早期文化遗址，而且这些文化遗址从大汶口文化到龙山文化，再到岳石文化，年代的序列明确，脉络清晰。它无疑是代表着古莒文化的一个流派。从莒地出土的各类陶器来看，早在大汶口文化时期，这里的陶器就已种类繁多，造型丰富，体现了先莒人民们精巧工艺和智慧。二十世纪六七十年代，在位于莒县的陵阳河、大朱家村等地发现了大汶口文化遗址区域，共清理墓葬45座，随葬品2800余件，其中有大口尊、漏缸、瓮、高领罐、盆、鼎、豆、壶、单耳

230

杯、薄胎高柄杯等。^①在这些器物中，红陶所占比例下降，而黑陶所占比例明显增加，并且发现了龙山文化的墓葬和岳石文化、周代文化遗存，充分说明了这一带长期以来有着古莒先民居住，且一脉相承，未曾中断。

陵阳河出土的一大批陶器，展现出了莒地先民制陶工艺的先进水平，代表性的器物有莒县陵阳河遗址出土的 8 件大口樽，直口平滑，圆唇或方唇，有尖底和圆底两种，腹部饰蓝纹，并且腹上部均刻图像文字。从现有资料看，其时间距今当最早的有 5000—7000 年以上的历史，这种陶器属于夹砂类的灰陶。并且在陵阳河墓中还出土了一件保存完好制作精美的夹砂褐陶牛角形号，成为大汶口文化考古中的唯一发现。它不仅告诉我们墓主人是军事首领身份，更重要的是对研究

莒县陵阳河出土
刻有字符的陶樽

原始社会末期氏族组织结构及其变化有重要价值，证明中华文明的号角从莒地吹响。^②在这种夹砂类灰陶基础上稍晚出现的是白陶和黑陶，这是莒地先民们最伟大的发明之一。根据考古挖掘，我们可以发现白陶在制作艺上更讲究，使用瓷土或者高岭土制胎，烧制时的温度可以达到 1200 度左右，烧制出来的器物更美观，更坚硬。1977 年莒县陵阳河遗址出土了两件夹砂白陶双錾鬶，流品喇叭状，斜直流，向上作鸟喙形，三袋空心足，一双板状錾手，上刻凹纹各三条，腹上饰一周齿状附加堆纹，劲下饰一竖钮，似鸟的鼻子和眼睛。这种复杂的鸟形器的出现，除了说明了古代莒人对鸟的崇拜之外，更说明他们懂得了在陶器上造形作为装饰的风尚，后来

---

① 山东文物考古研究所：《山东莒县陵阳河大汶口文化墓葬发掘简报》，《史前研究》1987 年第 3 期。

② 苏兆庆：《中华文明的号角从莒地吹响》，载《考古发现与莒史新征》中国文史出版社 2015 年版。

这种风尚逐渐发展为东夷文化的传统。同时还出土了众多的算状鬶、羊乳形鬶、狗形鬶，样式之复杂，形制之精美，皆为实用与美观紧密结合的工艺装饰雕塑的早期典范，开整个中华民族商周时代鸟兽形之先河。

1936 年发掘的日照"两城镇遗址"，是第一个龙山文化的典型遗址。出土了大量的黑陶，以磨光黑陶数量居多，其制作精致、造型小巧、外表漆黑黝亮、陶胎薄如鸡蛋壳，其质料全部是细泥质黑陶，为龙山文化的一种代表作器物，被称为"蛋壳陶"。蛋壳陶的质料全部是细泥质的黑陶，不含任何杂质。薄陶胎是制作工艺上的一个重要特征，最薄部位在盘口部分，薄者 0.3 毫米，个别有薄至 0.2 毫米的，一般在 0.5 毫米左右。柄部和底座因要承托上部重量，陶胎略有增厚，但常见也不超过 1 —2 毫米。器身高度不超过 25 厘米，重量多数为 50—70 克。有"薄如纸，硬如瓷，明如镜，黑如漆"之美誉。经专家研究，发现在盘口、杯部和底座部分有细密的同心圆轮纹，据此推断快轮制陶技术在这一时期得到普遍采用。[①]

1934 年发现的尧王城遗址，位于山东省日照市境内，兼有大汶口、岳石、商、周、汉等文化时代，是有着重要影响的新石器时代文化遗址之一。[②] 1992—1993 年，中国社科院考古研究所再次在对该遗址发掘，出土陶器有泥质和夹砂黑陶、灰陶、红陶、白陶等，主要器类有鼎、鬶、罐、盘、杯、盆、器盖、纺轮、镞、网坠等。陶器多饰有弦纹、附加堆纹、乳钉纹、划纹等，并普遍采用快轮轮制而成，这一时期的快轮制陶技术已达到相当成熟并普遍使用，陶器也发现了以火候高、陶质硬、陶胎薄、有黑亮光泽著称的蛋壳黑陶。除此之外，还发现了彩陶，这一发现填补了鲁东南沿海龙山文化时期彩陶的空白。

---

① 中美两城地区联合考古队：《山东日照市两城地区的考古调查》，《考古》1997 年第 4 期。
② 临沂地区文管会：《日照尧王城龙山文化遗址试掘简报》，《史前研究》1985 年第 4 期。

进入商周时期，由于青铜冶炼技术的成熟，制陶业开始变得没落，但是陶器是青铜冶炼工艺的基础，陶器形制是后来青铜制作的原型。如果没有陶器技术，就没有后来的青铜器时代。商周时期的青铜冶炼技术虽已成熟，由于原料的缺乏和技术的复杂，铜器只用于少量的贵族或首领，陶器仍然是主要的生活用具。目前发现的商周陶器以灰陶为主，在莒国故城南，发现大量的周、汉时期的陶器作坊，并出土

黑陶杯

大量的陶器和碎陶片。[1] 器型已由商周前的鸟形、蛋壳等，变成了实用的生活器具，以豆、罐居多。进入春秋时期后，由于社会的变革，经济文化和各类发明的出现，制陶开始用于建筑业，出现了陶砖和陶瓦。在莒国故城前、刘家菜园村后，发现的大量春秋战国时期的制陶遗址中，有很多破碎的陶砖和陶瓦，这说明在春秋时期，已烧制陶砖和陶瓦，用于建筑行业。另外据《莒县文物志》载：在莒国故城南部约一公里处，发现莒城规模最大的制陶作坊，出土大量的制陶工具和陶鱼、陶网坠、陶纺轮、陶瓦当等。[2] 这处遗址的发现，说明莒国制陶业从开始仅限于烧制生活用具，经莒地先民进一步发明创造，扩展为可以烧制更多的实用器物，不仅体现了莒国人民的智慧，亦反映了莒国制陶手工艺之发达。

---

① 苏兆庆：《莒县文物志》，齐鲁书社 1993 年版。
② 苏兆庆《莒县文物志》，齐鲁书社 1993 年版。

2. 青铜冶炼

在人类社会文明史发展的进程中，一般认为人类跨入文明社会的三大标志是文字的发明、国家制度的形成和金属工具的出现。青铜器的使用是人类早期社会生产力高度发达的体现，青铜冶炼与青铜器之间互为联系，正是由于青铜冶炼技术的进步，才使得青铜工具、青铜礼器等得到大规模的铸造，这直接反映出社会生产力发展的水平。莒地作为东夷文化的代表，在青铜冶炼及使用方面，其历史之悠久，工艺之精湛，从众多冶炼遗址和墓葬出土的种类繁多的青铜器中得到佐证。近几十年来，随着地下出土文物的不断发现，莒地青铜文化从其发展序列上，可形成直观的发展谱线。现据已著录的和近年来考古发掘得到的莒地青铜器，择主要者略作分析。从中可窥见莒国的青铜冶炼业之发达。

1981年北京市文物工作人员在北京铜厂，从30吨废铜中拣选出一批青铜器，其中已修复27件，分别计有方鼎2件、圆鼎2件、甗1件、簋1件、豆1件、爵2件、觚2件、觯1件、斝1件、角2件、尊1件、卣3件、罍1件、盉1件、盘1件、勺2件、戈2件、刀1件，还有由碎片拼凑而成的圆鼎1件。并且这些铜器上，大都带有"举虘又"的铭文，是商代莒国之"莒"的特种书体。"这是发现商代莒国最早的青铜器。这批铜器的造型均较规整，且器形大都浑厚朴重。除个别圆鼎和觚通体布施花纹外，余者大都于器体上部布施纹带，其他如斝、觯、方卣、爵、刀、戈等，几乎均是素面，或间饰少许弦纹。纹饰以饕餮为主，或衬以云雷、夔和涡纹等；而器物的鋬、耳则往往以铜铸的兽首为装饰。从器物的组合来看，其与殷商文化中心地区安阳一带，所出土的并无多大差别，所反映出的礼器制度几乎应是相同的。凡此现象似可反映出殷商文化早期与山东地区，或以族类称之为东夷的文化之间的关系非同一般。"① 为商人源于东夷之说提供了佐证。

1975 年在莒南大店发掘清理出两座春秋莒国墓葬，共出土铜器 130 余件。其中，一号墓出土铜器 107 件；二号墓出土铜器 32 件。这些铜器都十分精美，其中有鼎、敦、盘、剑、矛、镞等。还有乐器 10 件，编镈 1 件和编钟 9 件；二号墓出土铜器 32 件，是研究莒国政治和经济的重要考古依据。② 春秋墓葬中一次性出土如

龙纹鼎

此众多青铜器，同时期国内少见，且器形多样，纹饰精美，足可见当时莒国青铜铸造工艺之精。1978 年在沂水县的刘家店子发掘清理出春秋莒国墓二座，出土铜器也是相当丰富。单一号墓就出土铜器 115 件；有鼎、鬲、簋、壶、盆、盘、舟、盂、瓯、盉、匜、罐、编钟、编镈、錞于、剑、戈、镞等。一戈上有铭文，作"莒公"，簋有铭文"公簋"，壶有铭文"公铸壶"，盆有铭"唯正月初吉丁亥，黄太子伯克作其盆，其眉寿无疆，子子孙孙永宝用之。"编钟铭曰"陈大丧史中，高作铃钟，用祈眉寿无疆，子子孙孙永宝用之。"③ 以上出土之铜器，从出土地点、铜器种类、铜器铭文看确属莒县无疑，如此多的青铜器出现在一座墓中，足可证实当时莒国有着非常大的青铜制造规模和发达的冶炼技术。另外，对于铜矿的需求也是非常大的，在当时或许已经在周边发现较大的铜矿开采基地。

1996 年山东莒县店子集镇西大庄村发现一座西周晚期至春秋初期的

① 孙敬明：《莒之青铜文化研究》载《莒文化研究文集》山东人民出版社 2002 年版。

② 《莒南大店春秋时期莒国殉人墓》。

③ 《山东沂水刘家店子春秋墓发掘简报》，《文物》1984 年第 9 期。

莒国墓葬。该墓随葬铜器 41 件，除常用礼器外，还有山字形器、人面首大刀、鸟形饰、车篷架管、盖弓帽、马镳等，铜器十分精致。其中的山字形器据苏兆庆先生考证，或为莒国王权身份的象征，可能是莒子统治权威的一种礼器。此器通高 43.8 厘米，两侧锋作鸟头形。这种以鸟的造型为装饰的风尚，应是东方文化的传统，其他地域很少见。这也是莒国青铜器中的一个特点，具有鲜明的地方特色。西大庄墓地出土的青铜器的造型、纹饰、器物组合多样化。铜器精美，铸造工艺水平高超精湛，反映了莒国发达的青铜文化不但有自己鲜明的地方特点和文化传统，而且还与周边地区的文化有很多相同之处，说明了它们之间的文化交融历史久远。"①《左传·昭公二十三年》载："莒子庚舆虐而好剑。苟铸剑，必试诸人，国人患之。"从《左传》中这句记载来看，"苟铸剑，必试诸人"，这说明铸剑在莒国来说是普通的技术了，这也从侧面反映莒国青铜冶炼业的多样性。

山字形青铜器

综合来看，关于莒地青铜文化，最具代表性的当属铜鼎。人类学会使用火以后，逐渐发明、制造了陶器，并用陶釜、陶鬲、陶鼎等炊具来蒸煮食物，这样的食物营养好，味道美。当人类进入青铜时代后，铜炊具便应运而生，其中最显要和突出的就是铜鼎。鼎在古代属于国之重器，在中华文化宝库中有许多与"鼎"有关的成语，如"三足鼎立""一言九鼎""大名鼎鼎""人声鼎沸"等，蒙学经典《三字经》里也

---

① 莒县博物馆：《山东莒县西大庄西周墓葬》，《考古》1999 年第 7 期。

有"魏蜀吴，争汉鼎"之说。那么在远古的农业社会中，鼎所代表的意义是什么呢？制鼎，首先必须要有铜，从社会生产力发展的水平考察，青铜的利用是社会经济发展与人类历史分期的重要标志。通常认为，青铜器的出现，是人类文明到来的重要标志之一，青铜器不仅是人类早期社会生产力高度发达的体现，同时又是研究地方文明特色的方式之一。随着近五六十年来莒地考古资料的不断发现，首先从其发展的序列上，由商代、西周和春秋战国时期，基本可以建立起大体的框架，尽管有的时段还显得相当零乱与薄弱，但莒地铜鼎制作之精、数量之多、纹饰之奇，在齐鲁大地乃至整个华夏民族当居前例。

莒地出土的铜鼎多为圆腹三足，也有少数方鼎，三足鼎大多有盖，这种现象似是反映出莒地一种卫生清洁的风俗习尚。鼎的口处有两耳，可以穿铉（扛鼎的器具），或以吊钩钩之，鼎是釜灶合一的炊具，三条腿便是灶口和支架，腹下烧火，以烹煮食物。大量的出土文物证实，莒地铜鼎流行于商周时期，春秋为最。据西周《莒侯簋》铭文载，其一次"作皇妣君中妃祭器八簋"，莒太史申鼎则记"其造鼎十"。若按周之礼制，所谓天子九鼎，诸侯七鼎，士大夫五鼎，而莒之太史，不过诸侯之大夫，其能一次铸鼎十件，除了已经僭越了礼治外，更多是体现了莒地丰富的铜矿资源和精湛的冶炼技术。

莒国的方鼎更是极富特色，为其他地方所未有，可谓名闻华夏。莒方鼎通常带盖，几乎周身布满花纹。现今莒州博物馆存有双人方鼎，也称"裸人方鼎"，鼎通高11.6厘米、长12厘米、宽7.5厘米，盖上一对男女裸体相向跪坐，底以六裸人为器足，饰鳞纹和回纹，为21世纪20年代末在莒县出土。著名学者李学勤先生在《莒县文物志》的序言中曾说："莒国的艺术独具风格……过去著录的青铜器中有一种特别的方鼎，不止一件，即出自莒县，这种方鼎从纹饰看不晚于春秋早期，在其盖上铸有两个对座的人形，一男一女，通身赤裸，在铜器中绝无仅有……"①

　　另据苏兆庆先生《莒县文物志》载，在莒国故城内外发现多处周代冶洞、铸钱遗址。如在莒国故城周边如穆家庄子村西南三十米处，发现春秋时期铸铜遗址；在莒国故城南刘家菜园村后也发现炉渣、铜渣等，并在1984年4月发现一钱范窖和灰坑，出土春秋莒国刀范91块之多；在莒国故城内还发现了周代冶铜的手工作坊遗址。1934年发现的日照尧王城遗址，是一个相当大的"原始城市"，也是尧王城龙山古国的"都城"，留有厚重的远古太阳崇拜和太阳文化。出土文物有陶器、石器、玉器等，极具价值的是彩陶和陶文。重要的是，在该遗址出土了铜渣，说明当时已经有了冶铜的技术，这对于中国冶炼史的研究有着重要意义。

　　以上出土之铜器，从出土地点、铜器种类、铜器铭文看，充分展示了莒国发达的铜器制造业。《春秋》《左传》载"晋以莒之方鼎赐子产"，可见当时莒国铸铜技术之高超，而且所铸铜器亦可为大国所接受，表明了莒地礼器已融入了华夏大国的制造规制，同时更反映了当时整个莒国政治、经济和手工业的发达，是莒国综合国力之强盛的体现。

裸人方鼎

---

① 苏兆庆：《莒县文物志》，齐鲁书社1993年版。

3. 酿酒

中华五千年历史长河中，酒文化一直占据着重要地位，酒是属于物质的，又融于人们的精神生活。酒文化作为一种特殊的文化形式，在传统的中国文化中，特别是祭祀等礼仪文化中有着重要的意义。关于酿酒的起源，可以追溯到五千年前。《后汉书·东夷列传》说："东夷率皆土著，喜饮酒歌舞，或冠弁衣锦，器用俎豆。"东夷人有着自己独特的古文明，最早发明了用谷物酿酒的高超技艺，善歌善舞，且善于饮酒。将酒文化在祭祀礼仪之余，融入到了歌舞艺术之中，创造了灿烂的酒文化。

酿酒，必须要有充足的粮食和水。在考古中发现，莒县的沭河流域一带，人类文化从旧石器历经细石器、新石器，历史脉络连绵传承、发展有序，到大汶口文化时期，已经高度发达，出现了文字、城堡、铜器、宗教祭祀、四时崇拜和发达的农业，发达的农业生产为酿酒的发展奠定了基础。文字、城堡、冶炼和宗教祭祀的出现，说明先莒人民已有了固定的居所，是产生酿酒业的保障与前提。考古发现大量的碳化稻、粟以及小麦遗迹，证明沭河流域的农业极为发达，并且说明粮食生产已经有了大量剩余，可以用作酿酒原料。

1979 年，山东莒县陵阳河大汶口文化晚期墓葬中出土了一组成套的酿酒器具，计有大口尊、沥酒漏缸、接酒盆、盛酒瓮等实物，这是我国史前考古中首次发现的成套酿酒用具。而古代酿酒一般在缸形器内发酵，这就需要有大的缸形器，陵阳河墓中发现出土的大口尊似乎与酿酒有直接关系，大口尊系夹砂粗质陶，通高 50 厘米，口径 43 厘米，胎壁厚重。该器腹下部与腹上部颜色明显不同，上腹部色深黑，下腹部灰中泛白，这应与穴埋有一定的关系。因为古人酿酒常将缸形器全埋或半埋于穴中，目的在

239

于保持发酵期间的恒温状态，而且便于固定酒器。于此推测这件大口尊用于发酵酿酒，是有可能的。陵阳河墓中发现的成套器具，与酿酒最相关的当是那件沥酒漏缸，漏缸系夹粗砂褐陶质，通高 42 厘米，口径 57 厘米，直壁，平底，底部径 51 厘米。让人兴奋的是，缸的底部中间有大圆形镂孔一个，孔径 10 厘米，因而命名此缸为"漏缸"。[①] 古人酿酒，采用过各种各样的滤酒方法，以便让酝酿后的酒液与糟体分离，其中渗漏法的使用年限最为久远。依此原理推断，这件沥酒漏缸应该是一种滤酒器具。在使用时，滤酒者会在缸内放上一层竹箅编成的过滤网，然后把大口尊里的发酵液体倒入漏缸，酒液从中滤入接酒盆内。另外与大口尊、沥酒漏缸同时发现的还有盆和瓮，这一成套组合正好四组，直接反映了莒地先民们谷物酿酒的工艺流程。

莒县博物馆复原的原始酿酒图

---

① 苏兆庆：《从莒县陵阳河出土的文物谈酿酒业的兴起》，载《考古发现与莒史新征》中国文史出版社 2015 年版。

陵阳河遗址考古发掘出土了大口尊、大型滤酒陶缸，尤其后者属国内目前所仅见，与之成套匹配的饮酒器数量之多、种类之繁富，亦为国内所独有，这证明了当时大量酿酒和普遍饮酒已经成为莒地先民的习尚。同时也说明莒地原始农业发展迅速，粮食有了足够的剩余，粮食的剩余才是酿酒的先决条件，因为粮食是重要的酿酒原料。考古人员曾在胶县三里河遗址发现1.2立方米的腐朽粟，日照尧王城遗址出土的稻谷焦渣10余粒。这些谷物堆积的发现亦说明当时已经有了剩余的酿酒原料。1995年在莒国故城内出土两件春秋时期的大型滤酒缸，底部中间有7个圆形镂孔，[①] 滤酒缸与流行的传统米酒之滤缸样式接近，可见在周代莒国先民们已在城内大规模酿酒。另外，莒地多处遗址出土饮酒用具，计有高柄杯、单耳杯、盉等，其中尤以高柄杯数量最多。这些饮酒器具，无论从数量上还是工艺特点上，都是同时期国内仅有的。

从上述例证足以证实，东夷莒地先民们，在大汶口文化时期酿酒业已蓬勃发展了，推测其起源时间应该还要早。因酒除了可以用于祭祀之外，还可以去风、祛邪、祛病延年，莒地先民不仅将酒作为饮料，也把酒作为医疗和祭祀用品，所以其后历经商周，越发兴盛。莒故城内出土的大型滤酒缸可以佐证。

4. 医疗

我国中医医疗最早的技术应该是针灸术，从考古所得可知，莒地应该是最早发明并利用针灸医疗的地方。针灸最早见于《黄帝内经》一书，《黄帝内经》说："藏寒生满病，其治宜灸"，此便是指针灸术。可以设想，

---

① 苏兆庆：《从莒县陵阳河出土的文物谈酿酒业的兴起》，载《考古发现与莒史新征》中国文史出版社2015年版。

在远古时期，人们生病后身体疼痛或是酸麻，偶然用一些尖硬物体碰刺了身体表面的某个部位，这时会出现意想不到的疼痛被减轻的现象，于是古人开始有意识地用一些尖利的石块来刺击身体的某些部位或人为地刺破身体使之出血，以减轻疼痛。《说文解字》云："砭，以石刺病也。"古书上曾多次提到针刺的原始工具是石针，称为砭石。砭石是我国古代最早发明、使用的一种原始的医疗用具，它是新石器时代的产物。新石器时代人类逐渐摸索掌握了磨制石器的技术，能够制造出较旧石器时代精致的多种石器，此时出现了用于解除病痛的砭石。从 20 世纪的诸多考古发现来看，砭石在全国很多地方皆有发现，形状大致相同，其用途及起源问题一直在学术界存在着争议。

莒县博物馆复原的砭石医疗图

据史料记载，针的前身是砭石，而砭石应当是起源于东夷地区的，《黄帝内经》有这样的记载："砭石者，亦从东方来。"《素问》中亦有记载曰："东方之人多痈肿聚结，故砭石生于东方。""东方"即指北起山东莱州湾，南到江浙的"海洋文化带"，《路史》中说"伏羲尝草制砭，以治民疾。"伏羲是著名的太昊部落酋长，太昊是东夷的一支，而东夷是我国古代东部沿海的民族，应该说伏羲是鲁东南东夷人。从莒县陵阳河遗址，鲁南邹店遗址等地出土了大量的砭石来看，砭石起源于东方的观点是有充分的文物证据的。1959年大汶口遗址出土砭石30枚，其中石质28枚、玉质1枚、骨质1枚；[①]鲁南邹县野店遗址出土砭石11枚，石质3枚、玉质3枚、骨质4枚。[②]；鲁南胶县三里河遗址出土玉质砭石9枚，骨锥6枚；山东省莒县陵阳河、大朱家村、仕阳等遗址，先后出土10枚，其中玉质5枚，石质5枚。日照两城遗址也采集到砭石两枚。[③] 特别是莒县陵阳河出土的一件尖状器，外形呈三角形，中间微鼓，尖端锐利，后部略成燕尾形。长3厘米，最宽处2厘米，厚度为0.2厘米，较轻巧。从其外形来看，显然不是生产生活用器，而应是一件锥刺器，或是砭石的前身，年代判断应是细石器文化遗存，距今约1万年。从莒地出土的砭石的形制来看，有如下几种：第一种是方柱形，圆形铤，棱形的尖；第二种是长扁方柱形，扁方棱形尖，一端呈圆形铤；第三种是圆柱形，尖如锥状，一端有圆铤。都是磨制器，制作精细，锋

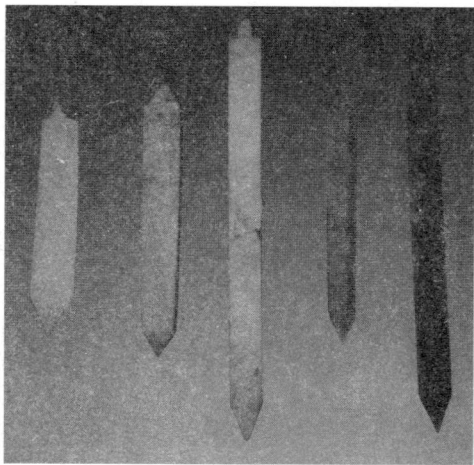

陵阳河遗址出土的玉砭石

---

① 《大汶口》：文物出版社1974年版。

② 《邹县野店》：文物出版社1985年。

③ 苏兆庆：《东夷民族针灸学初探》，《考古发现与莒史新征》中国文史出版社，2015年版。

端锐利，也有的饰有凸纹或目纹。

玉、石质砭石的出土，表明了东夷莒人在原始医学中独特的建树，《黄帝内经》记载，砭、针、灸、药是我国四种独立并存的医术，砭起源于距今几万年前的新石器时期，应该是"针"的前身，为中医最早的医疗工具。古莒地发现的一系列砭石，印证了史料中的记载是准确的。又从另一方面证明古莒先民在远古时期同自然的斗争中，逐渐摸索出砭石治病的道理，并且经过长期的研究，已经掌握了这门先进的医疗技术，可以说，古莒地是中国医疗的发祥地之一。

5. 音乐

古东夷民族本是一个善于歌舞的民族。史料中记载最早的与音乐相关的人物是五帝之一的虞舜。前面有文已论述过舜是东夷人。

《史记》引周处《风土记》云："舜，东夷之人。"

《韩诗外传集释》说："舜……东夷之人也。"

王应麟《困学记闻》卷五云："舜葬苍梧山野，……苍梧山在海州界，近莒之近城。"

《孟子，离娄上》：孟子曰："舜生于诸冯，迁于负夏，卒于鸣条，东夷之人也。"汉赵岐注："诸冯、负夏、鸣条皆地名，负，海也，在东方夷服之地，故曰东夷之人也。"宋朱熹《四书集注》云："诸冯、负夏、鸣条，皆地名，在东方夷服之地。"

孟子之后，赵岐、朱熹、焦循等历代学人，共同论定了莒国的诸邑为舜的生地，因而称之为"东夷之人"。

先秦典籍有关帝舜的材料，并不丰富，但其中却有相当多的记载是说舜与音乐相关。据说，舜父制造过琴瑟，舜又在父亲的基础上进行了改造。舜还又发明了箫，创作了许多乐舞的曲子。见诸文献记载的有《南风歌》《韶》等。据《世本·作篇》记载："箫，舜所造。其形参差像凤翼，十管，长二尺。"意思是说，箫是舜造，它的形态参差不齐，像是凤凰的羽翼，有十孔（或是十管并列），二尺长。《乐书》说："舜制石磬为乐器，他击拊石磬，百兽相舞""制五弦之琴，弹奏南国之歌。"这几句话是说，舜制作了打击乐器磬，在击磬的时候，乐声使得百兽互相起舞。又制成了五弦琴，用它来弹奏南国之歌。《孔子家语》载："昔者舜弹五弦之琴，造《南风》之诗，其诗曰：南风之熏兮，可以解吾民之愠兮；南风之时兮，可以阜吾民之财兮。"意思是：南风拂煦和暖啊，可以解我人民的忧愁；南风来得及时啊，可以增加我民的财富。弹琴吟诗，形象生动逼真。诗仅两句，意义十分深远。说明舜以德治国，用南风象征仁德之风，教化人民。孔子对此的评论是"君子之音"。他说："故君子之音，温柔其中，以养生育之气……夫然者，乃所谓治安之风也。……昔者舜弹五弦之琴，造《南风》之诗……唯修此化，故其兴也勃焉，德如泉流"①

舜最著名的乐曲是《韶》。《韶》流传久远，影响极大，备受推崇。尤其是儒家的孔子，认为《韶》不论是其艺术形式还是思想内容，都达到了完美无缺的程度。他评论歌曲乐舞，总是把《韶》放在完美典型的首位。如他说："行夏之时，乘殷之辂，服周之冕，乐则《韶》《武》。"② 孔子的这种次序排列，并非偶然，而是有他既定的标准。拿《韶》《武》来说，都是孔子推崇的。《武》亦曰《舞》，据说是周武王制作的乐曲，也是很好的。而孔子总是把它放在《韶》乐之次。为什么？他说："《韶》，尽美矣，又尽善也；《武》，尽美矣，未尽善也。"③ 说《武》比《韶》在思想内容上

① 《孔子家语·辩乐解》。
② 《史记·孔子世家》。
③ 《论语·八佾》。

莒叔之仲子平编钟铭文

还有些欠缺。又《论语·述而》载："子在齐闻《韶》，三月不知肉味，曰：不图为乐之至于斯也！"竟想不到（古人）创作的音乐达到了这样完美迷人的地步。

总上所言，虞舜不仅是箫、琴的发明者，而且是一个音乐家，文艺理论家，他对东夷乐舞的贡献卓著，影响深远。但这只是史料记载，并没有出土实物佐证。下面就莒地出土与音乐有关的实物举例说明。

1979年莒县陵阳河大汶口文化晚期墓葬出土陶质笛柄杯和陶质牛角形号角，经专家鉴定，是两件乐器。笛柄杯能吹出四个不同的乐音，音响清脆，悦耳动听，与现代横吹竹笛不贴膜时发出的声音相似，此是迄今已发现的中华民族最早的也是唯一的陶制横吹管乐器。而牛角形陶号现在吹来仍是呜呜作响，它应该是莒地先民举行盛大仪式或部落首领行使权力时所用，它的出土证明了莒地先民最早发明了原始吹制乐器。

商及西周时期莒国乐器虽然至今未见出土，但从后来春秋时期发现的乐器看，其精美程度绝非一时形成的，要经过长年累月的传承改进才能达到。莒地出土春秋时期乐器众多，主要有下列几件最有代表性：一是莒南大店莒国春秋墓曾出土乐器31件。分别为：镈1件，钮钟共18件，形式相同，大小相次，带饰兽形纹，两鼓面及器顶饰蟠螭夔纹，均内填勾连雷纹，钮饰陶纹或麻点纹。石编磬残存12枚，形式相同，大小相次，最大的

下边长 58 厘米、最小的长 32 厘米。^① 二是 1963 年莒县天井汪出土乐器 9
件。分别为编镈 3 件，编钟 6 件，饰三角夔纹或云纹。最大的高 29.8 厘
米，最小的高 21.1 厘米。^② 三是沂水刘家店子春秋莒国一号墓出土乐器 38
件。分别有编钟 20 件，其中 19 件为甬钟，钟体扁椭，弧形口，柱形枚，
形制相同，大小相次。铃钟 9 件，形制相同，大小相次。扁椭体，弧形口，
绚索状钮，通体饰蟠螭纹，栾和鼓面有铭。编镈 6 件。形制相同，大小相
次，扁椭体，平口，扁纽。钲间篆带饰夔纹。镈于 2 件，形制相同，圆首，
顶部有绚索状坏纽，平口外撇作长椭形，圆肩束腰素面。^③

　　莒地出土数量如此多的乐器，且成批量地出土，器形制作之精美，数
量发现之多，在发现的同时期诸侯国墓葬中当居罕见。在周代，乐与礼是
重要的制度，是分等级、别贵贱的标尺之一。周代统治者对乐制有严格规
定，其中"乐悬制度"是整个音乐制度的基础，乐悬制度作为一种政治制
度，制约着整个周代社会的音乐生活，其内容随时代的向前推移而发生着
变化。乐悬制度的形成应在西周晚期，春秋时期得到进一步的发展，随着
音乐水平的提高和礼乐制度的演变，乐悬也在不断地发生着变化，但在一
定的时空领域，又有一定的规律。《乡射礼》记载："钟鼓者，天子诸侯备
用之，大夫、士鼓而已。"说明周天子和诸侯可以钟、鼓齐备，大夫和士
只有鼓而无钟。《小胥》中有"天子诸侯县皆有镈也"。镈只能天子和诸侯
才能享有，而卿大夫是无权享用的。从考古所见乐悬资料来看，莒地出土
乐器的墓葬规模大，编钟组合较为复杂，并且多伴随有编磬出土，出土的
乐器规制明显僭越礼制。对照文献研究发现，莒国是行夷礼，在"金石乐
悬"等方面却有僭用天子乐悬之行为，虽然违背当时的社会"礼制"，但

①　山东省博物馆等：《莒南大店春秋时期莒国殉人墓》，《考古学报》1978 年第 3 期。
②　苏兆庆：《莒县文物志》，齐鲁书社 1993 年版。
③　山东省文物考古研究所等：《山东沂水刘家店子春秋墓发掘简报》，《文物》1984 第 9 期。

它无疑为周代僵化的礼乐制度注入了艺术的活力，也充分反映了莒国音乐文化的发达。

6．漆器

漆器具有实用功能和艺术欣赏价值，据文献记载，其历史可以追溯到传说中的尧舜时代。《韩非子·十过》记载："尧禅天下，虞舜受之，作为食器，斩山木而财之，削锯修之迹，流漆墨其上，输之于宫，以为食器。"虞舜是东夷人，这是关于东夷地区用"漆"的最早记载。据考古所得，早在新石器时代漆就已经出现，到了夏代木胎漆器已经用于日常生活和祭祀，当时的颜色固定，基本限于朱、黑二色。殷商的漆艺已十分成熟，殷商时代已有"石器雕琢，觞酌刻镂，白壁堊墀，茵席雕文"①的漆艺。这些较早的文献记载呈现出中国漆器制造艺术的悠久历史。

二十世纪六七十年代，随着莒地多处春秋大墓的发掘，出土了不少漆器残片，如棺、椁、勺柄、剑鞘等，多经涂漆，实物印证了莒国漆器手工业的发展。1975 年，莒南大店发现春秋莒国大墓，墓中出土文物中发现多件漆器，其棺木虽已腐朽，仍能从中看到板灰和朱漆的痕迹。很显然，在下葬之初，棺木是涂有朱漆的，历经两千余年，所保存下来的漆的颜色仍然没有改变。另外发现残漆的黑漆鞘铜剑一件，鞘虽已腐朽，但外层的漆却保存完好，色泽艳丽，反映出当时对于漆的应用和颜色的调配已十分成熟。1977 年冬天，山东省沂水县刘家店子村发现了两座春秋中期莒国大墓，出土了陶器、铜器、金器和玉石器等各类文物 600 余件。其中一号墓中出土嵌金漆勺一件，其木胎虽已腐朽，但所附的漆面表皮清晰可辨。此

---

① 《韩非子·十过》。

勺扁平柄，勺呈圆形，柄面嵌有三角形和菱形压花金箔片和金贝，金箔片与漆地平齐，金贝凸出器形表面，工艺之精美程度，是迄今为止所见嵌金漆器中较为特殊的一件。除此之外，墓中还发现不少的漆器残片，如雕花漆器、成组的玉佩和车伞开合件等器物。

特别是莒南大店一号墓，出土的棺椁虽已腐朽，但仍能看到腐朽层外鲜艳的朱漆，同时出土髹黑漆鞘铜剑 1 件、漆绘木棒 1 件、髹黑漆盖弓 3 根、残漆器 1 件。这件残漆器涂朱漆地，绘褐色涡云纹，可能为漆盘残片，残长 14.2 厘米、残宽 15.1 厘米。[①] 沂水刘家店子一号墓发现髹漆棺一具、雕花漆板一块，这些都反映了莒国漆器手工艺的精湛。通过以上例证可以了解到，莒国当时漆器的胎骨仍以木胎为主，但薄板胎显著较多，并且出现了夹纻胎。夹纻胎用多层麻布或缯帛制成，轻巧牢固，易于漆液的渗透与黏附，夹纻胎的发明是漆器工艺的一大进步。此外还发现有在铜器和其他制品上髹漆的制品，此时镶嵌工艺有了进一步的发展，突出表现在漆器表面贴嵌金箔、贝币或铜片的工艺，器型精美，富丽堂皇，说明在同时期的诸侯国中，莒国应该是最早使用漆器的国家之一。通过这些考古发现，似可说明在春秋时期，莒国的漆器已经逐渐应用到人们社会生活的各个方面，这也标志着人们物质水平有了很大的提高，其文明程度已经进入一个崭新的阶段。

7. 货币

在我国远古时期，大约四五千年前，生产力低下，物质极不丰富，所以一个部落或者一个家庭中还没有过多剩余产品用来交换其他急需的用

---

①　山东博物馆等：《莒南大店春秋时期莒国殉人墓》，《考古学报》1978 年第 3 期。

品，部落或家庭之间偶尔发生的交换活动也只是"以物易物"，当时根本没有货币也不需要货币。随着生产力的发展和社会的进步，社会物质财富也相对丰富，人们物质生活中的需求不断地扩大，"以物易物"交换的方式已经越来越不能适应社会生活的需要了，于是人们便把稀有的贝壳作为交换的中介物，原始的货币就这样产生了。原始贝币产生于距今三千年的商代，是钱币的始祖。商代的卜辞和铜器铭文中，也有"锡贝"、"囚贝"、"赏贝"等字样。贝币以"朋"为计算单位，五贝为一串，两串为一朋。但因为贝产于海，不敷流通，所以先民们就用仿制品来代替，遂有珧贝、蚌制贝、骨贝、石贝、陶贝等。

在考古发掘中，莒地多处遗址和墓葬发现贝币，且品种繁多，有石

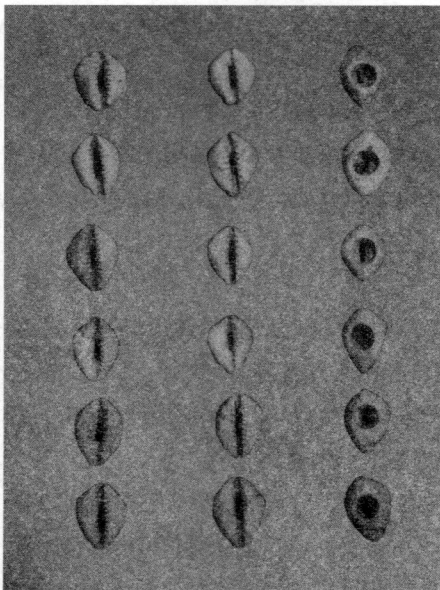

莒地出土贝币

贝、玉贝、海贝、骨贝等。虽然古时有夷夏之防的观念，但从出土贝币的形制来看，基本同于中原地区出土贝币。而且普遍有墓中用贝陪葬的现象，其后，随着社会文明的发展，青铜冶炼技术开始成熟，随之用于货币的生产。到了周代，莒地刀币开始并在上层社会中流通。从考古来看，贝币、刀币以及铸币遗址等发现甚多，按时间顺序，择其主要者录之于下：

1975 年，莒南县大店发现两座春秋时期的莒国大墓，出土骨贝 117 枚，背面有 2 钻孔，形体磨制光滑，长约为 19 到 23 毫米；绿松石珠 271 枚，金绿色或绿白相间，直径在 2 到

5 毫米之间。①

1977 年春沂水县刘家店子村西发现两座莒国大墓，其中一号墓出玉、石器三百余件，计有玉戈、琮、璜、璧、贝等，同时还出土嵌金漆勺一件，勺外柄面嵌金币 65 枚。墓为春秋中期。②

1987 年莒故城南垣发现铸造刀币所用的陶范，共 64 块，其中完整的 12 块，分面文范和背文范两种，与陶范一起出土的还有百多枚直径 2 到 3 厘米的贝壳。后经 1995 年和 1996 年两次发掘，认为此地为春秋时期莒国铸造刀币的作坊。③

1988 年莒县东莞镇鞠家窑村春秋墓中出土一批骨贝，数量未详。《古莒遗珍》一书中选录 12 枚。其规格不一，长宽在 20 毫米左右，但都以自然海贝为模本，正中间刻画一直沟，坚沟两侧有齿纹，两端有孔。④

1993 年 4 月莒县东莞镇大沈刘庄发现一座春秋墓葬。铜剑、铜戈等已被村民取出，莒县博物馆派员清理，并征集墓中出土文物。据报告称此为中型墓葬，出土青铜、陶、木以及石制品。其中出土石贝 250 枚。⑤

如此多的贝币出土，说明当时随着生产水平的提高，产品有了剩余，交换活动日渐频繁，这就促使着大量的货币出现。而沂水刘家店子春秋莒国墓葬出土的金贝，更是同时期发掘中所罕见的。另外，从发掘出土货币形制可知，莒国货币早期以贝币为主，有骨贝、石贝、金贝、玉贝。进入春秋时期，各国之间交往频繁，贸易不断，货币文化呈现出自由奔放的势头，于是各国开始逐步形成了区域性的货币。不同地区的铸币，

① 山东省博物馆、临沂地区文物组、莒南县文化馆：《莒南大店春秋时期莒国殉人墓》，载《考古学报》1978 年第三期。

② 山东省文物考古研究所、沂水县文物管理站：《山东沂水刘家店子春秋墓发掘简报》，《文物》1984 年第 9 期。

③ 苏兆庆、刘云涛：《莒刀探源》，载《莒文化研究文集》山东人民出版社 2012 年版。

④ 苏兆庆《古莒遗珍》，人民美术出版社 2007 年第二版。

⑤ 张开学、刘云涛：《山东莒县大沈刘庄春秋墓》载《考古》1999 年第一期。

它们的器形、重量、文字标志、货币单位、合金成分都不一样。莒国的货币形制起源于工具刀削，称之为刀币，以青铜为材质。铸有"莒"字铭文的小型莒刀币，出土于莒国故城内，莒国故城出土钱范的遗址即在莒城南门外西侧，莒国故城的宫城附近还出土了带有"明"字方折的刀币钱范，出土地层是春秋文化层。证实这种"明"字方折、背有"莒"字铭文的刀币是莒国所铸货币。[1]

1990 年莒县于家庄发现一枚齐明刀，刀首残缺，面文"明"字方折，光背，形制与刀模相符，是莒范所铸无疑。[2]

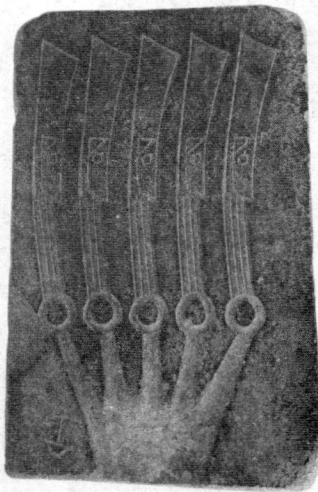

莒刀币钱范

但在莒国周代墓葬或遗址中同时期出现贝币和刀币等，说明当时作为货币使用，贝币和刀币是同时流通的，抑或说明刀币与贝币兑换比例较大，下层民众很少能用到"面额"大的刀币，普通的交易用贝币足可以承担，所以刀币只用于上层社会或诸侯国之间的交易。从莒城周边出土的大量的刀币陶范来看，莒国的刀币铸造规模在当时应该是相当之大的，而且版别众多。莒国刀币的众多版别，说明刀币有一个长期的演变、发展的过程，也说明其铸造时间长，流通范围广。根据丰富的铸币遗址考证，春秋时期莒国商业繁荣，生产力达到了那个时代的较高水平，有较多的剩余产品与可以周边国家进行经商贸易。

---

① 陈长峰《莒疆货币史略》，黄河出版社 2013 年版。

② 苏兆庆：《莒县故城出土的刀币陶范再议》，载《山东金融研究·钱币专刊》1991 年。

8. 农牧

在距今 50 万年前的旧石器早期，东夷地区就有原始居民生活的足迹。20 世纪的考古中发现，在沂源县鲁山脚下的溶洞中，发现了原始人的头骨化石和生活遗址，其后随着生活经验的增多，到了距今 10 万年前的旧石器晚期，莒地先民们的族群逐渐扩大，并且走出了山谷洞穴，他们为了寻找更好的越冬场所和生活环境，沿沂河、沭河而下，在沂、沭河流域建立了密集的聚落群，并且长期的定居生存了下来。通过莒地古文化遗址的发掘得知，大约在距今 1 万年前的细石器时代，莒地原始农业就较为发达，生活在这片土地上的先人们那时应该就创始了先进的种植业。

一般认为，采集活动孕育了原始的种植业，狩猎活动孕育了原始的畜牧业，从驯养家畜、种植农作物开始，就形成了最初的原始农牧活动，这就需要有固定的居所和安定的环境来维持，所以就逐渐形成了后来的东夷族群。古莒先民们先后历经北辛文化—大汶口文化—龙山文化—岳石文化，开始了在古老莒地稳定的生活发展。

圈养野兽的技术发明后，畜牧业愈见繁盛，因此牧养牲畜所需的饲料就成为急需解决的问题。在畜牧业最初的时候，牲畜所有的饲料只有野草，所以当时是逐水草而居的。但畜牧业繁盛之后，野草已不敷用，在这种情况下，牧人就逐渐开始了作物的种植，于是真正的农业便逐渐开始出现。

莒县陵阳河大汶口遗址出土的文物表明，早在 5000 年前，莒地农业、畜牧业生产已进入较发达的时期，并形成了独具特色的农业传统。表现为生产工具的不断革新，广泛应用制作精巧的石斧、石铲、石凿等，还出现了新型的生产工具石镰、石刀等。1979 年，莒县陵阳河出土了两套完整的滤酒器，因酿酒需要大量的粮食作物，这标志着当时农业生产有了粮食的剩余。三里河遗址发现的 1.2 立方米的腐朽粟和尧王城遗址出土的一批稻谷焦渣等，足以证明当时的莒地农业生产水平之高。1979 年陵阳河发掘的 6 号大墓，墓长 4.5 米，宽 3.8 米，随葬物多达 206 件，其中有一套酿酒器，此外还随葬有 21 件猪下颌骨。是目前已发现的大汶口文化墓葬中随葬品及猪下颌骨最多的一座，猪下颌骨的普遍随葬也反映养猪之风的盛行，养猪业的发达必然要由农业生产来支撑。[①] 四五千年前，猪是主要家畜，陵阳河等地出土的猪骨以及牛骨等，说明了莒地畜牧业的发达。从莒县陵阳河、杭头、大朱家村等遗址出土的陶器来看，器形硕大，其中大朱家村 4 号墓的高领罐最为突出，能盛粮 85 斤，这样大型器的出现，是莒地农业发展的重要象征。[②] 而农业是畜牧业发展的基础。

商代是奴隶制的鼎盛时期，它持续了 600 多年，从出土商代文物和卜辞考释得知，商代农业已发展为主要生活来源，生产工具除木、骨、石器外，已有少量青铜农具，这一时期应该是石铜混用的时代。殷墟出土甲骨文中多见"伐莒方"的记载，可知当时商王朝和以莒方国为首的东夷地区征伐不断，莒方国能与商王朝长期的征伐作战，足以证明莒地有足够的农牧生产业作为后盾。同时在与商王朝不停地征伐中，也刺激了莒地农牧业的发展。

西周取代商朝，是由奴隶社会向封建社会的大转变时期。西周实行分封政策，莒国也在分封之列，按周朝制度，分封的各诸侯国实行自治，只需定期向周天子纳贡并朝见就可以，这很大程度上促进各封国生产的积极性，田地扩大，农业生产有了长足的进步。同时，木制农具和青铜农具均

---

① 苏兆庆：《中华文明的号角从莒地吹响》，载《考古发现与莒史新征》中国文史出版社 2015 年版。

② 苏兆庆：《莒地原始农业发展初探》载《考古发现与莒史新征》中国文史出版社，2015 年版。

有大量使用。随着人口的增加，作物种类也日趋多样化。在畜牧业方面，马匹作为战争的工具之一，形成了大量的饲养规模。从《左传》中可见，莒国"取向、伐杞、灭鄫"，并长期与鲁国边境纷争不止，这需要大量的财力作为后盾，而在农耕为主的社会中，财力的取得无非农业和畜牧业，其次是战争的掠夺。这也从侧面说明了当时莒国农牧业的发达。

春秋时期我国已进入铁器时代，铁制农具已经大量使用。与铁犁相配，牛马被用于农业，从而实现了农业动力上由人力耕种向畜力耕作的革命性变迁。铁犁与牛耕并举，相辅相成，使这一时期农业生产力有了突破性发展。如《吕氏春秋·上农》所言："一人治之，十人食之，六畜皆在其中矣。"这些进步均为封建制度的最终发展提供了必不可少的物质条件。《左传》载：公元前555年，以晋为首的12个国家联合讨伐齐国，莒国曾以"车千乘"从东南方向袭击齐国。《管子·乘马》曰："一乘者，四马也。"《仪礼·既夕礼》载："骲矢一乘，骨镞短卫。"郑玄注："四矢曰乘。"按史书记载，四马一车为一乘，车千乘即使是虚数，但也足见当时莒国马匹之多，这直接地反映当时莒国畜牧业的发达程度。整个春秋时期，莒国从计斤迁都到莒县，然后不断发展壮大，其疆域之大，国力之强，成为仅次于齐、鲁的大国，并且在诸侯争霸中融入大国之例，这些都是需要强有力的经济为后盾的，经济地发展除了体现在人口的数量增加外，更是莒国农业和畜牧业繁荣发展的体现。

第十一章　莒国的思想文化

1. 图腾和祭祀

据考古发现结合现有的史料考证，祭祀活动起源于原始社会后期的父系社会，种类大致分为祭天地、社、祖、图腾等几种形式，原始祭祀起源于对大自然中某种形体或物种的敬畏，这就形成了图腾崇拜。远古的人们以为图腾是自己的祖先或保护神，有所谓的"超自然力量"，所以祭祀成为他们寻求心灵安慰的一种重要途径，东夷原始居民也不例外。"夷"字作为一个名词出现在甲骨文中，原意为"一人负弓"[1]，莒地为东夷民族的代表，其祭祀的历史可以追溯到大汶口文化时期甚至更早。

莒县陵阳河遗址出土鸟形鬶，是古莒先民们最早崇拜鸟的物证，他们视凤鸟为神鸟，把凤鸟作为氏族的图腾。因而自5000多年前的新石器时代开始，莒地先民就崇拜鸟，陵河遗址1977年出土两件白陶双錾鬶，流口向上作鸟喙形，象昂首的大鸟，颈下饰一竖钮，

鸟形封口白陶鬶

---

[1] 《说文解字》。

钮的两侧各饰一圆钮，似为鸟的鼻子和眼睛，腹上有对称双耳，如鸟之双翼，后袋足上有一扁形，是鸟的尾巴。整个造型酷似一只大鸟。陵阳河和大朱家村等遗址，还出土一些器盖之钮，直接做成鸟头形，有鼻有眼还张着嘴，众多鸟形器的出现，证明莒地先民对鸟是何等崇拜。[①]

从莒地众多大汶口遗址中出土的陶尊、陶盆及形体硕大的酿酒滤缸和与之相应而存的成组或成套大量饮酒器皿等，确凿无疑的证明当时已大量酿酒。同时，也反映出当时农业生产相当发达，粮食有了剩余，为酿酒提供了条件和保障，使酿酒业广泛发展起来。古人在举行祭祀的时候，都要用酒。祭祀活动中，酒作为美好的东西，首先要奉献给上天、神明和祖先享用，从莒地陵阳河和大朱家村以及日照尧王城等遗址的考古出土文物看，其中以酒器为最多。结合出土的鸟形器和酿酒器，说明莒地先民们在祭祀方面有以鸟为图腾，以酒为主祭的仪式。《左传·昭公十七年》载：秋，郯子来朝，公与之宴。昭子问焉，曰："少皞（昊）氏鸟名官，何故也？"郯子曰："吾祖也，我知之。昔者黄帝氏以云纪，故为云师而云名；炎帝氏以火纪，故为火师而火名；共工氏以水纪，故为水师而水名；大皞氏以龙纪，故为龙师而龙名。我高祖少皞挚之立也，凤鸟适至，故纪于鸟，为鸟师而鸟名。凤鸟氏，历正也。玄鸟氏，司分者也；伯赵氏，司至者也；青鸟氏，司启者也；丹鸟氏，司闭者也。祝鸠氏，司徒也；鴡鸠氏，司马也；鸤鸠氏，司空也；爽鸠氏，司寇也；鹘鸠氏，司事也。五鸠，鸠民者也。五雉，为五工正，利器用、正度量，夷民者也。九扈为九农正，扈民无淫者也。自颛顼以来，不能纪远，乃纪于近，为民师而命以民事，则不能故也。"仲尼闻之，见于郯子而学之。既而告人曰："吾闻之：'天子失官，学在四夷'，犹信。"这里郯子介绍说少昊氏以鸟名官，

---

① 苏兆庆、刘云涛：《从出土文物试析莒人对鸟图腾的崇拜》，载《虞舜文化研究集》（下）2005 年。

龙凤纹仪杖

很显然少昊氏是以鸟为图腾的。莒与郯同姓，同为少昊氏之后，这亦是莒地的先民以鸟为图腾的又一重要证据。

有学者据《说文解字》云："莒，齐谓芌为莒。"认为莒地起初是以芌为图腾，以后形成部族，再发展成为国家。莒地在古代一定盛产野芌，为采集社会的重要生活来源，故此，居住在产芌地域的人，便自然把"芌"奉为氏族的图腾来崇拜了。[①] 而莒县陵阳河遗址出土的大口尊，圆口尖底，此大口尊的形状是否是以"芌"为原形而制造的呢？这个问题尚待进一步考古研究来证明。但至少现在没有足够的史料证明此说的成立。

殷商时期的祭祀制度是鬼神崇拜，但对祖先的崇拜更为突出，安阳殷墟出土的甲骨卜辞表明，殷人对自上甲以来的祖先进行纷繁复杂的祭祀活动。殷人的祭祖活动会用人祭，手段也是非常残忍的。商代莒人的图腾仍是凤鸟，没有改变，但在仪式上肯定更加的规范，据《礼记·礼器》中的"宗庙之祭，尊者举觯，卑者举角"表明商代举行宗庙祭祀活动在礼仪方面已经有了森严的等级制度。商人源于东夷，虽然在商朝建立后，与东夷多有征伐，但其源流是相同的。周朝是我国古代祭祀规格化、制度化、成熟化的时期，统治者认为："国之大事，在祀在戎"。祭祀活动决定的着国家的民生国运，而战争决定一个部落或国家的生死存亡，所以，周代出征的将士，在出发之前，更要用酒来激励斗志，并且要举行祭祀与宣誓。《周礼》中对祭祀有明确的规定，特别是在用酒上，有"五齐""三酒"共

---

① 何光岳：《楚源流史》，湖南人民出版社，1988年版。

八种酒，主持祭祀活动的人，在古代是权力很大的，主要职责是奉祀天帝鬼神，并为人祈福禳灾，后来又有了"祭酒"主持飨宴中的酹酒祭神活动。莒国为周朝分封的国家之一，从史料和已发现的考古文物中得知，莒虽夷人，行夷礼，但长期以来在与周边诸侯国的交往中，为了国家发展的需要，必须要融入大国之间去。到了春秋时期，除了在图腾崇拜上和祭祀的对象上与中原国家不同外，在许多礼制上基本上采了《周礼》的那一套规范。

周朝自武王建国，周公制礼作乐后，"兴灭国，继绝祀"，将祭祀制度从对鬼神崇拜变成了祖先崇拜，笼络了诸侯国同姓之间的亲情。而莒国始终是凤鸟崇拜，1996 年山东莒县店子集镇西大庄村发现一座西周晚期至春秋初期的莒国墓葬，该墓葬出土"山字形器"一件，"据考其或为旗之游首，可认为它应是王权身份的象征，可能是莒国王统治权威的一种礼器。此器通高 43.8 厘米，两侧锋作鸟头形。这种以鸟的造型为装饰的风尚，应是东方文化的传统，其他地域很少见。"① 莒县西大庄西周晚期墓还出土一对权杖，器上为扁饼状，下边接一上细下粗的圆形筒，是以装柄之用，圆饼正面饰一图案，两龙两凤相互交绕。这种龙凤交绕图案实属罕见，它为"龙凤文化"的结合提供了翔实的证据，② 亦是莒地先民凤鸟崇拜的实证。

关于祭祀的地点，莒国的文献资料匮乏，结合《礼记》《左传》《史记》等书来看，大体有平地、坛祭、坑祭，庙祭几种。《礼记·礼器》称："至敬不坛，扫地而祭。"古人认为，最重要的祭祀，场所反而最质朴，往往不用封土作坛，只把一块平地扫除干净即可祭祀，古人称之为"墠"。《礼记·祭法》云："除地为墠"，封土为坛大约是源于传说中的封禅，其

---

① 莒县博物馆：《山东莒县西大庄西周墓葬》，《考古》1999 年第 7 期。
② 苏兆庆、刘云涛：《从出土文物试析莒人对鸟图腾的崇拜》，载《虞舜文化研究集》（下）2005 年。

后也在诸侯国之间的会盟中使用。坑祭就是在地上挖一个大平坑作祭坛，古人称"坎"。《礼记·祭法》说："掘地为坎"。《礼记·祭义》称："祭日于坛，祭月于坎。"坛与坎是相对的，坛高起为阳，坎下陷为阴。莒县陵阳河遗址出土的刻有""标志的大口尊，""的字符意思或许就是"祭日于坛，祭月于坎"，是坛祭和坎祭的标记。总之，莒国到春秋时期，由于与周边国家经常的掠地征伐、通婚、贸易，在制度上逐渐吸收了中原文化，除了保留了凤鸟的祭祀图腾外，其余礼仪方面基本融入了华夏民族的文化中了。

2. 礼乐

莒地先民创造了灿烂的古代文明，他们在文化上的贡献，不仅见诸传说与史载，并且还得到了考古发现的印证。莒地居东方，为东夷的中心区域，众多的史籍记载表明，在上古时代，东夷部族才是真正的礼仪之邦、文明之邦。东夷之地被古人称为"君子之国"，《山海经·海外东经》云："君子国，在其北，衣冠带剑，其人好让不争"。《后汉书·东夷传》曰："夷者，柢也。言仁而好生，万物柢地而生。故天性柔顺，易以道御，至于君子，不死之国。"有专家认为"莒国的历史文化当是东夷古文化的延续和发展，是先进的古代礼乐文化之一。"① "夷"从弓从人，《说文解字·矢部》也有"古者夷牟初作矢"的说法。有学者据此考证，弓是东夷人发明的，但"夷"字的释读，应该是后人的附会之说，不足为凭。但从史料记载看，《山海经·海内经》说："少暤生般，般始为弓矢。"《礼记·射义》疏引《世本》说："挥作弓，夷牟作矢。"尽管对弓箭具体的发明者说

---

① 刘云涛、李安平：《莒文化专题学术研讨会综述》，《管了学刊》2001年第2期。

法不一，但弓箭很早就为东夷族人使用，这应该是不假的。对莒地的夏商之前的遗址发掘中，也发现了许多骨质和蚌质的箭镞，从实物资料上说明了传说的可信度。

东夷族是原始礼制的创造者，在蛮、夷、戎、狄当中，东夷部族的文化发展水平曾经是最高的。《山海经·海内经》说："帝俊生晏龙，晏龙为琴瑟。帝俊有子八人，是始为歌舞。"帝俊，许多学者考证其为契，亦商族的祖先。商为东夷人的分支，可见东夷人善乐舞，自古已然。从现已发掘所得的考古资料看，东夷的乐器发明历史悠久。1979年在山东莒县陵阳河大汶口文化墓葬中曾出土了一个笛柄杯，能够吹奏出4个不同的乐音，音响清脆悦耳动听，与近代横吹竹笛不贴膜时发出的音响相似，这是迄今已发现的我国最早的陶制横吹管乐器。据有关专家研究，与仰韶文化出土的陶埙相比，"笛柄杯发出的音更多，且出现了半音音程，这是迄今发现夏以前的乐器中前所未有的"。陵阳河遗址还发现陶制牛角号，这在全国也是唯一，据专家所考，牛角形陶号为部落发出号令时所用，这也证实古莒先民在礼制方面已形成了一套规范的模式。

礼制是一种体现社会尊卑等级的制度形式。从考古发现来看，莒地大汶口文化时期的墓葬出现等级分化，陪葬品的不同说明有等级制度的限制；玉器的出土也说明原始礼乐制度的形成，礼器是主要用于重要礼仪社交活动的器具，是人们社会等级名分的象征与标志。因为有了礼乐制度，所以东夷民族在夏朝时期就在山东东部建立了许多国家，其中以"莒方国"或"莒部落"为中心，他们"有自己独特的礼制。夷人的力量是最强的，他们曾长期同夏王朝作战，并曾一度夺取了夏朝的政权；他们先后同商周也有许多战争，特别在商朝末年的战事延续的时间很长，动用的军队很多，大大削弱了商朝的实力，此事在文献和甲骨文中都可以参证。夷人

龙凤纹图案

对华夏族的关系也是最密切的。"①

进入周朝，受周礼的影响，莒国的礼乐制度开始发生了变化，逐渐融入了华夏民族。可以想象，莒作为东夷土著国家，在扩土开疆的同时，为了更好地管理征讨来的土地，管束当地的人民，只有因地而制，入乡随俗。于是，至少在官方礼乐制度上开始吸取周礼，这样也便于同大国结交、会盟。但在民间，夷礼应该还是保留并传承的。

《谷梁传》成公九年曰："莒虽夷狄，犹中国也。"即"莒虽有夷狄之行，犹是中国。"一方面可以认为莒国仍保留东夷传统的一些礼俗，或许还保留着我们还不得知的一些传统历史文化；另一方面，莒国也不是说一直完全不变地保持古东夷的礼乐风俗，至迟从春秋时期的历史形势来看，莒国频繁出现在大国的会盟或征伐之中，在宗周正统文化的影响下，莒国也融入了齐鲁文化或中原诸侯国的文化。

从 20 世纪发掘的几座莒国墓葬来看，葬式及其出土的青铜器的种类、器形、纹饰、铭文风格，与春秋齐、鲁等国相差无几，仅此一点就足以证明莒文化从春秋时期以来与中原华夏文化已日渐趋同。② 莒国春秋大墓出土成套的编钟和成组的铜鼎，其样式和形制同中原国家基本无异，且《左传》有莒国将铜鼎送于晋国的记载，晋是周礼制度森严的大国，晋文公称霸时也标榜"尊王攘夷"，能接受莒国进贡的铜鼎，说明莒国所铸之鼎是

---

① 严文明：《东夷文化探索》，《文物》1989 年第 9 期。

② 詹了庆：《试论莒文化融入华夏文化圈的进程》，《莒文化研究专辑》山东人民出版社 2002 年版。

合乎当时的礼制的。因为有周一朝，青铜器是作为礼乐重器使用的，礼乐文化是当时周朝统治者约束诸侯国的形式之一，礼和乐相辅相成，构成完整有序的社会政治文化制度。大到治国安邦，小到个人修养，礼乐制度指导和规范着社会生活的方方面面，在举行祭祀、丧葬、会盟等活动时，均使用礼乐器。这些礼乐器呈现了人们不同的身份等级和价值取向。应该说，莒地礼乐文化是一个漫长的与中原融合的过程，到春秋时期，莒国的礼乐制度至少在朝堂上或官方已经完全吸收了中原的礼乐文化，这是当时的社会形势所驱。

3. 婚俗

莒国的婚俗在周代之前没有史料及出土实物证实，不可考证，但推之，商代是奴隶社会，当时的婚姻家庭关系，应该主要是奴隶主、贵族"家国一体"的政治观，并且利用血缘纽带维护部族统治的实际需要。据王国维先生考证，商朝自成汤至帝辛，31 位帝王中"以弟继兄"者共 14 帝，国王除正妻之外，还娶了众多的妾，众王子间争夺王位的事时有发生。于是，从武乙起开始实行较严格的父死子继的承袭制度，而且有了由嫡长子继位的规定。这一规定，从婚制上来说是确立了"嫡妻制"。从 20 世纪殷墟出土的卜辞来看，商朝已经有妃、嫔、妾、娣等字，说明当时商朝的后宫中嫔妃等级是有明确规定的，这也是商朝后期实行嫡妻制度的有力佐证。上面有文论述过，商族群实为东夷族的分支，既然和东夷同宗同祖，那么，在商代建立之前他们应该是行夷礼夷俗的，包括婚俗在内，商和东夷婚制是一样的。后来为稳定王位的承继关系，从武乙起才开始实行较严格的正妻嫡长子承袭制度。所以，应该可以说莒方国在商代所行婚制与商代前期婚制是相同的。

周朝代商后，是中国礼仪的创始时代，自周王朝封建之始，为了巩固统治，周公制礼作乐，开始从政治到文化制定了一系列完整的典章制度和礼乐规定，这就是人们通常所说的"周礼"。莒国为周天子的封国，在封建上认同西周的分封制，分封制的根本点是宗法制，莒国只有认同了周王朝的封建制，其他国家才认同莒国的合法诸侯国地位。但因夷礼在莒国臣民身上根深蒂固，想一时间全部抛弃是不可能的，所以在西周初年到春秋时期的这段时间，莒国包括婚制在内的其他礼制都是在慢慢改变中的，后来因为长期的与中原诸侯国的交流，不可避免地和周边国家产生了融合。

到了春秋时期，正值社会大变革，中国从封建社会向中央集权制社会过渡，各诸侯国出于对家国稳定的考虑，于是互相通婚，兴起了婚姻外交。莒国为了在诸侯国中立足，不得不改变夷礼，在婚俗上采用各诸侯国统一的制度。春秋时期的婚俗之一就是诸侯国之间贵族互相通婚，这虽然说是出于政治的需要，但久而久之则变成了一种婚俗。莒虽属东夷，但并不限制与他族通婚，莒国与其他诸侯国联姻的情况势必加速部族间血缘上的融合。如《左传》所载："莒子娶于向"，此为莒国国君与向国女子通婚；又如《左传》载：莒犁比公之子去疾为"齐出"，展舆是"吴出"，就是说去疾是齐君的外甥；展舆是吴君的外甥，可见当时莒犁比公同时与齐、吴两国通婚。当时这种诸侯国间的通婚，无异于"异族"间的通婚，上层统治阶级尚且如此，在下层的平民百姓之间一定是更加普遍的现象。

周代的婚俗中还流行一种媵制，亦在莒国之中流行。媵制是指男子娶妻时，这个妻的侍女或妹妹也随同她一同陪嫁，这姐妹同嫁一夫的婚俗，在春秋时期的诸侯国之间相当盛行。《左传·文公七年》记载："穆伯娶于莒，曰戴己，生文伯；其娣声己，生惠叔。"穆伯是鲁国的大夫，他娶了莒国女子戴己，其妹声己是作为媵妻陪嫁过去的。戴己是穆伯的正妻，戴己的妹妹声己便是穆伯的媵妻。从《左传》中的这段记载来看，春秋时期媵制已在莒国流行，虽然是莒国嫁女，但也说明莒国认同这种婚俗。这种制度的盛行虽然与春秋时期特殊的历史背景和现实需要有关，但其形成的根源是封建制度下的宗法继承制。宗法制的核心是嫡长子继承制。在此形式下，强调传宗接代，续嗣是绝对重要的，所以续后是宗法制的基本要求，媵制的存在就依赖于此。春秋时期，这种制度虽然没有西周时期那么严格，但在贵族中仍然实行"立嫡以长不以贤，立子以贵不以长"的规则，当然，从《经》《传》地记载来看，在礼坏乐崩的春秋时期，也有违礼现象发生，但总的来讲礼制还是保有其地位的。《说文》段玉裁注与《尔雅·释言》都解释媵之义为送，为从行。春秋婚姻制度借用了媵之本义。《诗经·召南·我行其野》孔颖达疏："妾送嫡而行，故谓妾为媵。"嫡，指出嫁女，亦指正妻；妾，指侄娣等随嫁之女。然而"媵之名不专施妾，凡送女适人者，男女皆谓之媵。"所以媵不单指陪嫁侄、妹，凡陪嫁的男女和嫁妆都可算作媵。

另外，春秋时期妇女有再嫁或改嫁婚俗，并且出入自由。其实这种风俗从周代一直到北宋皆是如此的，都不用忌讳，妇女的婚姻是开放自由的。北宋由于理学大师们片面的解读儒家经典，才产生了一系列对女性的不合理的规定，这些规定在这里不作论述。据《礼·檀弓》记载：孔子的儿子伯鱼死后，"其妻嫁于卫"。又载："子思之母死于卫，赴于子思，子思哭于庙。门人至曰：'庶氏之母死，何为哭于孔氏之庙乎？'子思曰：'吾过矣！吾过矣！'乃哭于他室。"可见，圣人后代的子妇也不免于再嫁。《左传·隐公二年》记载："莒子娶于向，向姜不安莒而归，夏，莒人入向，以姜氏还。"莒国国君娶了向国的女子为妻，向姜在莒国不安心，回到向国。这说明在当时女子是有一定的自由和地位的，可以随便回"娘家"，这也从另一点上说明春秋时期的女性开放自由，这一现象从《诗经》中亦可见一斑。

上述几点举其婚俗中的要点论之，说法虽然与《礼记》中所记不尽相同，但已涉及婚姻的基本特点。最能代表春秋时期社会形式下的婚姻风俗，更表明婚姻在当时是一种社会关系，也是诸侯国之间或是贵族之间维持关系的方法。虽然春秋时期的婚俗还是依"周礼"而行，但终因经过多年的演变，性质上已超越周礼，更重要的是，这种婚俗符合当时春秋时期礼崩乐坏的社会形势，是拉近诸侯国之间和平关系的方式之一，其仪式虽约定俗成，但上层社会的婚嫁变成了国与国之间政治交往和联盟的一种手段。

4. 墓葬

墓葬在不同时期随着社会生产的发展有着各自的特点。其在历史长河中的不断演变，也体现了历史发展进程中的一些客观规律。莒地古代墓葬遗址众多，自大汶口文化、龙山文化、岳石文化及后来的商周时期，都发现了不同时期的墓葬，这些不同时期的墓葬，它们的形制、随葬品、葬具等直接反映了当时的丧葬特点。

从莒地考古发掘来看，最晚在大汶口时期，莒地的墓葬就有了一定的葬制，从陵阳河遗址发掘的墓葬来看，这一时期的墓葬大小不一，出现了等级分化。大墓均有原木组成的葬具、随葬品多寡悬殊，质料优劣有别，贫富分化明显。有的大墓 4.5 米，宽 3.8 米，有木椁，随葬品多达 206 件，而且器形大，质量好。个别小墓长仅 2 米，宽 0.80 米。随葬品只有 7 件，且陶质粗劣。大中型墓集中在遗址北部，靠近河床处；小型墓在遗址中部或偏南处，它是贫富分化的标志与说明。[1] 在墓 19 中出土了一件保存完好

---

[1] 苏兆庆：《从莒县陵阳河文化看少昊文化的发展》，载 1983 年《临沂大学学报》。

制作精美的夹砂褐陶牛角形号，成为大汶口文化考古中的唯一发现。[①] 它不仅告诉我们墓主人是军事首领身份，更重要的是，对研究原始社会末期氏族组织结构及其变化，具有其他任何器物所不曾有也不能代替的意义和价值。

从整体的新石器时代的墓葬来看，即使是氏族首领的墓葬，墓坑也比较小，仅是随葬品比较多而已，这应该是与当时使用的生产工具主要为磨制的石器、骨器有关，磨制工具在建筑上是很难有大作为的，因而新石器时代人们的墓葬形制受社会条件的制约，整体表现为墓坑狭小、浅显，距地表的深度大体在 2 米以内。而磨制工具的盛行，使得氏族首领和宗教领袖的墓中玉器的随葬比较多，这正是由于其所处的时代对玉器等坚硬石材的磨制比较娴熟。[②]

到了商周时代，由于奴隶制的建立和青铜器的使用，对奴隶的集中利用使统治阶层有能力进行大规模的工程建设。这一时期从狭小竖穴墓室到深坑大墓，成为中国古代墓葬的第一次演进，这体现了当时的时代特点和建筑特征。

1996 年 4 月 20 日，山东莒县店子集镇西大庄村民在窑场取土时挖出一批青铜器，莒县博物馆组织业务人员，对店子集镇西大庄对出土青铜器的地点进行了调查，从被破坏的墓壁观察，确定该地点是一座古代墓葬，对该残墓进行了抢救性发掘。墓葬封土早年夷平，墓葬的东部已被村民破坏，该墓为长方形土坑竖穴木椁墓，方向为 20 度。墓葬的开口距地表 0.3 米，墓壁垂直平滑，有熟土二层台。墓圹口大底小，南北长 4.6 米、东西残宽约 3 米；墓底长 2.7 米、残宽约 1.4 米、深 3.04 米。墓内填土为黄褐

---

① 苏光庆：《陵阳河遗址》，载 1985 年《临沂风物志》。

② 王皓：《从墓葬形制、随葬品、葬具看我国古代墓葬的演进》，载《河北北方学院学报：社会科学版》2008 年第 1 期。

莒子墓

色，且夹杂着小木炭块、红烧土颗粒、夹砂灰陶片带附加堆纹、夹砂灰陶罐口沿、鬲足等。该墓出土和收集的青铜器、陶器、石器共计44件，其中主要的器物种类有礼器、生活用具、兵器、车马器等。青铜器不但数量多，而且器形、纹饰精美，从墓葬出土的青铜器的造型、纹饰、组合以及铭文等方面观察分析，可以看出这些遗物都呈现出西周中晚期至春秋初期的特征。与莒县周边乃至其他地域已出土的同类器物均有相同和相似之处。①

《礼记》载周代墓葬形制是"墓而不坟，不树不封"，这可能只是西周初期中原少数国家的墓葬形制。从发现的周代墓葬看，应该都是有封土的。莒国春秋墓葬在这一时期出现了高大的封土堆，封土堆基本上呈履斗状。今莒县浮来山下有一大墓，封土高大，据《莒州志》记载，其为莒子

---

① 刘云涛：《莒县西大庄西周墓葬》，《考古》1999年第7期。

墓，但不知是哪一代莒子。

　　沂水县刘家店子村曾发现两座春秋莒国大墓，一号墓圹作长方竖井形，方向109度。现存墓口南北长12.9米、东西宽8米。墓室有椁室和两个器物库。椁室位于墓室中部偏南，器物库在椁室南北两侧。墓主两椁一棺，头向东。墓内发现有数量较多的殉人。在器物库之下的填土中，发现三层殉人。殉人东西排放，相互叠压，南北无序，无一定葬式，不见任何随葬品。北库被扰乱，是否有殉人无法确定。随葬器物有铜器、陶器、金器、玉石器共470余件，其中铜器就多达153件。在一号墓西测29米处，有车马坑，坑内殉马4匹。[①]另外，在莒南大店发现莒国春秋大墓两座，其形制与沂水刘家店子发现的春秋大墓形制相仿。一号墓室近方形，方向80度。墓室南部为椁室，北部为器物坑。该墓殉人10个，放置于墓主人椁外的东、北、西三侧，都有简单的木椁。为成年人，未见受刑痕迹。因此，这些殉人可能是墓主人生前较为接近的侍从或家内奴隶。墓葬陪葬器物丰富，共计144件。其中铜器就多达107件。二号墓墓室近方形，方向100度。墓口南北长约10米、东西宽9米、距地表深L米。墓室北部为椁室，南部为器物坑。在中部是墓主人的棺椁及10个殉人。殉人都有简单的木椁，分布于墓主人周围。殉人中2个为少年，余为成年。[②]

　　从发掘的几座莒国周代墓葬看，莒国王公贵族的墓葬规模大，多有器物库和车马坑，有棺有椁，随葬大批精美的礼乐器具，且都有活人陪葬。从中我们可以看出春秋莒国的墓葬文化习俗，虽有莒国自身的特点，除出土器物在纹饰上不同于其他国家外，但整体上，包括墓葬的形制及陪葬物品、殉人等方面与国内其他地区发掘的春秋诸侯国大墓基本相同。同时亦

---

　　① 山东省文物考古研究所等：《山东沂水刘家店子春秋墓发掘简报》，《文物》1984年第9期。

　　② 山东省博物馆等：《莒南大店春秋时期莒国殉人墓》，《考古学报》1978年第3期。

可证，进入西周末年或春秋初期开始，莒国无论婚俗还是葬俗，都已基本融了中原国家的因子，或是说已被周礼及中原文化所同化。

5. 天文历法

旧石器时代的远古先民已经开始观测天象，因条件限制，不能制作精密的观天工具，只能凭借肉眼夜观星象，除了发现太阳每日东升西落和月亮每月盈亏圆缺，无法发现更深层次的天文规律。因为白天只能看见太阳，强烈的阳光遮蔽了月亮和繁星的光芒。肉眼虽能直观发现太阳每日东升西落的浅层规律，也能直观发现太阳每年北归南藏的深层规律，但是无法直观判断太阳每日东升西落、每年北归南藏的精确移动距离。

到了新石器时期，东夷先民不再仅凭肉眼夜观星象，而是开始制作观星工具，记录简单的天文历法。据《易·系辞》云："包牺氏之王天下，仰则观象于天，俯则观法于地，观鸟兽之文与地之宜，近取诸身，远取诸物，于是始作《八卦》，以通神明之德，以类万物之情，作结绳而为网罟，以佃以渔。"包牺氏就是太昊伏羲氏，传说中东夷人的祖先，他发明创造了先进的记事符号《八卦》，既能"仰观于天"夜观星象，又能"俯察于地"昼观圭影，并用符号记录天象的运行和变化，能够不间断地全天候观测天象，观测体系最为完备。据《逸周书》和《左传》记载，东夷民族已有了以鸟名为官名的天文历法官员，《尚书·尧典》记载了当时的天文历法，能确定二分二至，少昊时代已发现春分、秋分、夏至、冬至等季节变化的规律，反映了少昊时代农业、手工业已相当发达，它已进入原始社会之末期，少昊时代正好与大汶口文化中晚期相当，时间约在 5000 年左右。①

应该早在 5000 年前，莒地先民长期观察太阳运动规律，掌握了测量回归年的科学方法，至少有三种历官各司其职，从事天象观测，以物候历和天文历互为参考。《左传·昭公十七年》载："秋，郯子来朝，公与之宴。昭子问焉"，曰："少皞氏鸟名官，何故也？"郯子曰："吾祖也，我知之。昔者黄帝氏以云纪，故为云师而云名；炎帝氏以火纪，故为火师而火名；共工氏以水纪，故为水师而水名；大皞氏以龙纪，故为龙师而龙名。我高祖少皞挚之立也，凤鸟适至，故纪于鸟，为鸟师而鸟名。凤鸟氏，历正也。玄鸟氏，司分者也；伯赵氏，司至者也；青鸟氏，司启者也；丹鸟氏，司闭者也……"这个故事是说昭公十七年（前 525 年），秋季，郯子来鲁国朝见，鲁昭公和他一起饮宴。席间鲁昭公询问他："少皞氏用鸟名作为官名，这是什么缘故？"郯子说："他是我的祖先，我知道。从前黄帝氏用云记事，所以设置各部门长官都用云字命名。炎帝氏用火记事，所以设置各部门长官都用火字命名。共工氏用水记事，所以设置各部门长官都用水字命名。太皞氏用龙记事，所以设置各部门长官都用龙来命名。我的高祖少皞即位的时候，凤鸟正好来到，所以就从鸟开始记事，设置各部门长官都用鸟来命名。凤鸟氏，就是掌管天文历法的官；玄鸟氏，就是掌管春分、秋分的官；伯赵氏，是掌管夏至、冬至的官；青鸟氏，是掌管立春、立夏的官；丹鸟氏，是掌管立秋、立冬的官……"莒国与郯国同姓，同出一源，官制与习俗相同，这里的谈到掌管历法的官制从天文，到春秋分，再到夏至冬至，分工十分明确，可见当时早在莒部落时间，莒地的天文历法已是十分成熟了。

从莒地陵阳河出土的大口尊上的陶文考证，上面刻画的符号应为上古

---

① 苏兆庆、刘云涛：《从出土文物试析莒人对鸟图腾的崇拜》，载《虞舜文化研究集》（下）2005 年。

屋楼崮"春分"景观

东夷先民的观测天象记录历法的符号。特别是刻有" "和" "的符号，应该就是春秋分时和冬、夏二至的气象、天文景观，据莒史专家苏兆庆先生考，其为东夷人记录春分、秋分的标记，每到春分或秋分之日，站在陵阳河位置，面朝东方看向陵阳的寺崮山，正好太阳从山的正中间升起，形成了大口尊上的字符"日云山"。莒地先民通过长期的观察发现这一节气，作为确定农时和季节的依据，因为当时没有通用的正规文字，所以就用符号在祭祀用的大口尊上刻下了这一符号，代表着每年的春分和秋分。用作祭祀和农业种植的依据。这为农业的种植和收获提供了准确的日期。将我国天文历法产生的年代，追溯到5000年前，由此可知古东夷先民的天文学水平是非常高的。

另外，从整个华夏民族的历法史上看，真正记于史料的古代历法、农事是《夏小正》，《夏小正》是我国现存最古老的科技文献，记载了相传来自夏代的天文历法、物候农事。《夏小正》为《大戴礼记》中的一篇，正者，政也。小政者，农事也。"国之大事，惟祀与戎"，中国古代以祭祀及战争为"大正",而以农事渔猎及经济生活为"小正"。据有关专家考证，其记载的应该是黄河下游地区东夷活动区域，最晚时间应该是西周早期。从中我们可以窥到商周时期以莒地为中心的东夷地区的农时节令的演变。

到春秋时代，莒国风俗、礼制等基本融入了中原国家，而天文历法决定农业发展，所以在长期积累的基础上，各诸侯国之间的农民们为了更好发展农业，在历法天象方面应该有了共同的见解。所以说春秋时的莒国应该是采用《周历》的，在历法和农时上鲁国的天文学家留下许多观察恒星的记录，史料所记统计，共观测到 37 次日食，测定了冬至和夏至的日期。如《左传》鲁文公十四年（前 613 年）秋 7 月 "有星孛于北斗"，这是世界上关于哈雷彗星的最早记录。《左传·鲁僖公五年》记载鲁僖公曾于 "日南至" 那天登观台观看云色，并说当时 "凡分、至、启、闭，必书云物为备故也"。"分""至""启""闭" 就是两分、两至、四立，说明春秋时已有春分、秋分、夏至、冬至、立春、立夏、立秋、立冬八个节气了。节气的确定为农时提供了准确的收种时间，为农业发展带来了很大进步，终春秋一朝，莒鲁两国之间或和或战，来往不断，边界疆土多次易主，在历法上，不可避免的发生了共融，特别是为了更好的农业生产，农民们肯定会在两国之间的历法中寻求更利于农时的一方，这就导致了历法在民间的融合。

礼器与祭祀不可分割，而祭祀必讲四时节令，四时节令系天文历法的一部分，从出土礼器来看，春秋时期莒国的铜器与其他国家无异，由此推之，莒国所行历法当为《周历》。另外从莒地发掘墓葬的来看，其埋葬方向也同于其他国家，墓葬的形制与朝向与天文不可分，可见莒国天文学和他国是共通的。

附：

莒国大事年表

公元前 16 世纪—前 11 世纪

莒为商代方国之一。

公元前 11 世纪

周王室封少昊之后兹舆期于莒，都计斤。

公元前 770 年左右

莒国迁都于莒县，始建莒国都城。

公元前 722 年（鲁隐公二年）

夏，莒人入向。

冬，莒子与纪子盟于密。

公元前 720 年（鲁隐公四年）

春二月，莒人伐杞国，取牟娄。

公元前 715 年（鲁隐公八年）

九月十一日，莒鲁会盟于浮来。

公元前 700 年（鲁桓公十二年）

六月，莒子、杞侯、鲁桓公盟于曲池。

公元前 686 年（鲁庄公八年）

夏，齐公子小白奔莒

公元前 685 年（鲁庄公九年）

夏，齐公子小白自莒回国继位，是为齐桓公。

公元前 684 年（鲁庄公十年）

十月，齐国灭谭国，谭子奔莒。

公元前 675 年（鲁庄公十九年）

秋，鲁国夫人姜氏如莒。

公元前 674 年（鲁庄公二十年）

　　春二月，鲁国夫人姜氏如莒。

公元前 660 年（鲁湣公二年）

　　鲁国庆父弑鲁湣公，出逃奔莒。

公元前 659 年（鲁僖公元年）

　　鲁国赂莒，讨还庆父

　　冬十月，莒鲁"郦之役"，莒国败，莒子之弟莒挐被杀。

公元前 635 年（鲁僖公二十五年）

　　十二月，莒庆与鲁僖公、卫子盟于洮。

公元前 634 年（鲁僖公二十六年）

　　正月，莒兹丕公与鲁僖公、卫大夫盟于向。

公元前 632 年（鲁僖公二十八年）

　　五月，莒兹丕公参加践土之盟；

　　冬，莒兹丕公与晋、齐、鲁、宋、蔡、郑、陈、邾、秦会盟于温。

公元前 620 年（鲁文公七年）

　　冬，徐国伐莒；莒国求援于鲁，鲁派公孙敖来莒定盟。

公元前 619 年（鲁文公八年）

　　冬，鲁公孙敖奔莒。

公元前 613 年（鲁文公十四年）

　　鲁公孙敖自莒返鲁，后又复来莒。

公元前 609 年（鲁文公十八年）

　　十月，太子仆弑其父莒纪公。公子季佗继位，是为莒厉公。

公元前 605 年（鲁宣公四年）

　　春，鲁国伐莒，取向。

公元前 598 年（鲁宣公十一年）

夏，鲁国公孙归父联合齐国伐莒。

公元前 596 年（鲁宣公十三年）

春，齐国伐莒

公元前 584 年（鲁成公七年）

秋，楚伐郑，莒渠丘公带兵参加诸侯联军救郑；

八月，莒与晋、鲁、齐、卫、宋、曹、邾、杞等国盟于马陵。

公元前 583 年（鲁成公八年）

春，鲁国公孙婴齐如莒；

夏，晋申公巫臣出使吴，借道莒国。

公元前 582 年（鲁成公九年）

春，莒渠丘公参加浦地之盟

冬，楚国令尹子重率师伐莒，莒杀楚公子平。十一月，楚人入郓。

公元前 577 年（鲁成公十四年）

正月，莒渠丘公己朱卒，莒犁比公即位。

公元前 574 年（鲁成成十七年）

秋，齐高无咎奔莒。

公元前 572 年（鲁襄公元年）

春正月，莒、晋、宋、卫、鲁、曹、邾、滕、薛等诸侯国联军围攻彭城。

公元前 570 年（鲁襄公三年）

六月，莒犁比公与晋侯、单子、宋公、卫侯、郑伯、邾子、齐世子光等盟于鸡泽。

公元前 569 年（鲁襄公四年）

十月，莒、邾伐鄫。

公元前 568 年（鲁襄公五年）

秋，莒犁比公参加戚地之盟。

冬，楚国伐陈，莒犁比公率师参加诸侯联军救陈。

公元前 567 年（鲁襄公六年）

秋，莒人灭鄫。

公元前 566 年（鲁襄公七年）

楚伐陈，莒、鲁、晋、陈、宋、卫、曹等国盟于鄬，救陈。

公元前 565 年（鲁襄公八年）

莒国伐鲁之东境。

公元前 564 年（鲁襄公九年）

冬，莒犁比公率军参加晋国号召的诸侯军伐郑国；

公元前 563 年（鲁襄公十年）

春，莒犁比公率军参加晋国号召的柤地之盟。

秋九月，莒伐鲁之东疆。

公元前 562 年（鲁襄公十一年）

夏四月，莒犁比公率军参加晋国号召的诸侯军伐郑国；

秋七月，再次伐郑，郑请和，会于萧鱼。

公元前 561 年（鲁襄公十二年）

二月，莒伐鲁之东郊，鲁国派季武子救援，败莒军，鲁军入郓。

公元前 559 年（鲁襄公十四年）

春正月，莒人参加诸侯会盟于向（郑地）；

四月，莒国参国诸侯联军伐秦；

夏，莒伐鲁之东郊；

冬，莒犁比公参加诸侯戚地之盟。

公元前 558 年（鲁襄公十五年）

秋，鲁国将莒、邾数次无故侵伐之事告之于晋。

公元前 557 年（鲁襄公十六年）

三月，晋平公会诸侯于溴梁，拘留了莒犁比公和邾子。后又放还。

公元前 555 年（鲁襄公十八年）

齐伐鲁。晋平公会诸侯于济，伐齐。莒人以车千乘自莒入齐。

公元前 553 年（鲁襄公二十年）

春，莒人与鲁仲孙速盟于向。

夏，莒犁比公参加诸侯澶渊之盟。

公元前 552 年（鲁襄公二十一年）

十月，莒犁比公与晋、齐、鲁、卫、郑、宋、邾等国君盟于商任。

公元前 551 年（鲁襄公二十二年）

莒犁比公参加沙随之盟。

公元前 550 年（鲁襄公二十三年）

齐侯袭莒，莒齐两国发生且于之战。

公元前 549 年（鲁襄公二十四年）

秋，齐崔杼伐莒，侵介根；

八月，莒犁比公参加夷仪之盟。

公元前 548 年（鲁襄公二十五年）

五月，莒犁比公朝于齐；

六月，莒犁比公与齐景公盟于齐。

公元前 544 年（鲁襄公二十九年）

晋平公号召诸侯国为杞国修筑城墙，莒国派人参加。

公元前 543 年（鲁襄公三十年）

宋国受灾，诸侯盟于澶渊，商讨救助宋国。莒子派大臣参盟。

公元前 542 年（鲁襄公三十一年）

十一月，莒人弑犁比公。展舆即位，是为莒废公。

公元前 541 年（鲁昭公元年）

　　三月，鲁国季武子伐莒，取郓邑。

　　六月，莒国人驱逐莒废公，从齐国迎回公子去疾为君，是为莒著丘（邱）公。

公元前 539 年（鲁昭公三年）

　　齐侯狩猎于莒地。

公元前 538 年（鲁昭公四年）

　　九月，鄫地人民叛莒，依附鲁国。

公元前 537 年（鲁昭公五年）

　　莒国的牟夷投奔鲁国，将牟娄、防、兹三邑献于鲁国。莒伐鲁，

　　七月，鲁败莒于蚡泉。

公元前 535 年（鲁昭公七年）

　　晋侯将莒国贡的方鼎送给郑国大夫子产。

公元前 532 年（鲁昭公十年）

　　七月，鲁伐莒，取郠。并杀莒人献俘；

　　九月，莒国参加晋平公的葬礼。

公元前 530 年（鲁昭公十二年）

　　莒国派人将鲁国无故伐莒之事告之于晋昭公。

公元前 529 年（鲁昭公十三年）

　　八月，莒著丘公参加平丘之盟。因鲁国无故伐莒，被开除会盟资格。

公元前 528 年（鲁昭公十四年）

　　八月，莒著丘公去世。莒郊公继位；

　　十二月，莒蒲余侯驱逐莒郊公，迎立公子庚舆，是为莒共公。

公元前 526 年（鲁昭公十六年）

　　莒人、徐人、郯人会齐侯，盟于蒲隧。

公元前 523 年（鲁昭公十九年）

秋，齐将高发率师伐莒，莒共公逃奔纪鄣。

公元前 520 年（鲁昭公二十二年）

二月，齐大夫北郭启率师伐莒，莒共公请和。齐景公盟于齐国稷门之外。

约在该年，莒共公从纪鄣还于旧都莒城。

公元前 519 年（鲁昭公二十三年）

七月，莒共公被国人驱逐出国，共公奔鲁。莒人从齐国迎回郊公复位。

公元前 516 年（鲁昭公二十六年）

夏，鲁、齐、邾、杞、莒等国君盟于鄟陵。

公元前 510 年（鲁昭公三十二年）

冬，诸侯会于京师，为周天子修筑城墙。莒国派人参加。

公元前 506 年（鲁定公四年）

三月，莒郊公与诸侯会于召陵，谋划伐楚。

公元前 496 年（鲁定公十四年）

修筑莒父及霄的城墙。

公元前 489 年（鲁哀公六年）

齐国内乱，大夫国夏奔莒。

公元前 481 年（鲁哀公十四年）

五月，莒郊公卒。或于此后数年间为避齐，南下迁都纪鄣。

公元前 431 年（鲁悼公三十六年）

楚简王北伐灭莒。莒国君臣北逃旧都复国。

公元前 412 年（鲁穆公四年）

齐灭莒。

参考文献

1.《左传》，岳麓书社，1988 年 12 月版。

2.《史记》，中华书局，1985 年版。

3.《资治通鉴》，岳麓书社，1990 年 5 月版。

4.《五经四书全译》，中州古籍出版社，2000 年 8 月版。

5.《东周列国志》，人民文学出版社，1978 年 4 月版。

6.《汉书）、岳麓书社，1993 年 5 月版。

7.《吕氏春秋》，岳麓书社，1989 年版。

8.《尚书》，岳麓书社，1990 年版。

9.《墨子）岳麓书社，1991 年版。

10.《史记会注考证》，新世界出版社，2009 年版。

11.《十三经注疏》，中华书局，1980 年版。

12.《周礼今注今译》，林尹注译书目文献出版社，1985 年版。

13.《诗经》，安徽人民出版社，2001 年版。

14.《新刊四书五经·春秋三传》，中国书店，1994 年版。

15.《春秋左传注》，杨伯峻编著，中华书局，1983 年版。

16.《春秋左传集解》，上海人民出版社，1977 年版。

17.《国语》，岳麓书社，1994 年版。

18.《战国策》，岳麓书社，1992 年版。

19.《中国古代思想史》，杨荣国著，人民出版社 1954 年版。

20.《说苑疏证》，赵善治疏证，华东师范大学出版社1985年版。

21.《莒疆货币史略》，陈长峰主撰，黄河出版社，2013年版。

22.《水经注》，陈桥驿注释，浙江古籍出版社，2013年版。

23.《二十世纪甲骨文研究述要》，赵诚篇著，书海出版社2006年版。

24.《历代楚辞评论选》，周殿富选编，吉林人民出版社，2003年版。

25.《殷墟卜辞综述》，陈梦家著，中华书局1988年版。

26.《莒县文物志》，苏兆庆编著，齐鲁书社，1993年版。

27.《中国新石器时代的文化》，张之恒著，南京大学出版社，1988年版。

28.《三代纪事本末》，黄中业编著，辽宁人民出版社，1997年版。

29.《齐国史》，李玉洁著，新华出版社，2007年版。

30.《莒文化研究文集》，山东人民出版社，2002年版。

31.《简明中国历史地图集》，谭其骧主编，中国地图出版社，1991年版。

32.《莒文化与中化文明》，苏光庆、刘云涛编著，中国社会科学出版社2012年版。

33.《赵国史》，张午时、冯志刚著，河北人民出版社，1996年版。

34.《考古发现与莒史新征》，苏兆庆著，中国文史出版社，2015年版。

35.《古莒新论·中华莒文化讨论会论文集》，中国文史出版社，2015年版。

36.《鲁国史》，郭克煜等著，人民出版社，1994年版。

37.《齐文化研究》，郭墨兰、吕世忠著，齐鲁书社2006年版。

38.《说文解字》，中华书局，2013年版。

39.《尔雅》，浙江古籍出版社，2011年版。

40.《甲骨文与商代文化》，赵诚著，辽宁人民出版社，2000 年版。

41.《王国维学术经典集》，江西人民出版社，1997 年版。

42.《重修莒志》，2001 年缩印本。

43. 《莒州志》，莒县地方史志办公室重印，中国古籍文物出版社，2014 年版。

44.《诸子集成》，团结出版社，1995 年版。

后 记

　　本来没准备写后记，想来想去还是写点儿吧。怎么说呢？感觉历史总是太沉重、太严肃了，所以后记中还是轻松一点儿吧。

　　人生真的很奇妙。虽然我们总在规划未来，却永远也不能确定明天会发生什么事；历史同样也很奇妙，虽然泛黄的史册中朝代更替，却仿佛讲述着同样题材的故事。去年的这个时候，我还在规划着别的事情，从没想过要写这样一本书，一次偶然的心血来潮，竟然导致"十月怀胎"，这本《莒国史》的稿子真的诞生了，也挺好的。这就是不能规划的未来，虽然在今天看来，昨天已成为历史，但我们会发现，当计划外的事情替代了计划内的事情，它反而变得更为重要，因为他不仅改变了你的生活，而且改变你的思想或学术方向，这就是刚才说得，感觉人生真的很奇妙。

　　历史本不是我的专业，完全是一种爱好，顶多算是业余兼修，由于看多了西方史学类的书籍，难免受其影响，所以在写作过程中一直没有当作传统体例的史稿来写，天马行空般地想到哪里就写到哪里，竟然堆得很厚很厚了。

　　本书初稿 41 万字，最终定稿的时候整整切去了一半，删除了书中那些白话式的啰唆评论。原稿中，特别是从原始社会到商周时期，再从华夏民族到东夷部落，在这些章节中，我最初采用西方人类学（anthropology）的观点和笔法作了过多的"渲染"，这样的文字似乎比较轻松，比老学究式的笔法更有可读性。但有年长的前辈和老师给我提出建议，让我最好用传统的史学笔法来写，我也似乎认识到不同年龄段的人在史学认识方面的不同，于是作了大量的修改，就是我们现在看到的书稿的样子。

中西方在历史观点方面是不同的，我本人也倾向于中国传统的史学观。如我国讲方圆、讲礼仪、讲华夏与夷狄之分，但如萨莫纳（Sumner）派，他们则认为这是"我们这一群 We－group 与你们那一群 You－group 的意识。"再说到文化与文明，如果采用人类历史学方式来论述，则与本土的观点有所出入，不是见仁见智的问题了，而是中西文化之差异。比如文化与文明是两件事呢，还是一件事？一般地说来，"文化"概与英文里的 Culture 相同，"文明"是 Civilization。或者说文明是物质的，文化是精神的，那又要解释很长一段文字了，毕竟中西方文化存在太大的差异，而我们习惯于中国传统"传记式"的《二十四史》笔法和认知上的中国文人、士大夫精神。所以我大片大片的作了删减，硬是将 41 万字的稿子压缩成了 20 万字。我觉得将我的思想带入书中，这是不好的。我还是当作一个讲故事的人，在书中只分析历史、介绍人物、考证时间、论述过程，不作任何评论，此陈寅恪、钱穆等史家所谓的"史学笔法"。毕竟历史已经过去，用现代人的道德观点和标准去衡量古人是不正确的。

书中参照引用了许多前辈老师的资料和著作，我在文内详细作了注释，在此向这些前辈老师们表示敬意和感谢。所引资料能查到的，尽量采用最早的版本。另减少繁冗的文字，因为既然是当作史稿来写，尽可能避免写成考证性的文章，如那样，则是"史论稿"了。原来的 41 万字的稿件，在合适的时候，或许会以全新的方式，从人类考古学、历史学的角度重新修改出版，当然这是后话了。

在本书即将付梓之际，首先要感谢莒县县委县政府对文化工作的高度重视和对文化工作者的鼓励，近年来，莒县大力推进"莒文化"的挖掘和发展，为广大文史爱好者提供了良好的平台。本书的写作是依据现有史料，在汇集众多专家学术成果的基础上完成的，文中图片尽量采用博物馆中莒地出土的文物图片，以求最直观、最真实的将莒国文化成果展现给世人，在此，借此机会向莒县博物馆的文博工作者们表示崇高的敬意。另外，本书在写作和出版过程中得到相关部门及诸多老师的帮助，赵新功老师帮助策划出版；文史和钱币专家陈长峰老师拨冗作序，常彦磊老师提供了许多新的文史资料，在此一并向他们表示诚挚的感谢。囿于史料匮乏和作者水平有限，书中错误和遗漏在所难免，且书中许多论述仅为个人不成熟的观点，恳请专家学者及社会友人批评指正。本书谨作抛砖引玉，期待日后有一部更加翔实、完善的《莒国史》问世。

好的，就写这么多吧！最后，谨以此书，向"莒国古城"献礼！

程文亮

2019 年 12 月